国际商务单证理论与实务

主　编　安冬平

副主编　赵秀娟　叶祥兵

陈章华

西北工业大学出版社

西　安

【内容简介】 本书立足于学生“1+X 证书”学习需求和教师“课证一体化”教学需求，主要讲述国际商务单证、国际贸易术语、国际贸易结算、商务单证种类、国际贸易合同、进口单证主要业务、官方出口单证业务、单证相关计算业务、国际商务单证审核工作和国际商务单证缮制工作共 10 个项目内容。

本书既可作为高等院校国际贸易、国际商务等专业相关课程的教学用书，也可作为国际商务单证考试培训的指导书。

图书在版编目（CIP）数据

国际商务单证理论与实务 / 安冬平主编. 一 西安：西北工业大学出版社，2021.1
ISBN 978-7-5612-6907-7

Ⅰ. ①国… Ⅱ. ①安… Ⅲ. ①国际商务－票据 Ⅳ. ①F740.44

中国版本图书馆 CIP 数据核字(2021)第 023737 号

GUOJI SHANGWU DANZHENG LILUN YU SHIWU
国 际 商 务 单 证 理 论 与 实 务

责任编辑：付高明　章雨琦
责任校对：孙　倩
出版发行：西北工业大学出版社
通信地址：西安市友谊西路 127 号　　邮编：710072
电　　话：(029) 88493844　88491757
网　　址：www.nwpup.com
印 刷 者：北京市兴怀印刷厂
开　　本：787 mm×1 092 mm　1/16
印　　张：14.5
字　　数：362 千字
版　　次：2021 年 1 月第 1 版　2022 年 1 月第 2 次印刷
定　　价：58.00 元

前　言

中国是世界贸易组织（WTO）的正式成员国，根据与世界贸易组织的约定，中国外贸企业准入实施备案制，集中在外贸企业代理出口的大量业务已分散至各生产企业。在国际贸易过程中，规范的操作、严密的流程是减少交易风险、保障国际贸易正常开展的基础性工作。因此在当前的国际商务单证教学中，各级高校必须本着严格、严谨、创新、务实的态度，不断提升教学质量，为我国国际贸易工作的开展培养合格的人才。随着贸易全球化的趋势不断增强，我国外贸业务量迅速增加，从贸易磋商、合同的签订到最终货款结算的全过程，都离不开单证工作。由于各生产企业出口业务规模的不断扩大，外贸人才短缺的问题更加突出。就当前的高校育人实践来说，由于国际贸易惯例持续修订，虽然外贸单证考试每年举行，但传统的“国际商务单证理论与实务”教材在开发或编写时鲜少关照上述系列变化的持续性，因此我们编写了本教材，希望能够为我国外贸人才的培养提供一些新的思路和和借鉴。

本书特色如下：

1. 本书作为高等教育产教深度融合的实践性成果，同时兼顾学校和企业的双重需求，嵌入式引入外贸企业实战技能专家，精准式提炼外贸企业岗位技能知识，科学化分析高校学生学习能力，**精细化分解知识和技能点，图标式呈现教材内容，**力图使本书成为国内最贴近学生学习能力、最契合企业岗位能力的“国际商务单证理论与实务”学生教材。

2. 本书编写组成员精心研究了全国外贸单证考试历年真题，**一是抽取重点性考题作为课后习题，**可助学生的课程学习与考证训练合二为一；**二是提供了考证内容为本书内容的配套资源，**可助学生的考试复习与考证模拟合二为一。

3. 在实际学习中学生难以做到“有效学习”。基于此，本书在内容编写时做到了三方面的创新：**一是导航式目录，**书中目录以项目和任务结合形式呈现；**二是导航式结构，**每个项目都设计了学习目标、任务分解、复习导图和项目测试的学习执行指南；**三是极简式语言，**书中内容呈现尽量做到“深入浅出”“言简意赅”“循序渐进”。

4. 因外贸行业发展日新月异，国际贸易惯例持续修订，外贸单证考试每年举行，但传统的“国际商务单证理论与实务”教材在开发或编写时鲜少关照上述系列变化的持续性。本书编写组为了既能够及时将行业发展信息、国际贸易惯例最新修订内容和外贸单证考试历年真题动态于书中呈现，**创新构建了高校教材敏锐追踪行业发展动态变化的模式。**该模式具有开放性、灵活性的特征。

本书由安冬平担任主编，赵秀娟、叶祥兵、陈章华任副主编。具体编写分工如下：安冬平负责整体结构设计和项目一、项目二的编写，赵秀娟负责项目五、项目六和项目八的编写，叶祥兵负责项目七、项目九和项目十的编写，陈章华负责项目三和项目四的编写。全书由安冬平统稿。

因外贸单证实践性较强，外贸行业发展变化较快，为了能让本书及时面世，方便相关院校教师和学生教学和考证用书，又因笔者水平有限，书中出现些许疏漏，敬请各位同仁予以理解和谅解。笔者将不断探索、精雕细琢，根据使用反馈意见、外贸行业变化以及考证信息更新，持续再版、修订和完善。

编　者

目　录

项目一　国际商务单证

知识目标	能力目标
◎了解并掌握国际商务单证的作用与分类	◎能准确进行国际商务单证的四种分类
◎了解并掌握国际商务单证的工作环节及要求	◎能准确把握国际商务单证的制单要求
◎了解并掌握国际商务单证的制单依据	◎能准确搜集国际商务单证的制单依据
◎了解并掌握国际商务单证标准化内容与格式	◎能准确运用国际商务单证的常用代码

任务一　国际商务单证作用

一、国际商务单证的概念

（一）广义的国际商务单证

广义的国际商务单证（International Business Documents）是国际贸易中使用的各种单据、文件与证书的统称。通常凭借国际商务单证来处理进出口货物的交付、运输、保险、检验、检疫、报关和结汇等。

（二）狭义的国际商务单证

狭义的国际商务单证通常指结算单证，特别是信用证支付方式下的结算单证。

二、国际商务单证的作用

（一）国际商务单证是合同履行的必要手段

国际贸易是跨国的商品买卖。由于这种跨国交易的特殊性，即买卖双方分处不同国家且相距遥远，在绝大多数情况下，货物与货款不能进行简单的直接交换，而只能以单证作为交换的媒介手段。卖方交单意味着交付了货物，而买方付款则是以得到物权凭证代表买到了商品，双方的交易不再以货物为核心，而是以单证为核心。

（二）国际商务单证是对外贸易经营管理的重要工具

国际商务单证是由参与国际贸易的进出口企业和相关国家政府管理机构签发的。实际业务中，不论是合同内容、信用证条款，还是落实货源、控制交货品质、数量，以及运输、保险、检验、检疫、报关、结汇等诸多业务经营管理环节，最后都会在单证工作上集中反映出来，也是合同履行后期处理争议与纠纷的重要依据。

（三）国际商务单证是进出口企业提高经济效益的重要保证

国际商务单证工作与进出口企业的经济效益密切相关，单证管理工作的加强，单证质量的提高，不仅可以有效地制止差错事故发生，弥补经营管理上的缺陷，还可以加速资金回笼，提高资金使用效率，节约利息开支，节省各种费用，在无形之中提高进出口企业的经济效益。

（四）国际商务单证是进出口企业形象的重要内涵

美观、整洁、清楚的单证能够展示进出口企业高水平的业务素质和一流的管理规范，从而为企业塑造良好的形象。

任务二　国际商务单证分类

一、《托收统一规则》（简称《URC522》）的分类

《URC522》根据国际贸易单证性质将单据分为金融单据（Financial Documents）和商业单据（Commercial Documents）两大类。金融单据具有货币的属性；商业单据具有商品的属性。如图 1-2-1 所示。

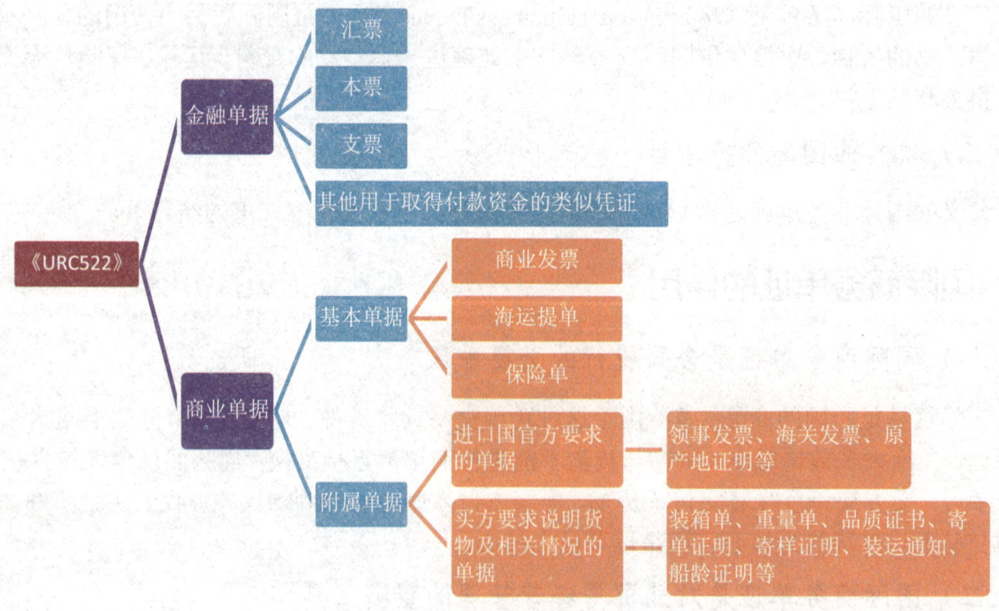

图 1-2-1　《URC522》中单证分类示意图

二、《跟单信用证统一惯例》（简称《UCP600》）的分类（见表 1-2-1）

表 1-2-1　《UCP600》单证分类

类型	内容
运输单据	海运提单；非转让海运单；租船合约提单；多式联运单据；航空运单；公路、铁路和内陆水运单据；快递单据、邮政收据或邮寄证明
保险单据	保险单、保险凭证、投保声明、预约保险单等
商业发票	商业发票
其他单据	装箱单、重量单、产地证明书、普惠制单据、检验检疫证书、受益人声明或受益人证明等

三、UN/EDIFACT 的分类

联合国欧洲经济理事会于 1986 年发布了 EDI 国际通用标准——UN/EDIFACT（United Nations/Electronic Data Interchange for Administration，Commerce and Transport），将 EDI 国际标准分为三个领域：行政（Administration）、商业（Commerce）和运输（Transportation）。

UN/EDIFACT 标准将国际贸易单证分为 9 大类：

1．生产单证。
2．订购单证。
3．销售单证。
4．银行单证。
5．保险单证。
6．货运代理服务单证。
7．运输单证。
8．出口单证。
9．进口和转口单证。

四、按照单证形式的分类

按照单证的形式分为纸面单证和电子单证，根据国际商会《国际贸易术语解释通则》（INCOTERMS 2010），纸面单证和电子单证具有同等效力。

任务三　国际商务单证工作

一、国际商务单证的工作环节

国际贸易单证工作的基本环节包括制单、审单、交单和归档。信用证支付方式下国际贸易单证工作环节包括审证、制单、审单、交单和归档（见表 1-3-1）。

表 1-3-1　工作环节的具体内容

基本环节	含义
审证	银行和受益人合理谨慎地审核信用证，针对发现的问题区别其性质，根据合同条款的规定及履行合同各环节中出具单据的各当事人的具体做法和意见，做出是否修改信用证的决定
制单	依据买卖合同、信用证、有关商品的原始资料、相关国际惯例、相关国内管理规定、相关国外客户要求等缮制单证
审单	审核并确定已经缮制完成的各种单证是否符合买卖合同，信用证、有关商品的原始资料、相关国际惯例、相关国内管理规定，相关国外客户要求等，如发现不符，应进一步采取修改、重新缮制或更换等措施
交单	在合同、信用证规定的时间，以正确的方式，将符合要求的单证交给正确的当事人。通常在托收和信用证支付方式下，应到银行交单，在汇付方式下应直接向进口人交单
归档	在合同履行过程中将已经缮制的单证留底、存档，留待交单或事后备查，随时追踪那些已经交给有关部门办理的业务、应退回但尚未退回的单证（如报关单核销联）、一旦退回立即归档或进入下一业务环节

二、国际商务单证的制单要求

各种进出口单证原则上应该做到正确、完整、及时、简明和整洁。

（一）正确

在制单工作的各项要求中，正确是最重要的一条。对“正确”的理解见表 1-3-2。正确是单证工作的前提，单证不正确就不能安全结汇。因为不管是托收还是信用证项下，单证不正确，买方都有拒付货款的权力。所谓的正确就是银行要求“三相符”，进出口企业要求“五相符”。

表 1-3-2　“正确”的理解

角色	正确的标准	详情
银行	“三相符”	（1）单证相符 （2）单单相符 （3）与国际惯例和进出口法相符
进出口企业	“五相符”	（1）单证相符 （2）单单相符 （3）单货相符 （4）单证与合同相符 （5）与国际惯例和进出口法相符

（二）完整（见表 1-3-3）

表 1-3-3　“完整”的理解

单证的完整性	具体描述
成套单证的群体完整性	在单证制作和审核过程中，除发票、提单，保险单等主要单据外，还有各种附属证明，如检验证书、重量单、装箱单、产地证、航行证、邮政收据等附属单据，都必须密切注意，防止遗漏和误期，以保证全套单证的完整无缺
单证内容必须完备齐全	每种单证的格式、文字、签章等必须齐全
各种单证份数的齐全	各种单证的份数要齐全，不能短缺

（三）及时

各种单证都要有一个适当的出单日期。及时出单包括两个意义：一指每一种单据的出单日期不能超过信用证规定的有效期限或按商业习惯的合理日期；二指及时交单议付，即向银行交单的日期不能超过信用证规定的交单有效期。

"及时"的要领

●保险单的日期必须早于提单的签发日期或同一时期；

●提单日期不得迟于装运期限；

●装运通知书必须在货物装运后立即发出；

●信用证除了规定有效期外，还另外规定了交单期限；

●按国际商会《跟单信用证统一惯例》规定，"除交单到期日以外，每个要求运输单据的信用证还应该规定一个运输单据出单日期后必须交单付款，承兑或议付的特定限期，如未规定该限期，银行将拒收迟于运输单据出单日期21天后提交的单据，但无论如何，单据也不得迟于信用证到期日提交"。

（四）简明

国际商会《跟单信用证统一惯例》中指出："为了防止混淆和误解，银行应劝阻在信用证或其任何修改书中加注过多细节的内容。"其目的就是避免单证的复杂化。

（五）整洁

所谓整洁，主要是指单证的表面清洁、美观、大方；单据中的各项内容清楚、易认，各项内容的记载简洁、明了。各种单证的更改都要有一个限制点，不允许在一份单证上作多次涂改。若有更改处一定要盖校对章或简签，如涂改过多，应重新缮制。

三、国际商务单证员工作要求

（一）具备良好的职业道德

作为单证员，应充分认识到单证工作的重要意义，要有为国家、企业默默奉献的精神和良好的职业道德、严谨的职业操守，热爱本职工作，责任心强，不计较个人得失，严格遵守外贸纪律和本企业的规章制度，在工作中能够不断努力学习，更新知识，充实自己。

（二）掌握必要的专业知识和技能

作为单证员，应知晓国家对外贸易的有关方针，政策及其最新变化；了解国际贸易发展现状和趋势以及相关国际法规和惯例；掌握进出口业务知识；熟悉进出口合同的各项条款内容，特别是与单证相关的内容；能熟练地审核信用证并缮制、审核各种单证；了解与国际贸易单证相关的国际标准和国家标准，并能熟练使用各种制单专业软件和现代化办公设备。

（三）打好扎实的外语基础

目前国际贸易单证工作中使用的语言以英语为主，只有极个别国家要求某些进口单证或个别单证中的某些项目必须使用该国本国语言，所以单证员必须能够熟练使用英语缮制单证、阅读合同、信用证和相关单证。

（四）拥有丰富的实践经验

单证员必须在日常工作中不断丰富和积累经验，善于发现问题、处理问题、总结教训，对合同、信用证、相关国际法规和相关国际惯例要吃准吃透，对合同履行的各个环节要烂熟于心，对单证工作涉及的各个部门要了如指掌，经常研究讨论各种业务案例以增强解决问题的实际能力。

（五）坚持认真的工作态度

单证工作内容繁琐，工作量大，时间性强，所以要求单证员必须具有一丝不苟、踏实细致的工作作风和认真负责、严格细致的工作态度。否则，一单之错，甚至一字之差都可能给合同的履行造成障碍和困难，给国家和企业造成经济损失。

四、国际商务单证的制单依据

缮制和审核国际贸易单证的主要依据是买卖合同、信用证、有关商品的原始资料、相关国际惯例、相关国内管理规定、相关国外客户要求等。

一般情况，买卖合同是制单和审单的首要依据，在以信用证为支付方式的交易中，信用证是制单和审单的首要依据。

相关国际惯例主要指国际商会的《跟单信用证统一惯例》（简称《UCP600》）、《跟单信用项下银行间偿付统一规则》（简称《URR725》）、《审核跟单信用证项下单据的国际标准银行实务》（简称《ISBP681》）、《托收统一规则》（简称《URC522》）、《国际贸易术语解释通则》（《INCOTERMS2010》）等。

任务四　国际商务单证标准

一、国际商务单证标准化

国际贸易单证标准化工作涉及四大要素：单证格式、贸易数据元、贸易数据元代码和标准EDI报文。我国国际贸易单证标准化工作由商务部主管，目前中国已经建立了完善的国际贸易单证标准体系，可实现商务部、海关、外汇管理等12个部门的电子数据共享。

二、我国采用的两种主要标准

（一）单证格式标准

我国国际贸易单证的格式标准以下几种：

GB/T 14392－2009 国际贸易单证样式（ISO 6422，UN 推荐标准 1）；

GB/T 14393－2008 代码在贸易单证中的位置（ISO 8440，UN 推荐标准 2）；

GB/T 15311.1－2008《中华人民共和国进口许可证格式》；
GB/T 15311.2－2008《中华人民共和国出口许可证格式》；
GB/T 15310.4－2009《中华人民共和国原产地证书》；
GB/T 15310.1－2009《国际贸易出口单证格式：商业发票》；
GB/T 15310.2－2009《国际贸易出口单证格式：装箱单》；
GB/T 15310.3－2009《国际贸易出口单证格式：装运声明》。

（二）代码标准

我国国际贸易单证的代码标准有以下几种：
GB/T 2659《国家和地区名称代码》（ISO 3166，UN 推荐标准 3）；
GB/T 15421－2008《国际贸易方式代码》；
GB/T 15422－1994《国际贸易单证代码》；
GB/T 15423－1994《国际贸易交货条款代码》（UN 推荐标准 5）；
GB/T 15514－2008《中华人民共和国口岸及有关地点代码》（UN 推荐标准 16）；
GB/T 26962－2009《国际贸易付款方式代码》（UN 推荐标准 17）；
GB/T 16963－1997《国际贸易合同代码规范》；
GB/T 18131－2000《国际贸易标准运输标志》（UN 推存标 15）；
GB/T 6582－1997《国际贸易运输方式代码》（UN/ECE/TRADE 138，1995）；
GB/T 17298－1998《单证标准编制规则》；
GB/T 12406《表示货币的字母代码》（ISO 4217UN 推荐标准 9）；
GB/T 7408《日期、时间和时间期限的数字表示》（ISO 8610，UN 推荐标准 7）；
GB/T 17295－2008《国际贸易计量单位代码》（ISO 1000，UN 推荐标准 20）；
GB/T 16472《货物、包装及包装类型代码》（UN 推荐标准 21）；
GB/T 17152－2008《运费代码》（UN 推荐标准 23）；
GB/T 18804《运输工具类型代码》（UN 推荐标准 28）；
GB/T 7407－2008《中国及世界主要海运贸易港口代码》。

三、国际商务单证的标准样式

联合国《贸易单证样式》（United Nations Layout Key for Trade Documents），UNLK 是联合国第 1 项推荐标准（1981 年），在 1985 年被国际标准化组织（ISO）制定为世界标准 ISO 6422。

我国 1993 年依据联合国的推荐标准制定了我国国际贸易单证样式标准：GB/T 14393－1993《贸易单证样式》。该标准比国际标准更科学和规范，主要有 3 项变更。

1．明确规定国际贸易单证名称在单证格式顶部，涉外单证可以中英文对照。

2．每个栏目加中文栏目名称，与英文对照，便于在国内外使用。

3．在单证中部分商品信息框中，考虑到毛重和体积在许多单证中使用较少，把这两项调整到下面，使单证样式更清晰、严谨。

2008 年该标准修订：GB/T 14393－2008。具体样式见表 1-4-1～表 1-4-4。

表 1-4-1　联合国贸易单证样式

贸易单证样式
LAYOUT KEY FOR TRADE DOCUMENTS

<table>
<tr><td>发货人（出口商）
Consignor（Exporter）</td><td colspan="3">日期和参考号等
Date，Reference No.，etc</td></tr>
<tr><td>收货人
Consignee</td><td colspan="3">买方（其他收货人）或其他地址
Buyer（if other than consignee）or other address
Place and data of issue，Authentication</td></tr>
<tr><td rowspan="2">通知方地址或交货地址
Notify or delivery address</td><td colspan="2">出口国
Country whence consigned</td><td></td></tr>
<tr><td colspan="2">原产地国
Country of origin</td><td>目的地国
Country of destination</td></tr>
<tr><td>运输事项
Transport details</td><td colspan="3">交货和付款条款
Terms of delivery and payment</td></tr>
<tr><td>运输标志和集装箱号码
Shipping marks ；Container No.</td><td>包装类型和件数、货物描述 Number and kind of packages；Goods description</td><td>商品编码
Commodity No.</td><td>毛重　体积
Gross weight　Cube
净数量　价值
Net quantity　Value</td></tr>
<tr><td colspan="4">自由处置区
Free disposal
认证（签署）
Place and date of issue，Authentication</td></tr>
</table>

表 1-4-2 国际贸易商业发票

商业发票
Commercial Invoice

<table>
<tr><td colspan="2" rowspan="2">1. 出口商
Exporter</td><td colspan="3">4. 发票日期和发票号
Invoice Date and No.</td></tr>
<tr><td colspan="2">5. 合同号 Contract NO.</td><td>6. 信用证号 L/C NO.</td></tr>
<tr><td colspan="2" rowspan="2">2. 进口商
Importer</td><td colspan="3">7. 原产地国　Country/region of origin of</td></tr>
<tr><td colspan="3">8. 贸易方式　Trade mode</td></tr>
<tr><td colspan="2">3. 运输事项
Transport details</td><td colspan="3">9. 交货和付款条款　Terms of delivery and payment</td></tr>
<tr><td>10. 运输标志和集装箱号码
Shipping marks;
Container No.</td><td>11. 包装类型及件数；商品编码；商品描述
Number and kind of packages;
Commodity No.;
Commodity escription</td><td>12. 数量
Quantity</td><td>13. 单价
Unit rice</td><td>14. 金额
Amount</td></tr>
<tr><td colspan="5"></td></tr>
<tr><td colspan="5">15. 总值（用数字和文字表示）Total amount（in figure and word）</td></tr>
<tr><td colspan="2">自由处置区
Free disposal</td><td colspan="3">16. 出口商签章
Exporter stamp and signature</td></tr>
</table>

表 1-4-3　国际贸易装箱单

装箱单
Packing list

<table>
<tr><td colspan="2">1. 出口商　Exporter</td><td colspan="3">3. 装箱单日期　Packing list date</td></tr>
<tr><td colspan="2" rowspan="2">2. 进口商（收货人）Importer（Consignee）</td><td colspan="3">4. 合同号　Contract No.</td></tr>
<tr><td colspan="3">5. 发票号和日期　Invoice No. and Date</td></tr>
<tr><td colspan="2">6. 运输标志和集装箱号码
Shipping marks；Container No.</td><td>7. 包装类型和件数；商品名称
Number and kind of packages；Commodity name</td><td>8. 毛重
Gross weight</td><td>9. 体积
Cube</td></tr>
<tr><td colspan="5">自由处置区 Free disposal</td></tr>
<tr><td></td><td colspan="4">10. 出口商签章
Exporter stamp and signature</td></tr>
</table>

表 1-4-4 国际贸易装运通知

装运通知
Shipping note

1. 出口商 Exporter	4. 发票号 Invoice No.	
	5. 合同号 Contract No.	6. 信用证号 L/C No.
2. 进口商 Importer	7. 运输单证号 Transport document No.	
	8. 价值 Value	
3. 运输事项 Transport details	9. 装运口岸和日期 Port and date of shipment	
10. 运输标志和集装箱号码 Shipping marks; Container No.	11. 包装类型及件数；商品编码；商品描述 Number and kind of packages; Commodity No.; Commodity description	
自由处置区 Free disposal		
	12. 出口商签章 Exporter stamp and signature	

四、国际商务单证的常用代码

（一）国家和地区名称代码

国际商务单证常采用两字母代码见表 1-4-5。

表 1-4-5　国家或地区名称代码

中文名称	英文名称	代码
中国	China	CN
美国	United States of America	US
德国	Germany	DE
法国	France	FR
英国	United Kingdom	GB
俄罗斯	Russia	RU
日本	Japan	JP
澳大利亚	Australia	AU
韩国	Korea	KR
印度	India	IN
意大利	Italy	IT
巴西	Brazil	BR
阿联酋	United Arab Emirates	AE
加拿大	Canada	CA
香港	Hongkong	HK

（二）口岸及相关地点代码

口岸及相关地点采用三字母代码见表 1-4-6 和表 1-4-7。

表 1-4-6　国际口岸及相关地点代码

联合国口岸	国家代码	地点代码	有关地点代码
美国纽约	USNYC	NYC	纽约市作为重要口岸，下面还有 2 个港口，4 个机场和 18 个火车站。所以纽约市下面共有 24 个地点代码。如曼哈顿港 MNH，肯尼迪机场 JHK
法国巴黎	FRPAR	PAR	巴黎市三位代码 PAR，巴黎市下面有 16 个地点代码，包括戴高乐机场 CDG、奥利机场 ORY 及公路交货站和火车站等
英国伦敦	GBLON	LON	伦敦市三位代码 LON，伦敦市下面有 14 个地点代码。如伦敦港 CLG、希斯罗机场 LHR 等
日本东京	JPTYO	TYO	东京市下面有 32 个地点代码。其中有 22 个港口和 6 个机场

表 1-4-7　中华人民共和国口岸及相关地点代码

中华人民共和国口岸	地点代码	有关地点代码
上海口岸	SGH	上海港 SHG、上海火车站 SZH、上海虹桥机场 SHA、上海浦东机场 PVG、外高桥 WGQ 等
北京口岸	BJS	首都国际机场 PEK、北京火车站 BJZ、北京西站等
天津口岸	TNJ	天津滨海机场 TSN、天津港 TNG、天津保税区 TBS 等
广州口岸	GGZ	广州港 GZG、广州白云机场 CAN、广州火车站 GUZ 等
深圳口岸	SNZ	深圳港 SZG、深圳宝安机场 SZX、深圳火车站 SZZ 等

（四）国际贸易用标准运输标志

运输标志（Shipping Marks）指国际运输中，标在单件货物和相关单证上的标志和编号如图 1-4-1 所示。运输标志在配额许可证、商检证书、报关单、商业发票以及各种运输单证上使用频繁。

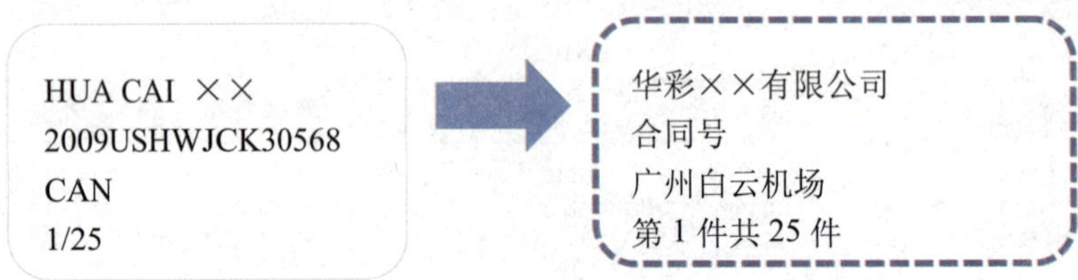

图 1-4-1　标准唛头示意

（五）表示货币的字母代码

货币采用三字母代码见表 1-4-8。

表 1-4-8　部分国家或地区货币的标准代码

国家/地区名称	货币名称	代码
中国	中国人民币元	CNY
美国	美元	USD
欧盟	欧元	EUR
英国	英镑	GBP
俄罗斯	卢布	RUR
日本	日元	JPY
澳大利亚	澳大利亚元	AUD
香港	港元	HKD
澳门	澳门元	MOP
瑞典	瑞典克朗	SEK
加拿大	加拿大元	CAD
新加坡	新加坡元	SGD
泰国	泰铢	THB
越南	越南盾	VND
瑞士	瑞士法郎	CHF

（六）日期、时间和时间期限的数字表示（见表 1-4-9）

表 1-4-9　时间的标准代码

时间形式	国际标准代码
2019 年 9 月 16 日	20190916
15 时 27 分 46 秒	152746
2019 年 11 月 30 日 10 时 20 分 30 秒	20191130T102030
自 2020 年 5 月 15 日 23 时 30 分 30 秒起至 2021 年 5 月 14 日 23 时 30 分止	20200515T233030/20210514T23300
2 年零 10 个月 15 天 10 小时 20 分 30 秒的时间间隔循环 15 次	R15/P2Y10M15DT10H20M30S

（七）《国际贸易计量单位代码》（GB/T 17295—2008）（见表 1-4-10）

表 1-4-10　计量单位的标准代码

中文名称	英文名称	表示符号	通用代码
立方米	Cubic Metre	m^3	MTQ
立方英尺	Cubic Foot	ft^3	FTQ
平方米	Square Metre	m^2	MTK
平方英尺	Square Foot	ft^2	FTK
米	Metre	m	MTR
英尺	Foot	ft	FOT
千克	Kilogram	kg	KGM
吨（米制吨）	Tonne	t	TNE
长吨	Long Ton	ton（UK）	LTN
短吨	Short Ton	ton（US）	STN
加仑（英）	Gallon（UK）	gal（UK）	GLI
加仑（美）	Gallon（US）	gal（US）	GLL
蒲式耳（英）	Bushel（UK）	bushel（UK）	BUI
蒲式耳（美）	Bushel（US）	bu（US）	BUA
纸板箱	Carton		CT
金属桶	Drum		DR
袋	Bag		BG
包	Bale		BL
捆	Bundle		BE
打	Dozen	doz	DZN

（八）《中国及世界主要海运贸易港口代码》（GB/T 7407－2008）

中国及世界主要海运贸易港口采用五字母代码见表 1-4-11。

表 1-4-11　港口的标准代码

中文名称	英文名称	代码
上海	Shanghai	CNSHA
天津	Tianjin	CNTSN
深圳	Shenzhen	CNSZX
宁波	Ningbo	CNNGB
广州	Guangzhou	CNCAN
青岛	Qingdao	CNTAO
香港	Hong Kong	HKHKG
高雄	Kaohsiung	TWKHH
洛杉矶	Los Angeles	USLAX
新加坡	Singapore	SGSIN
鹿特丹	Rotterdam	NLRTM
釜山	Busan	KRPUS
汉堡	Hamburg	DEHAM
迪拜	Dubai	AEDXB
巴生港	Port Kelang	MYPKG

复习导图

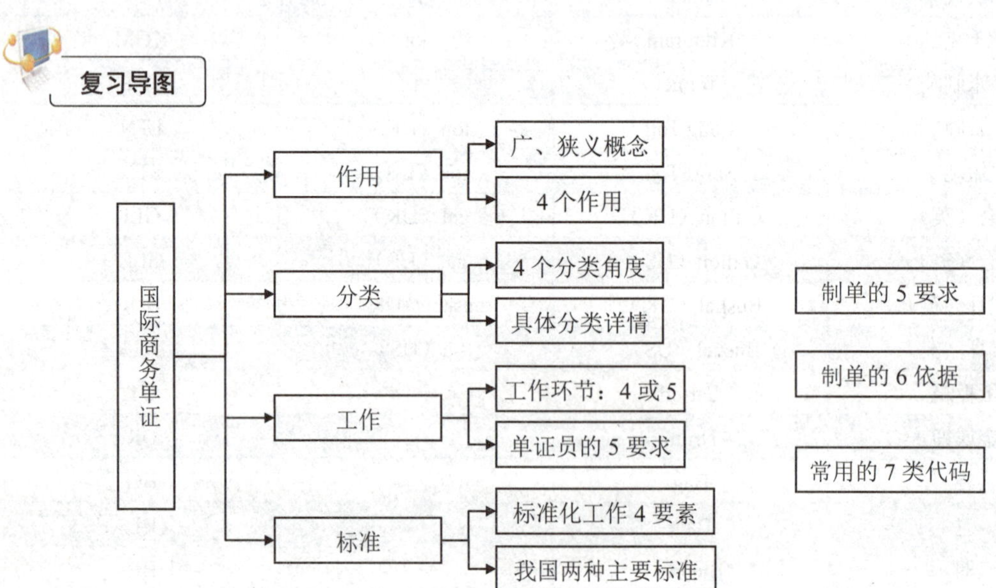

项目测试题

一、单选题

1．唛头一般不包括（　　）项内容。

A．收货人简称或代号　　B．参考号

C．件号　　D．装运港

2．根据《UCP600》的规定，开证行的合理审单时间是收到单据次日起的（　　）个工作日之内。

A．5　　B．6　　C．7　　D．8

3．下列（　　）项不属于“正确”制单要求的“三相符”。

A．单据与信用证相符　　B．单据与货物相符

C．单据与单据相符　　D．单据与贸易合同相符

4. 根据联合国设计推荐使用的用英文字母表示的货币代码，以下表示不正确的是（　　）。

A．CNY89.00　　B．GBP89.00

C．RMB89.00　　D．USD89.00

5. 国际航协规定的空运业务机场代码中，首都国际机场（中国北京）、希思罗国际机场（英国伦敦）、成田国际机场（日本东京）的代码分别依次为（　　）。

A．PEK，LHR，NRT　　B．PEK，NRK，LHR

C．LHR，PEK，NRT　　D．NRT，LHR，PEK

6．UN/EDIFACT 标准将国际贸易单证分为（　　）。

A．9 大类　　B．4 大类　　C．2 大类　　D．5 大类

7. 与国际贸易单证常用代码中的“日期、时间和时间期限的数字表示”相符的是（　　）。

A．Sep.16，2019　　B．Sept.16，2019

C．20190916　　D．2019，09，16

8．信用证支付方式下，银行处理单据时不负责审核（　　）。

A．单据与有关国际惯例是否相符　　B．单据与信用证是否相符

C．单据与国际贸易合同是否相符　　D．单据与单据是否相符

9．在信用证业务中，有关当事方处理的是（　　）。

A．服务　　B．货物　　C．单据　　D．其他行为

10．某开证行 2020 年 3 月 1 日（周一）收到 A 公司交来的单据，根据《UCP600》规定，最迟的审单时间应截至到（　　）。

A．2020 年 3 月 5 日　　B．2020 年 3 月 6 日

C．2020 年 3 月 7 日　　D．2020 年 3 月 8 日

二、多选题

1．在信用证支付方式下，外贸单证工作主要有（　　）等方面内容，它贯穿于合同履行的全过程。

A．审证　　B．制单

C．审单　　D．交单

E．存档

2．下列选项中（　　）是商业单据。

A．发票　　B．提单

C．报关单　　D．汇票

E．形式发票

3．信用证支付方式下，出口企业制单必须做到（　　）。

A．单据与进口国有关法令和规定相符　　B．单据与信用证相符

C．单据与单据相符　　D．单据与贸易合同相符

E．单据与有关国际惯例相符

4．国际贸易单证工作的基本环节包括（　　）。

A．审证　　B．制单

C．审单　　D．交单

E．归档

5．《UCP600》将信用证项下的单据分为（　　）。

A．运输单据　　B．保险单据

C．包装单据　　D．其他单据

E．商业发票

6．制作国际贸易单证的基本要求是（　　）。

A．正确　　B．完整

C．及时　　D．简明

E．整洁

7．国际标准化组织推荐的标准唛头应包括的内容有（　　）。

A．收货人名称的缩写或代号　　B．目的港（地）

C．箱号或件号　　D．参考号（合同号、订单号等）

E．原产地

8．信用证业务中，银行处理单据时主要关注（　　）。

A．单据与货物相符　　B．单据与贸易合同相符

C．单据与单据相符　　D．单据与信用证相符

E．单据与有关国际惯例相符

9．根据《UCP600》的分类，保险单据包括（　　）。

A．保险单　　B．保险凭证

C．预约保险单　　D．投保声明

E．保费收据

10．国际贸易单证通常用于处理进出口货物的（　　）。

A．交付　　B．运输与保险

C．检验检疫　　D．报关

E．结汇

三、判断题

1.《UCP600》将运输单据分为 7 类，这 7 类单据都是承运人或其具名代理人签发给托运人的货物收据，都是承运人保证凭此交付货物的物权凭证。（　　）

2. 信用证支付方式下，如果国外开来的信用证条款与买卖合同互相矛盾，制单审单时应以信用证为准。（　　）

3. 按单证的用途划分，可将单据分为商业单据和银行单据。（　　）

4.《UCP600》规定，如果信用证没有相关的规定，发票的日期可早于信用证的开证日期。（　　）

5. 根据《UCP600》的分类，公路、铁路和内陆水运单据，快邮和邮包收据，以及装箱单、重量单。（　　）

6. 在跟单托收中，汇票属于金融单据，发票和装运单据等属于商业单据。光票托收中没有商业单据，只有金融单据。（　　）

7. 买卖双方往来的业务函电不可以作为制单和审单的依据。（　　）

8. 运输包装上的标志就是运输标志，也就是通常所说的唛头。（　　）

9. 单证工作能及时反映货、船、证等业务的管理情况，为了杜绝差错，避免带来不必要的经济损失，单证员必须加强工作责任心。（　　）

10. 制单是单证工作的基础，是按照信用证、合同和其他的要求，根据货物实际情况缮制有关单据。（　　）

项目一测试题答案

一、单选题

1～5 D A B C A　　6～10 A C C C D

二、多选题

1．ABCDE　2．ABE　3．ABCE　4．BCDE　5．ABDE

6．ABCDE　7．ABCD　8．CDE　9．ABCD　10．ABCDE

三、判断题

1～5 F T F T F　　6～10 T F F T T

项目二　国际贸易术语

学习目标

知识目标	能力目标
◎了解并掌握国际贸易术语的含义与作用 ◎了解并掌握国际贸易术语的选用因素 ◎了解并掌握《Incoterms 2010》中的贸易术语	◎能熟练运用 6 种常用贸易术语 FOB、CFR、CIF、FCA、CPT、CIP ◎能熟练运用 3 种贸易术语的变形 FOB、CFR、CIF

任务一　国际贸易术语概述

一、贸易术语的含义与作用

（一）贸易术语的含义

贸易术语（Trade Terms），又称为“价格术语”（Price Terms），是用来说明价格的构成，以及买卖双方在交接货物过程中各自承担的责任、风险、手续以及费用的划分。贸易术语国际代码用三个大写英文字母表示，如 Free on Board 以及英文简称为 FOB。

（二）贸易术语的作用

1．贸易术语可以简化交易磋商的内容、节省交易时间和费用、便利贸易发展。

2．贸易术语是买卖双方交易磋商的基础，是履行合同义务及享受合同权利的依据，解决争议与纠纷的重要准则。

3．贸易术语规定了买卖双方在交接货物过程中责任、手续、费用和风险的划分。

4．贸易术语是构成国际货物买卖合同中价格条款的主要内容，一般情况下，贸易术语的性质与买卖合同的性质相吻合。所以在实际业务中，常以贸易术语的名称来命名买卖合同。例如：以 FOB 成交的合同称为 FOB 合同、以 CIF 成交的合同称为 CIF 合同。

二、贸易术语的国际惯例

（一）《华沙一牛津规则》

《华沙一牛津规则》（Warsaw-Oxford Rules）由国际法协会（International Law Association）专门为解释 CIF 术语而制定。该规则分别就 CIF 合同的性质和特点、CIF 交易中买卖双方的责任划分以及货物所有权转移的时间作了解释，其详细程度超过其他两个惯例对 CIF 的解释。但由于多年未作修订，该规则已难以适应国际贸易的发展，故在实际业务中很少适用。

（二）《美国对外贸易定义》

1919 年美国 9 大商业团体在纽约制定了《美国出口报价及其缩写》（the U.S. Export Quotations and Abbreviations），该惯例对 EXW（Named Place）、FAS（Free Along Side）、FOB（Free on Board）、CFR（Named Point of Destination）、CIF（Named Point of Destination）和 DEQ（Delivered Ex Quay）共 6 种贸易术语作了解释，其中 FOB 术语又细分为 6 种，只有 FOB Vessel 与 Incoterms 的 FOB 含义相同。

（三）《国际贸易解释通则》

国际商会(International Chamber of Commerce，ICC)于 1999 年 7 月公布《2000 年国际贸易术语解释通则》（简称《Incoterms 2000》或《2000 年通则》），于 2000 年 1 月 1 日起生效。2010 年 9 月 27 日，国际商会正式推出《2010 国际贸易术语解释通则》（简称《Incoterms 2010》）与《Incoterms 2000》并用，新版本于 2011 年 1 月 1 日正式生效。国际商会组织在 2019 年 9 月 16 号正式发布了《Incoterms 2020》，并于 2020 年 1 月 1 日起正式生效。实际贸易中，要在合同里注明到底用的是哪一版的术语。

任务二　国际贸易术语分类

一、《Incoterms 2000》中的贸易术语

表 2-2-1 所示为《Incoterms 2000》中的贸易术语分类。

表 2-2-1 《Incoterms 2000》中的贸易术语分类

分组	代码	英文全称	后跟城市	中文名称	运费	保费	交货地	风险界限	出口报关	进口报关	运输方式	价格构成	术语性质
E组	EXW	Exchange Works	出口国城市	工厂交货	买方	（买方）	商品所在地	货交买方处置时	买方	买方	任何	成本	启运术语
F组	FCA	Free Carrier		货交承运人			出口国指定地点	货交第一承运人处置时	卖方	买方			主运费未付术语
	FAS	Free Alongside Ship	出口国港口城市	装运港船边交货			出口国指定装运港	货交装运港船边			水运		
	FOB	Free on Board		装运港船上交货				货物越过装运港船舷					
C组	CFR	Cost and Fright	进口国港口城市	成本加运费	卖方	（买方）						成本+国际运费	主运费已付术语
	CIF	Cost Insurance and Fright		成本、保险加运费	卖方	卖方						成本+国际运费+国际保费	
	CPT	Carriage paid to	进口国城市	运费付至	卖方	（买方）		货交第一承运人处置时			任何	成本+国际运费	
	CIP	Carriage Insurance paid to		运费、保险付至	卖方	卖方						成本+国际运费+国际保费	
D组	DAF	Delivered at Frontier		边境交货	卖方	（卖方）		两国边边境货交买方处置					到达术语
	DES	Delivered Ex Ship	进口国港口城市	目的港船上交货				目的港船上货交买方处置			水运		
	DEQ	Delivered Ex Quay		目的港码头交货				目的港码头货交买方处置					
	DDU	Delivered Duty Unpaid	进口国城市	未完税交货				进口国货交买方处置			任何		
	DDP	Delivered Duty Paid		完税交货					卖方	卖方			

二、《Incoterms 2010》中的贸易术语（见表 2-2-2）

表 2-2-2　《Incoterms 2010》中的贸易术语分类

分组	水运	全能
代码	FAS FOB CFR CIF	EXW FCA CPT CIP **DAT** **DAP** DDP

三、《Incoterms 2020》中的贸易术语（见表 2-2-3）

表 2-2-3　《Incoterms 2020》中的贸易术语分类

分组	水运	全能
代码	FAS FOB CFR CIF	EXW FCA CPT CIP **DPU** DAP DDP

四、《Incoterms 2010》相对于《Incoterms 2000》的变化

（一）贸易术语的数量和种类变化

《Incoterms 2010》以 DAT 和 DAP 取代了 DAF、DES、DEQ 和 DDU，术语的总数由原来的 13 个减少为 11 个。使用 DAT（Delivered at Terminal 运输工具终端交货）时，货物从到达指定目的港或目的地的运输工具卸下后，交由买方处置（与 DEQ 相同）；使用 DAP（Delivered at Place 目的地交货）时，货物同样在指定目的港或目的地交由买方处置，但需由买方安排卸货（与 DAF、DES 和 DDU 相同）。

（二）简化了分类方式

《Incoterms 2010》简单地将术语按适用范围分为两类，一类为适用于任何单一运输方式或多种运输方式的术语，包括 EXW、FCA、CPT、CIP、 DAT、DAP 和 DDP；另一类为适用于海运和内河水运的术语，包括 FAS、FOB、CFR 和 CIF。

（三）放弃了以船舷为交货点的说法

在《Incoterms 2010》之前的版本中，关于 FOB、CFR 和 CIF 三个术语的“交货”均表述为当货物在指定装运港越过船舷时，卖方完成交货。《Incoterms 2010》在 FOB、CFR 和 CIF 三个术语中强调货物置于“船上”时，卖方完成交货。

（四）确认了相关术语可以用于国内货物买卖

《Incoterms 2010》正式确认相关术语既可以用于国际货物买卖，也可以用于国内货物买卖，只有在需要时才产生遵守进出口手续要求的义务。

（五）扩大了对电子信息效力的确认

《Incoterms 1990》和《Incoterms 2000》确认了电子单证与纸质单证具有同等效力，《Incoterms 2010》在双方约定或符合惯例的情况下，赋予任何电子记录或程序与纸质信息具有同等效力。

（六）考虑了《伦敦保险协会货物险条款》的最新修订

《Incoterms 2010》考虑了《伦敦保险协会货物险条款》的最新修订，将与保险相关的信息义务从《Incoterms 2000》的 A10 和 B10 泛泛的条款中抽出，纳入涉及运输合同和保险合同的 A3 和 B3 条款。

（七）丰富了海关手续的内涵

Incoterms 2010 专用词解释中明确指出，海关手续指为遵守任何适用的海关规定所需满足的要求，并可包括各类单证、安全、信息或实物检验的义务。

（八）明确了 THC 的分摊

THC（Terminal Handling Charge）是指集装箱码头装卸作业费，在使用 CPT、CIP、CFR、CIF、DAT、DAP 和 DDP 术语时，卖方支付的运费中是否包括在港口或集装箱码头设施内处理和移动货物的费用一直未予明确，《Incoterms 2010》明确了 THC 的分摊。

（九）澄清了链式销售中卖方的义务

在商品销售过程中，货物在运至销售链终端的过程中常常被多次转卖，而处于销售链始端和销售链中端的卖方义务并非完全相同，处在销售链中端的卖方实际上不需要运送货物，而是以“取得”货物的方式履行其对买方的义务，只有处在销售链始端的卖方才需要以运送货物的方式履行其对买方的义务，《Incoterms 2010》对此进行了细分与澄清。

（十）解释了相关专用词

《Incoterms 2010》解释了一些专用词：“运人”指与其签订运输合同的一方；“交货凭证”指证明已经交货的凭证，它可以是运输凭证或对应的电子记录，也可能仅仅是一张收据；“包装”指为满足买卖合同的要求或为适应运输需要对货物进行包装，不涉及在集装箱或其他运输工具中装载包装好的货物。

五、《Incoterms 2020》相对于《Incoterms 2010》的变化

（一）将 DAT 改为 DPU

国际商会对 DAT 和 DAP 进行了两处修改。第一，调整 DAP 与 DAT 的位置，将 DAP 调至 DAT 之前。第二，将 DAT 改为 DPU（Delivered at Place Unloaded 目的地交货并卸货）。目的是为了强调目的地可以是任何地点，而不仅仅是“终点站”，如果该地点不在终点站，卖方应确保其打算交付货物的地点是能够顺利卸货的地点。

（二）装船批注提单和 FCA 术语条款的修改

根据先前的 FCA 规则，交货是在货物装船之前完成的，卖方不能从承运人处获得装船提单，因为根据其运输合同，承运人很可能只有在货物实际装船后才有签发船上提单的权利或者义务。为了解决这个问题，《Incoterms 2020》提供了一个新的选择：交易双方可以同意，买方将指示其承运人在将货物装上船前，向卖方签发并交付提单 Bill of Lading。

（三）成本的列出位置

在新版本《Incoterms 2020》规则的相关栏目排序中，成本现在显示在每个《国际贸易术语解释通则》（简称《Incoterms 2020》）规则的 A9/B9 处，，以便卖方或买方可以在一个地方找到其根据 Incoterms 规则应承担的所有成本。

（四）CIF、CIP 中与保险有关的条款

在 2010 年国际贸易术语解释通则中，CIF 和 CIP 的 A3 规定：卖方有义务“自费购买货物保险，至少符合协会货物保险条款（C）或任何类似条款。

新版本的《Incoterms 2020》对 CIF 和 CIP 中的保险条款分别进行了规定，CIF 默认使用协会货物保险条款（C），而 CIP 使用协会货物保险条款（A），即卖家需要承担一切险（All Risk），相应的保费也会更高。

也就是说，在《Incoterms 2020》中，使用 CIP 术语，卖方承担的保险义务变大，而买方的利益会得到更多保障。

（五）在 FCA、DAP、DPU 和 DDP 中，与用卖方或买方选择自己的运输工具运输的相关条款

《Incoterms 2020》明确规定，：卖方和买方之间的货物运输可由由自己负责运输。因此，在 FCA（货交承运人）中，买方可以使用自己的运输工具（汽车尤为常见）收货并运输至目的地。同样的，DAP（目的地交货）、DPU（目的地交货并卸货）及 DDP（完税后交货）中，也允许卖方使用自己的运输工具将货物运至指定的目的地完成交货。

（六）在运输义务和费用中列入与安全有关的要求

《Incoterms 2020》现在明确将安全相关要求和辅助成本的责任转移给卖方。

六、贸易术语选择和使用时应考虑的六大因素

（一）承运人风险控制

为了方便我方选择资质和信誉都放心的承运人，避免对方借指定承运人之便与承运人联手欺诈，在出口业务中，外贸企业应争取选用 CIF（CIP）或 CFR（CPT）术语，在进口业务中，特别是对于大宗货物进口，外贸企业应争取选用 FOB （FCA）术语。

（二）货物特性及运输条件

国际贸易中的货物品种很多，不同类别的货物具有不同的特点，它们在运输方面各有不同要求，此外，成交量的大小，也直接涉及安排运输是否有困难和经济上是否合算。例如，在大宗货物出口贸易中，买方为了支付较低的运保费，要求自行租船装运货物和办理保险，为了达成该笔交易，我方也可按 FOB 术语与之成交。

（三）运价动态

当运价看涨时，为了避免承担运价上涨的风险，可以选用由对方安排运输的贸易术语成交，如按 C 组术语进口，按 F 组术语出口；在运价看涨的情况下，如因某种原因不得不采用由自身安排运输的条件成交，则应将运价上涨的风险考虑到货价中去，以免遭受运价变动的损失。

（四）运输方式

不同的贸易术语都有其所适用的运输方式，如 FOB、CFR，CIF 只适用于海运和内河航运，而 FCA、CPT 和 CIP 能适用各种运输方式。不顾贸易术语所适用的运输方式而盲目地选用，则会给交货带来诸多不便，严重的可致使贸易的某一方陷入困境并遭受损失。

（五）海上风险程度

在国际贸易中，交易的商品一般需要通过长途运输，货物在运输过程中可能遇到各种自然灾害、意外事故、战争、人为障碍等风险，因此，买卖双方洽商交易时，必须根据不同时期、不同地区、不同运输线路和运输方式的风险情况，并结合购销意图来选用适当的贸易术语。

（六）办理进出口货物结关手续的难易

当某出口国政府当局规定，买方不能直接或间接办理出口结关手续，则不宜按 EXW 条件成交；若进口国当局规定，卖方不能直接或间接办理进口结关手续，此时则不宜采用 DDP，而应选用 DDU 或 DES 条件成交。

任务三 国际贸易术语解析

一、《Incoterms 2010》中的全能贸易术语

“全能贸易术语”指《Incoterms 2010》中适用于任何单一运输方式或多种运输方式的术语，其共有 7 种：EXW、FCA、CPT、CIP、DAT、DAP 和 DDP。

（一）EXW

●Ex Works，工厂交货。

●EXW 后跟出口国城市（即指定交货地点），例如 EXW New York（进口贸易）。

●EXW 交货地点：可以是卖方所在地，如卖方工厂、仓库、车间等，也可以是其他指定地点，如卖方租用的公共仓库。

●EXW 是卖方承担责任最少的术语，也是唯一由买方负责进出口报关的术语。

●EXW 的风险转移界限：指定地点交货买方处置后。

●EXW 合同为发货合同。

1．买卖双方基本义务（EXW）

（1）卖方义务（EXW）

1）卖方在其所在地或其他指定地点将合同约定的货物交给买方处置时即完成交货；

2）卖方必须给予买方收取货物所需的任何通知；

3）卖方承担货物在交货地点交给买方处置之前的所有费用和风险；

4）货物需要包装时，卖方必须自付费用包装货物，使之适合运输并作适当标记；

5）卖方提供商业发票或相等的电子信息。

（2）买方义务（EXW）

1）买方承担自交货地点收取货物之后的所有费用和风险；

2）买方自付费用取得进出口许可或其他官方授权，办理货物进出口海关手续；

3）买方按合同约定收取货物，提供已收取货物的相关凭证，支付价款。

2．使用 EXW 应注意的问题

1）写明交付点：EXW 术语后面要写明指定交货地点内的交付点。若没有约定特定的交付点或有不止一个交付点可供使用时，卖方可以选择对其来说最方便的交付点。

2）卖方不装货：卖方不需要将货物装上任何前来接收货物的运输工具。

3）卖方不清关：需要清关时，卖方无须办理出口清关手续。卖方只有在买方提出要求并承担风险和费用时才有义务协助买方办理出口手续。

（二）FCA

●Free Carrier，货交承运人。

●FCA 术语卖方只要将货物在指定的地点交给买方指定的承运人，并办理了出口清关手续，即完成交货。

●FCA 术语由卖方办理出口清关手续，买方办理进口清关手续。

●FCA 后跟出口国城市（即指定交货地点），例如 FCA New York（进口贸易）。

●FCA 术语交货地点：出口国买卖双方约定或指定的地点。

●FCA 术语的风险转移界限：货交买方指定的第一承运人处置后。

●FCA 术语合同为装运合同。

1．买卖双方基本义务（FCA）

（1）卖方义务（FCA）

1）卖方在其所在地或其他指定地点将合同约定的货物交给买方指定的承运人或其他人处置时即完成交货；

2）卖方完成交货后必须及时通知买方；

3）卖方承担货交承运人之前的一切风险和费用，包括自负风险和费用取得出口所需的许可或其他官方授权，办理货物出口所需的一切海关手续；

4）卖方提供商业发票和通常的交货凭证或相等的电子信息，协助买方取得运输凭证。

（2）买方义务（FCA）

1）买方必须自付运费并签订自交货地点起的运输合同，并给予卖方充分通知；

2）买方承担货交承运人之后的一切风险和费用；

3）买方自负风险和费用取得进口所需的许可或其他官方授权，并办理货物进口和从他国过境运输所需的海关手续；

4）买方按合同约定收取货物，接受交货凭证，支付价款。

2．使用 FCA 应注意的问题

（1）写明交付点：FCA 术语后面要写明指定交货地点内的交付点。若没有约定特定的交付点或有不止一个交付点可供使用时，卖方可以选择对其来说最方便的交付点。

（2）卖方的装货：根据《Incoterms 2010》，在卖方所在地交货时，卖方要负责将货物装上买方提供的运输工具；在其他指定地点交货时，即卖方不负责卸货。

（3）买方的通知：买方必须通知卖方所指定的承运人或其他人的姓名、运输方式、约定交付期限内所选择的具体收货时间（如有）、指定交货地点内的交付点（如有），否则后果自负；

（4）卖方的通知：卖方完成交货后必须及时通知买方，向其提供取得保险所需的信息，买方指定承运人或其他人未在约定时间内收取货物时，卖方也应通知买方。

（三）CPT

●Carriage Paid To ，运费付至。

●CPT 术语卖方向其指定的承运人交货（货交承运人），但卖方还必须支付将货物运至目的地的运费。即买方承担交货之后一切风险和其他费用。

●CPT 术语由卖方办理出口清关手续，买方办理进口清关手续。

●CPT 后跟进口国城市（即指定交货地点），例如 CPT New York（出口贸易）。

●CPT 术语交货地点：出口国买卖双方约定或指定的地点。

●CPT 术语的风险转移界限：货交买方指定的第一承运人处置后。

●CPT 术语合同为装运合同。

1．买卖双方基本义务（CPT）

（1）卖方义务（CPT）

1）卖方必须签订或取得运输合同，支付将货物运至指定目的地所需的运费；

2）卖方在其所在地或其他指定地点将合同约定的货物交给买方指定的承运人或其他人处置时即完成交货；

3）卖方完成交货后必须及时通知买方；

4）卖方承担货交承运人之前的一切风险和费用，包括自负风险和费用取得出口所需的许可或其他官方授权，办理货物出口所需的一切海关手续；

5）卖方提供商业发票和通常的交货凭证或相等的电子信息，协助买方取得运输凭证。

（2）买方义务（CPT）

1）买方承担货交承运人之后的一切风险和费用；

2）买方自负风险和费用取得进口所需的许可或其他官方授权，并办理货物进口和从他国过境运输所需的海关手续；

3）买方按合同约定收取货物，接受交货凭证，支付价款。

2．使用 CPT 应注意的问题

（1）明确交货地点： 买卖双方在合同中要尽可能清楚地确定交货地点，交货地点也是风险转移点。

（2）明确目的地点： 在 CPT 术语后面要尽可能写明确切的指定目的地点，便于卖方签订将货物运至该目的地的运输合同，准确核算并支付运费。

（3）卸货费用支付： 根据《Incoterms 2010》，卸货费由买方支付，但卖方要注意运输合同与买卖合同的协调；如果卖方按照运输合同在指定目的地发生了卸货费用，除非双方另有约定，否则卖方无权向买方要求偿付。

（4）卖方运输凭证： 卖方向买方提供的运输凭证必须载明合同中的货物，且其签发日期应在约定运输期限内；如果运输凭证以可转让形式签发且有数份正本时，卖方必须将整套正本提交给买方。

（5）买方充分通知： 当买方有权决定在约定期限内的交货时间和/或在指定目的地内的收货点时，买方必须向卖方发出充分通知，否则买方必须从约定的交货日期或交货期限届满之日起，承担货物灭失或损坏的一切风险。

（四）CIP

- Carriage and Insurance Paid To，运费和保险费付至。
- CIP 术语卖方向其指定的承运人交货，期间卖方必须支付将货物运至目的地的运费，并办理买方货物在运输途中灭失或损坏风险的保险，即买方承担卖方交货之后的一切风险和额外费用。
- CIP 术语由卖方办理出口清关手续，买方办理进口清关手续。
- CIP 后跟进口国城市（即指定交货地点），例如 CIP New York（出口贸易）。

●CIP 术语交货地点：出口国买卖双方约定或指定的地点。

●CIP 术语的风险转移界限：货交买方指定的第一承运人处置后。

●CIP 术语合同为装运合同。

1. 买卖双方基本义务（CIP）

（1）卖方义务（CIP）。

1）卖方必须签订或取得运输合同，支付将货物运至指定目的地所需的运费；

2）卖方自付费用货物保险；

3）卖方在其所在地或其他指定地点将合同约定的货物交给买方指定的承运人或其他人处置时即完成交货；

4）卖方完成交货后必须及时通知买方；

5）卖方承担货交承运人之前的一切风险和费用，包括自负风险和费用取得出口所需的许可或其他官方授权，办理货物出口所需的一切海关手续；

6）卖方提供商业发票和通常的交货凭证或相等的电子信息，协助买方取得运输凭证。

（2）买方义务（CIP）。

1）买方承担货交承运人之后的一切风险和费用；

2）买方自负风险和费用取得进口所需的许可或其他官方授权，并办理货物进口和从他国过境运输所需的海关手续；

3）买方按合同约定收取货物，接受交货凭证，支付价款。

2. 使用 CIP 应注意的问题

（1）明确交货地点：买卖双方在合同中要尽可能清楚地确定交货地点，交货地点也是风险转移点。

（2）明确目的地点：在 CPT 术语后面要尽可能写明确切的指定目的地点，便于卖方签订将货物运至该目的地的运输合同，准确核算并支付运费。

（3）卸货费用支付：根据《Incoterms 2010》，卸货费由买方支付，但卖方要注意运输合同与买卖合同的协调；如果卖方按照运输合同在指定目的地发生了卸货费用，除非双方另有约定，卖方无权向买方要求偿付。

（4）卖方运输凭证：卖方向买方提供的运输凭证必须载明合同中的货物，且其签发日期应在约定运输期限内；如果运输凭证以可转让形式签发且有数份正本时，卖方必须将整套正本提交给买方。

（5）买方充分通知：当买方有权决定在约定期限内的交货时间和/或在指定目的地内的收货点时，买方必须向卖方发出充分通知，否则买方必须从约定的交货日期或交货期限届满之日起，承担货物灭失或损坏的一切风险。

（6）卖方投保规定：根据《Incoterms 2010》，CIP 只要求卖方投保最低险别，即该保险需至少符合《协会货物运输保险条款》（ICC，LMA/IUA）、“条款 （C）”（Clause C）或类似条款的最低险别（如我国海运货物保险条款中的平安险）；保险金额最低为合同规定价格另加 10% 并采用合同货币。

（五）DAT

●Delivered at Terminal，运输终端交货。

●DAT 术语卖方在指定港口或目的地的指定运输终端将货物从抵达的载货运输工具上卸下，交由买方处置时，即为交货。

●DAT 术语由卖方办理出口清关手续，买方办理进口清关手续。

●DAT 后跟进口国城市（即指定交货地点），例如 DAT New York（出口贸易）。

●DAT 术语交货地点：进口国买卖双方约定或指定的地点。

●DAT 术语的风险转移界限：货交买方处置后。

●DAT 术语合同为到货合同。

1. 买卖双方基本义务（DAT）

（1）卖方义务（DAT）。

1）卖方必须签订运输合同，支付将货物运至指定港口或目的地的运输终端所发生的运费；

2）卖方在指定港口或目的地的运输终端将合同约定的货物从抵达的运输工具上卸下交给买方处置时即完成交货；

3）卖方必须向买方发出所需通知，以便买方采取收取货物通常所需的措施；

4）卖方承担在运输终端交货之前的一切风险和费用；

5）卖方自负风险和费用取得出口所需的许可或其他官方授权，办理货物出口和交货前从他国过境运输所需的一切海关手续；

6）卖方提供商业发票及买方能够收取货物的凭证或相等的电子信息。

（2）买方义务（DAT）。

1）买方承担在运输终端交货之后的一切风险和费用；

2）买方自负风险和费用取得进口所需的许可或其他官方授权，办理货物进口所需的一切海关手续；

3）买方按合同约定收取货物，接受交货凭证，支付价款。

2. 使用 DAT 应注意的问题

（1）**"运输终端"**：意味着进口国境内任何地点，而不论该地点是否有遮盖，例如码头、仓库、集装箱堆场或公路、铁路、空运货站。

（2）**卖方负责卸货**：使用 DAT 术语时，卖方在指定港口或目的地的运输终端交货，且卖方要负责将货物从到达的运输工具上卸下。

（3）**明确终端地址**：买卖双方应尽可能确切地约定运输终端的地址，最好能具体到约定港口或目的地运输终端内特定的点。如果没有约定特定的交货点或该交货点不能确定，卖方可以在指定港口或目的地的运输终端选择最适合其目的的交货点。

（4）**卖方投保情况**：卖方对买方没有订立保险合同的义务，但由于整个运输过程的风险要由卖方承担，卖方通常会通过投保规避货物运输风险。

（六）DAP

●Delivered at Place，目的地交货。

●DAP 术语卖方用运输工具把货物运送到达买方指定的目的地后，将装在运输工具上的货物无需卸货直接交由买方处置，即完成交货。

●DAP 术语由卖方办理出口清关手续，买方办理进口清关手续。

●DAP 后跟进口国城市（即指定交货地点），例如 DAP New York（出口贸易）。

●DAP 术语交货地点：进口国买卖双方约定或指定的地点。

●DAP 术语的风险转移界限：货交买方处置后。

●DAP 术语合同为到货合同。

1. 买卖双方基本义务（DAP）

（1）卖方义务（DAP）。

1）卖方必须签订运输合同，支付将货物运至指定目的地或约定地点所发生的运费；

2）卖方在指定目的地将合同约定的货物放在已抵达的运输工具上交给买方处置时即完成交货；

3）卖方必须向买方发出所需通知，以便买方采取收取货物通常所需的措施；

4）卖方承担在指定目的地运输工具上交货之前的一切风险和费用；

5）卖方自负风险和费用取得出口所需的许可成其他官方授权，办理货物出口和交货前从他国过境运输所需的一切海关手续；

6）卖方提供商业发票及买方能够收取货物的凭证或相等的电子信息。

（2）买方义务（DAP）。

1）买方承担在指定目的地运输工具上交货之后的一切风险和费用；

2）买方自负风险和费用取得进口所需的许可或其他官方提权，办理货物进口所需的一切海关手续；

3）买方按合同约定收取货物，接受交货凭证，支付价款。

2. 使用 DAP 应注意的问题

（1）**DAP 的交货地点**：既可以是在两国边境的指定地点，也可以是在目的港船上，还可以是在进口国内陆的某一地点。

（2）**卖方无需卸货**：买方负责在指定目的地将货物从到达的运输工具上卸下，但卖方要保证货物可供卸载。

（3）**明确交货地址**：买卖双方应尽可能清楚地订明指定目的地的交货地址，最好能具体到指定目的地内特定的点。

（4）**卖方投保情况**：卖方对买方没有订立保险合同的义务，但由于整个运输过程的风险要由卖方承担，卖方通常会通过投保规避货物运输风险。

（七）DDP

●Delivered Duty Paid，完税后交货。

●DDP 术语卖方在指定的目的地，办完进口清关手续，将在交货运输工具上尚未卸下的货物交与买方，完成交货。

●DDP 术语由卖方办理进口和出口清关手续。

●DDP 后跟进口国城市（即指定交货地点），例如 DDP New York（出口贸易）。

●DDP 术语交货地点：进口国买卖双方约定或指定的地点。

●DDP 术语的风险转移界限：货交买方处置后。

●DDP 术语合同为到货合同。

1. 买卖双方基本义务（DDP）

（1）卖方义务（DDP）。

1）卖方必须签订运输合同，支付将货物运至指定目的地或指定目的地约定地点所发生的运费；

2）卖方在指定目的地将合同约定的、已完成进口清关且可供卸载的货物交给买方处置时即完成交货；

3）卖方必须向买方发出所需通知，以便买方采取收取货物通常所需的措施；

4）卖方承担在指定目的地运输工具上交货之前的一切风险和费用，包括出口和进口的关税；

5）卖方自负风险和费用取得出口和进口所需的许可或其他官方授权，办理货物出口、从他国过境运输和进口所需的一切海关手续；

6）卖方提供商业发票及买方能够收取货物的凭证或相等的电子信息。

（2）买方义务（DDP）。

1）买方承担在指定目的地运输工具上交货之后的一切风险和费用；

2）买方按合同约定收取货物，接受交货凭证，支付价款。

2. 使用 DDP 应注意的问题

（1）**DDP 的交货地点**：在 DDP 的交货条件下，卖方是在办理了进口结关手续后在指定目的地交货的，这实际上是卖方已将货物运进了进口方的国内市场。

（2）**卖方无需卸货**：买方负责在指定目的地将货物从到达的运输工具上卸下，但卖方要保证货物可供卸载。

（3）**明确风险划分**：由于卖方承担在特定交货地点交货前的风险，买卖双方应尽可能清楚地订明指定目的地的交货地址，最好能具体到指定目的地内特定的点。

（4）**卖方投保情况**：卖方对买方没有订立保险合同的义务，但由于整个运输过程的风险要由卖方承担，卖方通常会通过投保规避货物运输风险。

（5）**卖方负责报关**：卖方承担进口国进口报关和出口国出口报关责任，并承担相关费用。

二、《Incoterms 2010》中的水运贸易术语

本节所述“水运贸易术语”指《Incoterms 2010》中适用于海运和内河水运的术语，包括FAS、FOB、CFR和CIF 4种。

（一）FAS

- Free Alongside Ship，装运港船边交货。
- FAS术语卖方在指定的装运港将货物交到船边，即完成交货。
- FAS术语买卖双方负担的风险和费用均以船边为界。如果买方所派的船只不能靠岸，卖方则要负责用驳船把货物运至船边，仍在船边交货。
- FAS术语装船的责任和费用由买方承担。买方必须承担自那时起货物遗失或损坏的一切风险。
- FAS术语术语仅适用于水运。
- FAS术语合同为装运合同。

1. 买卖双方基本义务（FAS）

（1）卖方义务（FAS）。

1）卖方在约定的日期或期限内，将符合合同规定的货物在指定装运港交到买方指定的船边或“取得”已经这样交运的货物即为完成交货，并及时通知买方；

2）承担货交装运港船边之前的一切风险和费用；

3）自负风险和费用取得出口所需的许可或其他官方授权，办理货物出口所需的一切海关手续；

4）提供商业发票和通常的证明其完成交货义务的凭证或相等的电子信息。

（2）买方义务（FAS）。

1）买方自付费用订立从指定装运港到目的港的运输合同，并将船名、装船点和在需要时其在约定期限内选择的交货时间向卖方发出充分通知；

2）负担货物在指定装运港交到船边之后的一切风险和费用；

3）自付费用取得进口许可或其他官方授权，办理货物进口和从他国过境运输所需的一切海关手续；

4）按合同约定收取货物，接受交货凭证，支付价款。

2. 使用FAS应注意的问题

（1）**船边的界定：**“船边”指码头上装卸工具所及的范围，如果买方所派的船只不能靠岸，卖方则要负责用驳船把货物运至船边，完成船边交货。

（2）**明确交货前风险和费用：**由于卖方承担在特定地点交货前的风险和费用，而且这些费用和相关作业费可能因各港口惯例不同而变化，所以买卖双方应尽可能清楚地订明指定装运港内的交货点。如果没有约定特定的交货点或该交货点不能确定，卖方可以在指定装运港选择最适合其目的的交货点。

（二）FOB

●Free on Board（Insert Named Port of Shipment），装运港船上交货。

●FOB 术语卖方在指定的装运港将货物运至买方指定的船上或取得已按此送交的货物，即完成交货。

●FOB 术语当货物已运至船上时，货物灭失或损坏的风险以及由于各种事件造成的额外费用发生转移，买方自那时起承担一切风险及费用。

●FOB 术语仅适用于水运。

●FAS 术语合同为装运合同。

1. 买卖双方基本义务（FOB）

（1）卖方义务（FOB）。

1）卖方在指定装运港按合同规定日期或在规定期限内，将货物装到买方指定的船上或通过“取得”已交付至船上货物的方式交货，并及时通知买方；

2）负担货物在指定装运港交到船上之前的一切风险和费用；

3）自付费用取得出口许可或其他官方授权，办理货物出口所需的一切海关手续；

4）提交商业发票以及证明已按本规则履行交货义务的交货凭证或相等的电子信息，协助买方取得运输凭证。

（2）买方义务（FOB）。

1）买方负责订立从指定装运港到目的港的运输合同，并将船名、装船点和在需要时其在约定期限内选择的交货时间向卖方发出充分通知；

2）负担货物在指定装运港交到船上之后的一切风险和费用；

3）自付费用取得进口许可或其他官方授权，办理货物进口和从他国过境运输所需的一切海关手续；

4）按合同约定收取货物，接受交货凭证，支付价款。

2. 使用 FOB 应注意的问题

（1）**FOB 的交货地点**：使用 FOB 术语时，卖方在装运港将货物装上船时完成交货。

（2）**双方给予彼此通知**：卖方及时将备货进度告知买方，以便买方适时租船订舱。买方租船订舱后也应及时将船名、航次、预计到达装运港的时间通知卖方，以便卖方作好交货准备。

（3）**装船通知便于投保**：卖方装船后，必须及时向买方发出装船通知，以便买方及时办理投保手续。

（4）**“船舷”改为“船上”**：根据《Incoterms 2010》，FOB、CFR 和 CIF 术语的风险划分界限由“船舷”改为“船上”，这种修改更符合业务实际操作情况。

（三）CFR

●Cost and Freight，成本加运费。

●CFR 术语在装运港将货物装到船上或已取得已按此交送的货物，卖方即完成交货义务。

- CFR 术语卖方需支付将货物运至指定目的地港所需的费用。
- CFR 术语货物的风险是在装运港船上交货时转移。
- CFR 术语仅适用于水运。
- CFR 术语合同为装运合同。

1．买卖双方基本义务（CFR）

（1）卖方义务（CFR）。

1）卖方必须签订或取得运输合同，支付将货物运至指定目的港所需的运费；

2）在指定装运港按合同规定日期或在规定期限内，将货物装上船或通过“取得”已交付至船上货物的方式交货，并及时通知买方；

3）负担货物在指定装运港交到船上之前的一切风险和费用；

4）自付费用取得出口许可或其他官方授权，货物出口所需的一切海关手续；

5）提交商业发票以及证明已按本规则履行交货义务的交货凭证或相等的电子信息。

（2）买方义务（CFR）。

1）买方负担货物在装运港交到船上之后的一切风险和费用；

2）自付费用取得进口许可或其他官方授权，办理货物进口和从他国过境运输所需的一切海关手续；

3）按合同约定收取货物，接受交货凭证，支付价款。

2．使用 CFR 应注意的问题

（1）**CFR 的交货地点：**卖方完成交货是在装运港船上。

（2）**买方负担卸货费：**但如果卖方按照运输合同在目的港发生了卸货费用，除非双方事先另有约定，否则卖方无权向买方要求补偿该项费用。

（3）**卖方发装船通知：**如卖方要向买方提前发出装船通知，以便买方对货物办理保险，否则货物在海运途中的风险应被视为由卖方负担。所以，在出口贸易中，作为 CFR 合同的卖方，一旦了解配载船名后，应该立即发出装船通知。

（四）CIF

- Cost Insurance and Freight，成本、保险费加运费。
- CIF 术语卖方在装运港将货物装到船上或取得已按此送交的货物，卖方当即完成交货义务。
- CIF 术语卖方需支付将货物运至指定目的地港所需的运费和保费。
- CIF 术语货物的风险是在装运港船上交货时转移。
- CIF 术语仅适用于水运。
- CIF 术语合同为装运合同。

1．买卖双方基本义务（CIF）

（1）卖方义务（CIF）。

1）卖方必须签订或取得运输合同，支付将货物运至指定目的港所需的运费；

2）在指定装运港按合同规定日期或在规定期限内，将货物装上船或通过“取得”已交付至船上货物的方式交货，并及时通知买方；

3）负担货物在指定装运港交到船上之前的一切风险和费用；

4）自付费用办理货物运输保险；

5）自付费用取得出口许可或其他官方授权，办理货物出口所需的一切海关手续；

6）提交商业发票、保险单以及证明已按本规则履行交货义务的交货凭证或相等的电子信息。

（2）买方义务（CIF）。

1）买方负担货物在装运港交到船上之后的一切风险和费用；

2）自付费用取得进口许可或其他官方授权，办理货物进口和从他国过境运输所需一切海关手续；

3）按合同约定收取货物，接受交货凭证，支付价款。

2．使用 CIF 应注意的问题

（1）保险的性质、保险金额和保险险别问题。

1）保险性质：按照 CIF 贸易术语，卖方负责投保并付保险费，卖方实际上是为了买方的利益而投保。

2）保险金额：在实际业务中，买卖双方如无特别约定，卖方按 CIF 货值的 110%投保最低险别即可。

3）保险险别：最低险别需至少符合《协会货物运输保险条款》中的 ICC（C）或我国海运货物保险条款中的平安险。

（2）象征性交货问题。卖方是凭单交货，即象征性交货，而不是实际交货。

（3）买方负担卸货费。如果卖方按照运输合同在目的港发生了卸货费用，除非双方事先另有约定，否则卖方无权向买方要求补偿该项费用。

三、FOB、CFR、CIF 与 FCA、CPT、CIP 的异同（见表 2-3-1）

表 2-3-1　FOB、CFR、CIF 与 FCA、CPT、CIP 的异同

比较项目	FOB、CFR、CIF	FCA、CPT、CIP
运输方式	海运和内河运输	各种运输方式（单式和多式）
承运人	船公司	船公司、铁路局、航空公司或多式联运运营人
交货地点	装运港船上	视不同运输方式而定
风险转移界限	装运港船上	货交承运人监管后
装卸费用负担	FOB 的各种变形以明确装船费用有谁负担，CFR、CIF 的各种变形明确卸货费用由谁负担	FCA 卖方负担装船费， CPT、CIP 卖方负担卸货费，不存在术语变形
运输单据	已装船清洁提单	提单、海运单、内河运单、铁路运单、公路运单、航空运单或多式联运单据
后注地名	FOB+装运港名称， CFR、CIF+目的港名称	FCA+装运地名称， CPT、CIP+目的地名称

任务四 常见三种贸易术语的变形

一、FOB 术语的常用变形

（一）FOB 变形的目的

FOB 变形主要解决使用程租船运输时装货费的负担问题。

（二）FOB 的 5 种变形（见表 2-4-1）

表 2-4-1 FOB 的变形

变形分类（中英表达）		装货费承担方	说明
FOB 班轮条件	FOB liner term	买方	装卸费用包含在运费中，即在装运港装船、在目的港卸货及装船后平舱、理舱费用均包含在程租船运费中，由支付运费的船方或买方负担
FOB 吊钩下交货	FOB Under tackle	买方	卖方承担的费用截止到上买方指定船只的吊钩所及之处，包括装运港驳船费在内，有关装船的各项费用一概由买方负担
船上交货并理舱	FOB stowed 或 FOBS	卖方	卖方负责将货物装上船，并支付包括理舱费在内的装货费用。多用于包装货
船上交货并平舱	FOB trimmed 或 FOBT	卖方	卖方负责将货物装入船舱，并支付包括平舱费在内的装货费用，多用于散装货。若买方租用自动平舱船时，卖方应退回平舱费用
船上交货理舱并平舱	FOB stowed and trimmed 或 FOBST	卖方	卖方负责将货物装上船，并支付包括理舱费和平舱费在内的装船费用。多用于一部分是包装货，一部分是散装货的情况

二、CFR 和 CIF 术语的常用变形

（一）CFR 和 CIF 变形的目的

CFR 和 **CIF** 变形主要解决使用程租船运输时卸货费用的负担问题。

（二）CFR 和 CIF 的 4 种变形（见表 2-4-2）

表 2-4-2　CFR 和 CIF 的变形

变形分类（中英表达）		装货费承担方	说明
CFR/CIF 班轮条件	CFR/CIF		
liner term	卖方	卸货费按班轮的办法处理，即由支付运费的卖方负担，买方不予负担	
CFR/CIF 卸到岸上	CFR/CIF		
landed	卖方	由卖方负担将货物由载货船舶上卸到目的港岸上的卸货费，包括从轮船到码头转运时可能发生的驳船费和码头捐税	
CFR/CIF 吊钩下交接	CFR/CIF ex tackle	买方	卖方负担货物从舱底吊至船边卸离吊钩为止的费用。不包括从轮船到码头转运时可能发生的驳船费和码头捐税
CFR/CIF 舱底交接	CFR/CIF ex ship's hold	买方	卖方不负责卸货费用，由买方负担将货物从目的港船舱舱底起吊并卸到码头的费用

复习导图

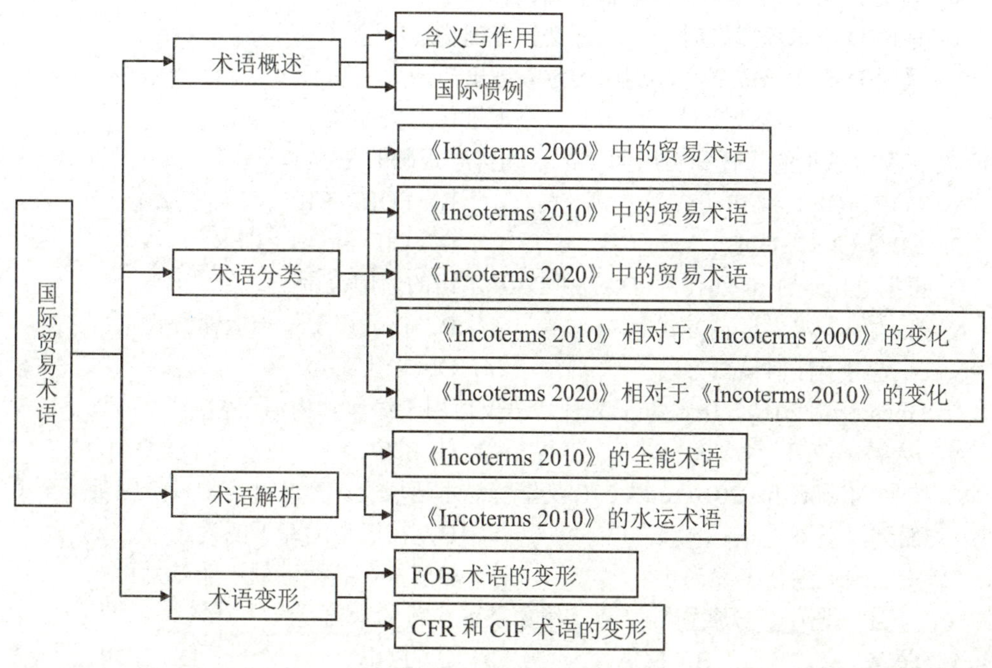

项目测试题

一、单选题

1．某公司与英国一家公司以 CFR Landed 的条件成交一笔交易，按国际惯例，该笔交易的货物在目的港的卸货费用、驳船费用应由（　　）承担。

A．买方　　B．卖方　　C．船方　　D．港务部门

2．我公司出口某大宗货物，按 CIF Nhava Sheva 成交，合同规定采用租船运输，若我公司不想负担卸货费，应选择的贸易术语变形是（　　）。

A．CIF Liner Terms Nhava Sheva　　B．CIF Landed Nhava Sheva

C．CIF Ex Tackle Nhava Sheva　　D．CIF Ex Ship's Hold Nhava Sheva

3．根据《Incoterms 2000》，DAF 贸易术语（　　）。

A．只适用于公路运输　　B．只适用于铁路运输

C．可适用于铁路和公路运输　　D．可适用于各种运输方式

4．FOB 与 FCA 的主要区别是（　　）。

A．适合的运输方式不同　　B．办理出口手续的责任方不同

C．负责订立运输合同的责任方不同　　D．风险和费用是否同时转移不同

5．下列有关 D 组贸易术语的说明中，与《Incoterms 2000》的规定不符的是（　　）。

A．采用 D 组术语成交的合同属于到达合同

B．采用 D 组术语成交时，买方无义务办理货运保险

C．采用 D 组术语成交时，均由卖方办理出口通关手续

D．采用 D 组术语成交时，均由买方办理进口通关手续

6．就卖方承担的责任和费用而言，下列排序正确的是（　　）。

A．FOB＞CFR＞CIF　　B．FOB＞CIF＞CFR

C．CIF＞CFR＞FOB　　D．CIF＞FOB＞CFR

7．根据《Incoterms 2010》，DAT 和 DAP 术语的适用范围是（　　）。

A．仅适用于水上运输方式　　B．仅适用于单一运输方式

C．可适用于任何运输方式　　D．以上都对

8．《Incoterms 2010》中，以下哪种术语仅适用于海运和内河运输（　　）。

A．FAS　　B．FCA　　C．CIP　　D．DAP

9．按照《Incoterms 2010》，以 CIF 汉堡贸易术语成交，卖方对货物风险应负责至（　　）。

A．船到汉堡港为止　　B．在汉堡港卸下船为止

C．货在装运港装上船为止　　D．货在装运港越过船舷为止

10．下述术语中，既属内陆交货又属象征性交货的术语是（　　）。

A．EXW　　B．FCA　　C．FOB　　D．DDP

二、多选题

1.《Incoterms 2010》中，以下哪种术语适用于任何单一运输方式或多种运输方式（　　）。

A．EXW　　B．FAS

C．CFR　　D．DAT

E．CPT

2．下列贸易术语中，（　　）风险划分以货交第一承运人为界，并适用于各种运输方式。

A．FAS　　B．CPT

C．CIF　　D．FCA

E．DDP

3．CIF 和 DES 的主要区别有（　　）。

A．进口报关的责任不同　　B．风险划分的界限不同

C．出口报关的责任不同　　D．交货地点不同

E．适用运输方式不同

4．贸易术语，又称为价格术语，用来说明（　　）。

A．价格构成　　B．物权所有

C．风险划分　　D．费用划分

E．责任划分

5．CPT 与 CFR 的区别有（　　）。

A．交货地点　　B．适用的运输方式

C．风险划分界限　　D．出口结关手续

E．进口结关手续

6．根据《Incoterms 2010》，由买方负担卸货费的术语有（　　）。

A．DAT　　B．DAP

C．DDP　　D．CIF/CIP

E．CFR/CPT

7.《Incoterms 2010》包括 11 种贸易术语，其中适用于海运和内河水运的术语包括（　　）。

A．FAS　　B．FOB

C．CFR　　D．CIF

E．DAP

8．有关贸易术语的国际惯例包括（　　）。

A.《华沙－牛津规则》　　B.《美国对外贸易定义》

C.《国际贸易术语解释通则》　　D.《海牙－维斯比规则》

E.《托收统一规则》

9．根据《Incoterms 2010》，下列说法中正确的是（　　）。

A．FOB、CFR、CIF 都是以货物在装运港装上船为交货及风险分界点

B．FOB、CFR、CIF 三种贸易术语只适用于水上运输方式

C．FCA、CPT、CIP 三种贸易术语适用于所有的运输方式

D．FOB 和 FCA、CFR 和 CPT、CIF 和 CIP 的价格构成相同

E．CIF 和 CIP 都是不包括运费和保险费在内的价格

10．在下列贸易术语中，出口报关责任和进口报关责任由一方承担的是（　　）。

A．EXW　　B．FAS

C．CIF　　D．DDP

E．DAP

三、判断题

1．某公司（我方）从美国旧金山进口木材，如按 FOB 条件成交，需我方指定船只到旧金山接运货物，而按 CIF 条件成交，则由旧金山供应商负责租船、订舱，将木材运往我国。由此可见，按 FOB 进口比按 CIF 进口风险大。（　　）

2.《Incoterms 2000》中的 D 组贸易术语，属于象征性交货。（　　）

3. 从商业观点来看，可以说 CFR 合同的目的不是货物，而是与货物有单据的买卖。（　　）

4.《Incoterms 2010》中的 11 个贸易术语，买方承担责任最大的是 EXW，最小的是 DDP。（　　）

5．按 CIF 术语成交时，卖方承担将货物运达目的港之前的一切费用和风险。（　　）

6．在 FOB 贸易术语成交条件下，由买方指定承运人并安排运输，因此如果合同中未规定“装船通知”条款时，卖方在装船后允许不发装运通知给买方。（　　）

7. FCA、CPT 和 CIP 三种贸易术语不仅适用于各种单一的运输方式，而且适用于多式联运。（　　）

8．FCA 条件下卖方将货物交给承运人即完成交货义务，出口报关等手续由买方办理。（　　）

9. FCA，CPT 和 CIP 就卖方承担的风险而言，FCA 最小，CPT 其次，CIP 最大。（　　）

10．为避免货物中途转船延误时间，增大费用开支，造成货损货差，我方按 FOB 条件进口时，最好在合同中争取规定“不允许转船”。（　　）

项目二测试题答案

一、单选题

1～5 B D D A D　　6～10 C C A C B

二、多选题

1 ADE　2 BD　3 BD　4 ACDE　5 ABC

6 BCDE　7 ABCD　8 ABC　9 ABCD　10 AD

三、判断题

1～5 F F T T F　　6～10 F T F F F

项目三　国际贸易结算

知识目标	能力目标
◎ 了解并掌握国际贸易结算票据的定义和种类 ◎ 掌握三种结算票据的定义、当事人、内容与种类 ◎ 掌握三种常用付款方式的含义、当事人、种类、业务流程、特点与应用 ◎ 掌握三种付款方式选择时应考虑的因素 ◎ 掌握国际信用融资的主要方式和运用技巧	◎能准确使用三种结算票据 ◎能准确描述汇付的业务流程 ◎能准确描述托收的业务流程 ◎能准确描述信用证的业务流程 ◎能准确选择合适的付款方式

任务一　国际结算中使用的票据

一、国际结算票据的概述

（一）国际结算票据的定义

国际结算票据是以支付金钱为目的的特种证券，是由出票人签名、约定由自己或另一个人无条件支付确定金额的、可流通转让的证券。

（二）国际结算票据的种类

国际结算票据可分为汇票、本票和支票 3 种，如图 3-1-1 所示，凡约定由出票本人付款的则称为本票，约定由另一人付款的则称为汇票或支票。在国际贸易结算中，主要使用汇票，有时也使用本票或支票。

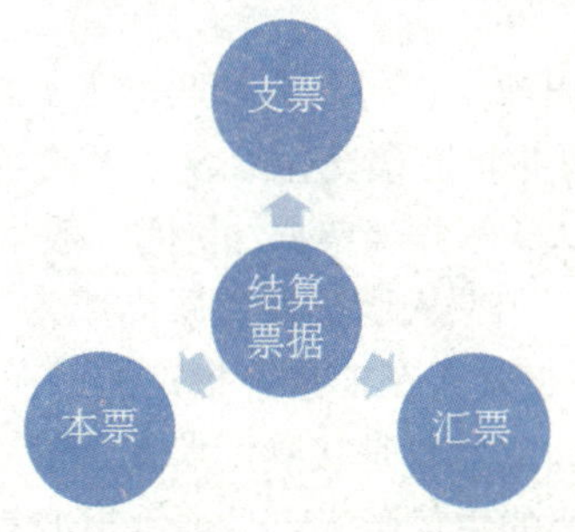

图 3-1-1　国际结算票据

二、票据法

（一）国际上的票据法

为便于票据的流通、保障有关当事人的权益、促进结算的顺利进行，各国制定专项法律—票据法，即关于票据的种类、形式、内容，票据行为，以及有关当事人权利义务的法律规范。如英国于1882年颁布实施的《英国票据法》、国际联盟特别委员会于1931年通过的《日内瓦统一法》。

（二）我国的票据法

我国于1995年5月10日在第八届全国人民代表大会常务委员会第十三次会议上通过了《中华人民共和国票据法》之后，根据2004年8月28日第十届全国人民代表大会常务委员会第十一次会议《关于修改〈中华人民共和国票据法〉的决定》，调整了条款顺序，删去第七十五条，全文共分七章一百一十条。

三、汇票

汇票（Bill of Exchange），简称Draft或Bill，是国际贸易结算中使用最广泛的票据。

（一）汇票的定义

根据《中华人民共和国票据法》第十九条，汇票是出票人签发的，委托付款人在见票时或者在指定日期无条件支付确定的金额给收款人或者持票人的票据。

根据《英国票据法》的定义，汇票是“由一人签发给另一人的无条件的书面命令，要求受票人见票时或于未来某一规定的或可以确定的时间，将一定金额的款项支付给某一特定的人或其指定人或持票人”（A bill of exchange is an unconditional order in writing，addressed by one person to another，signed by the person giving it requiring the person to whom it is addressed to pay on demand or at a fixed or determinable future time a sum certain in money to or to the order of a specified person or to bearer）。

（二）汇票的基本当事人

汇票有3个基本当事人，即出票人、付款人和收款人（如图3-1-2所示）。

出票人（Drawer）指写成汇票并将汇票交付给收款人的当事人。出票人以签发汇票的形式创设了一种债权并将其赋予收款人。根据《票据法》的一般规则，在汇票上签字的人是汇票的债务人，承担付款或担保的责任。出票人因出票签章而成为汇票的主债务人。

付款人（Drawee，Payer）是出票人在汇票中指定的、在受到汇票提示时进行付款的当事人。他可以自行决定付款与否，因此他只是接受汇票提示的受票人（Addressee）。但如果付款人在汇票上签名承兑，则成为汇票的主债务人，必须承担汇票的到期付款责任。因此，付款人承兑前，出票人为汇票的主债务人；付款人承兑后，付款人成为汇票的主债务人，而出票人降为汇票的从债务人。

收款人（Payee）是从出票人手中获得汇票的当事人，也是基本当事人中唯一的债权人。收款人的权利包括：付款请求权、转让权和追索权。汇票的收款人可以是记名的特定的人或其指定人，也可以是无记名的任一持票人。

汇票在转让时，一般要经持票人（转让人）背书后交付给受让人，从而出现汇票的背书人和被背书人。

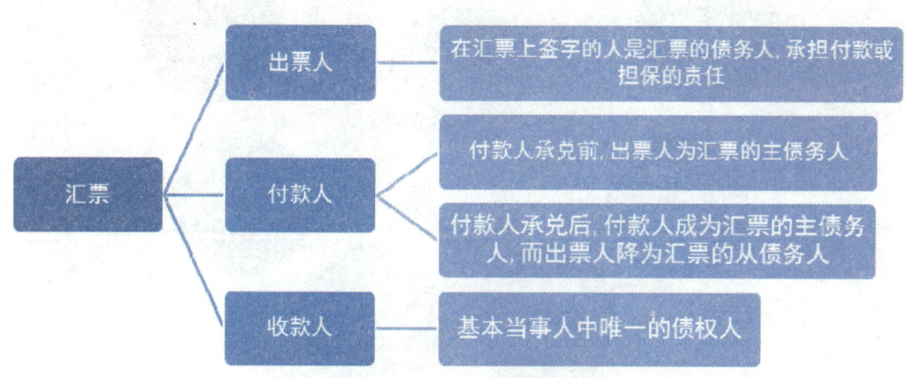

图 3-1-2 汇票有三个基本当事人

（三）汇票的样式（如图 3-1-3 所示）

No. 05LB8678 Dated

EXCHANGE for USD30,000.00

At ****** sight of this First of Exchange（second of the same tenor and date unpaid）

Pay to the order of BANK OF CHINA

The sum of U.S.DOLLARS THIRTY THOUSAND ONLY

Drawn under L/C NO.LKK05-765

DATED JUNE 6,2019

ISSUING BANK：CITY BANK,NEWYORK,U.S.A.

To CITY BANK

NEWYORK,U.S.A.

HEILONGJIANG LONGBAO

IMPROT AND EXPORT COMPANY（签章）

图 3-1-3 汇票样式

（四）汇票的内容（如图 3-1-4 所示）

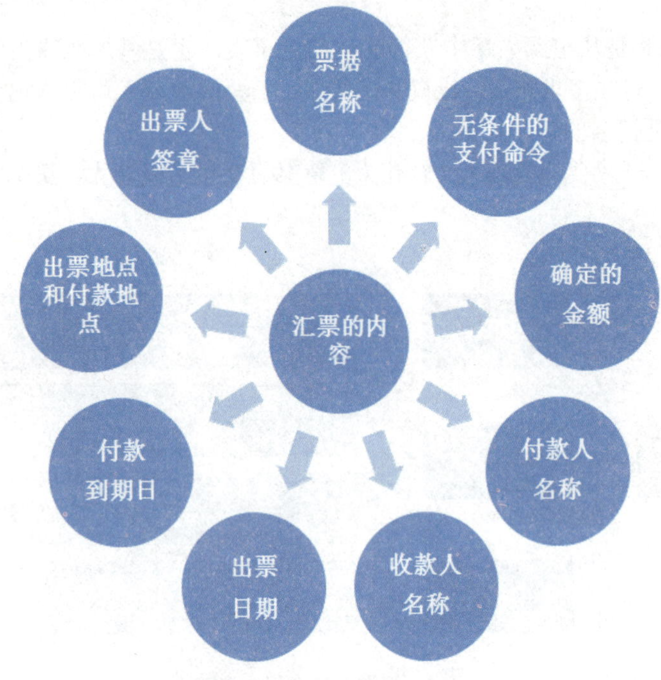

图 3-1-4　汇票的内容

汇票是一种要式证券。只有具备法定的形式要件、载明法定事项的汇票才具有法律效力，相关法定事项包括：

1．票据名称（Word of Exchange）

我国票据法和《日内瓦统一法》都规定：汇票上必须表明“汇票”字样，以区别于本票和支票，明确各当事人的权利和责任。《英国票据法》无此要求，但结算汇票大都有“汇票”字样。

2．无条件的支付命令（Unconditional Order to Pay）

汇票是出票人给付款人的无条件支付命令。这里所说的无条件支付命令，是指汇票上载有无条件支付委托的文句，该委托不受任何限制，不能将其他行为的履行或事件的发生作为其先决条件。如果汇票上有“于货物抵达目的地后付款”“从出售某批货物所得价款中支付某人××万元”等附加条件或限制，则该汇票无效。但在汇票上加注出票条款（Drawn Clause）以表明出票依据，如“按××号信用证开立”“按××合同装运某货物”等，则不在此列。

支付委托书应当是书面的，可以手写、打字或印刷，但不能用铅笔书写。

3．确定的金额（The Sum Certain In Money）

汇票的支付必须是金钱，且数额必须确定，即按照票据文义，任何人计算应付金额都能得到同样的结果，不会发生歧义。如有利息条款，须明确利率和计息天数。

汇票金额同时以文字和数字表示的，两者应一致。如有差异，按照《英国票据法》和《日内瓦统一法》的规定，应以文字表达为准。但《中华人民共和国票据法》第八条规定："票据金额以中文大写和数码同时记载的，两者必须一致。两者不一致的，票据无效。"

4．付款人名称（Drawee，Payer）

各国票据法都要求汇票必须载明付款人的姓名或商号。付款人的名称和地址应表达清楚，以便持票人提示承兑或提示付款。

5．收款人名称（Payee）

根据《英国票据法》，汇票可以指定收款人，也可以不指定收款人，而仅写付给持票人。但《中华人民共和国票据法》和《日内瓦统一法》规定：汇票必须记载收款人名称。

《中华人民共和国票据法》第二十二条规定，汇票必须记载收款人名称，未记载收款人名称的汇票无效。该规定表明我国的汇票必须是记名汇票。这主要从票据使用的安全性考虑。因为不记名汇票仅凭交付转让，持票人无须背书。汇票上既没有转让人的签章，也没有受让人的名称，票据转让的真实情况无从反映。转让人不在汇票上签字，就无从追究票据责任，这不利于保护持票人的票据权利。记名汇票则不同：持票人必须经过背书才可转让汇票。《中华人民共和国票据法》规定：汇票的转让必须经过记名背书，以便于认定汇票的转让关系。背书人在汇票上签字，意味着背书人须对持票人承担票据责任，以增强票据的信用度，保护持票人的票据权利。

汇票的收款人，俗称"抬头"，具体写法有三种：①限制性抬头。如："仅付给××公司"（Pay to ×× Co.only）或"付给××公司，不准转让"（Pay to ×× Co. Not Transferable）。该类汇票不能转让。②指示式抬头。如："付给××公司或其指定人"（Pay to ×× Co. or order；Pay to the order of ×× Co.）。这类汇票可背书转让。③来人抬头。根据《英国票据法》，汇票可做成来人抬头，即不明确收款人，只写明"付给持票人"（Pay to holder）或"付给来人"（Pay to bearer）字样。该类汇票仅凭交付转让，无须背书。

《中华人民共和国票据法》第二十二条规定，汇票必须记载收款人名称，未记载收款人名称的汇票无效。该规定表明我国的汇票必须是记名汇票。

6．出票日期（Date of Issue）

《中华人民共和国票据法》和《日内瓦统一法》规定，汇票应当记载出票日期，否则汇票无效。《英国票据法》则认为出票日期不是汇票必须记载的事项。如果汇票未填写出票日期，持票人可以将自己认为正确的日期填入。

汇票记载出票日期的作用有 3 个：①决定票据的有效期。按票据法的一般规则，票据均有一定的有效期，持票人必须在有效期内向付款人提示要求付款或承兑。《中华人民共和国票据法》规定：即期汇票的有效期为自出票日起的 1 个月。②决定付款到期日。以汇票出票日期推算付款到期日（Payable At × Days After Sight）的远期汇票，必须明示出票日期。③判定出票人的行为能力。如出票人在出票时已宣告破产、清理，则可判定出票人在出票时已丧失行为能力，该汇票应认定为无效。出票日期的作用如图 3-1-5 所示。

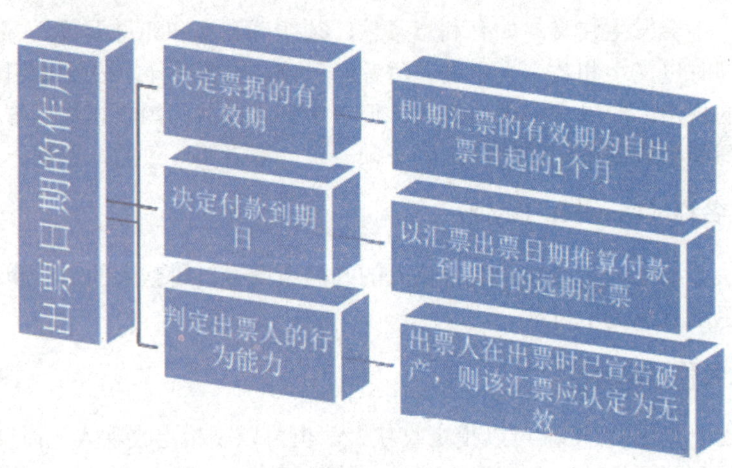

图 3-1-5 出票日期的作用

7. 付款到期日（Tenor）

汇票的付款到期日就是汇票所载金额的支付日期。按《英国票据法》，到期日不是汇票的必备项目，未载明到期日的汇票按见票即付处理。《日内瓦统一法》虽然规定汇票应载明付款时间，但允许有例外，对未载明付款时间的汇票视为见票即付。我国《票据法》则规定：汇票上记载付款日期应当清楚、明确，未记载付款日期的视为见票即付。

在实际业务中，汇票付款日期的记载形式有 4 种：①见票即付（Pay at sight）。收款人向付款人提示汇票的当天，即为付款到期日，②定日付款（Payment at a fixed date）。如：于 2019 年 11 月 15 日付款（on Nov.15，2019），③出票日后定期付款（Regular payment after the date of issue）。指自出票日期起算确定付款日期。如：汇票出票日后 30 天后付款（The draft will be paid 30 days after it is drawn），④见票日后定期付款（Pay at a fixed period after date）。指自收款人向付款人提示并经承兑之日起推算确定付款日期。如：见票后 30 天付款（30 days after sight）。实践中还有“运输单据出单日期后定期付款”的做法，如：提单日后 30 天付交（30 days after date of bill of lading）。

各国票据法对计算到期日方法的规定大致相同：①算尾不算头。如见票日为 3 月 15 日，付款期限为见票日后 30 天，则应从 3 月 16 日起算 30 天，到期日为 4 月 14 日。②节假日顺延。上例中，如果 4 月 14 日为银行节假日，则付款期限应延至下一个银行营业日。③“月”为日历月，以月为单位计算付款期限的，指日历上的月份，不考虑每月的具体天数，一律以相应月份的同一天为到期日，若当月无对应日期，则以该月的最后一天代替。如见票日为 1 月 31 日，见票后 1 个月、2 个月、3 个月付款，则到期日分别为 2 月 28 日（如遇闰年，为 29 日）、3 月 31 日、4 月 30 日。

8. 出票地点和付款地点（Place of Issue，Place of Payment）

出票地点和付款地点的记载，对涉外汇票具有重要意义，因为按照国际惯例，汇票所适用的法律多采用行为地法律的原则。《日内瓦统一法》明确规定：汇票应当记载出票地点和付款地点。

未载明出票地点的，以出票人的营业场所、住所或居住地作为出票地点。《中华人民共和国票据法》虽未将出票地点和付款地点列为必要项目，但在第二十三条中也明确规定：汇票上记载的付款地、出票地等事项，应当明确清楚；未记载付款地的，以付款人的营业场所、住所或者经常居住地为付款地；未记载出票地的，以出票人的营业场所、住所或经常居住地为出票地。

9．出票人签章（Drawer）

各国票据法都规定，汇票必须要有出票人签名才能生效。《中华人民共和国票据法》第二十二条也把“出票人签章”作为汇票必须记载的事项之一。

除上述项目外，汇票还可以有一些票据法允许记载的其他内容，例如：利息和利率、付一不付二、禁止转让、免做拒绝证明、汇票编号、出票条款等。

（五）汇票的票据行为

票据行为是指在票据的流通过程中，依票据上规定的权利和义务所确立的法律行为。根据票据法的一般规则，每个票据行为不因其他票据行为的缺陷而受影响。

汇票的票据行为包括：出票、提示、承兑、付款、背书、拒付、追索等（如图 3-1-6 所示）。其中，出票为主票据行为，其他票据行为都以出票所设立的票据为基础，统称为从票据行为。

图 3-1-6　汇票的票据行为

1．出票（Draw）

出票，即汇票的签发，是指出票人写成汇票经签字后交付给收款人的票据行为。出票行为由两个动作组成：一是由出票人写成汇票并在汇票上签字；二是由出票人将汇票交付给收款人。由于出票是设立债权债务的行为，只有经过交付，汇票才能生效。

出票人签发汇票后，即承担保证该汇票必然会被承兑和/或付款的责任。在汇票得不到承兑或付款时，出票人应当向持票人清偿被拒付的汇票金额和自到期日或提示付款日起至清偿日止的利息，以及取得拒绝证书和发出拒付通知等的费用。

2．提示（Presentation）

收款人或持票人将汇票提交付款人要求其付款或承兑的行为，叫作提示。付款人看到汇票，即为见票。提示可分为两种：①提示承兑（Presentation for Acceptance），是指远期汇票的持票人向付款人出示汇票，要求付款人承诺到期付款的行为。②提示付款（Presentation for Payment），是指汇票的持票人向付款人或承兑人出示汇票要求付款的行为。

提示承兑和提示付款均应在法定期限内进行。但是，各国的票据法对此规定不一。《英国票据法》规定应在合理时间内进行，《日内瓦统一法》则规定为自出票日起算一年内作出提示。《中华人民共和国票据法》规定为见票即付和见票后定期付款的汇票自出票日后一个月内提示，定日付款或出票日后定期付款的汇票应在汇票到期日前向付款人提示承兑。至于已经承兑的远期汇票的提示付款期限，《英国票据法》规定在付款到期日；《日内瓦统一法》则规定在到期日或其后两个营业日内做提示付款；《中华人民共和国票据法》规定为自到期日起 10 天内。

3．承兑（Acceptance）

承兑是指汇票付款人承诺在汇票到期日支付汇票金额的票据行为，承兑也由写成和交付两个动作组成。

承兑的具体做法是：由付款人在汇票正面写上“已承兑”（Accepted）字样，注明承兑的日期，并由承兑人签名，交还收款人或其他持票人。按票据法的一般规则，仅由承兑人签名而未写“已承兑”字样的，也构成承兑。《中华人民共和国票据法》第四十二条规定：未写明承兑日期的，以付款人自收到提示承兑的汇票之日起的第 3 天为承兑日期。承兑的交付通常有两种做法：①付款人在承兑后将汇票交还给持票人。这种做法称为实际交付（Actual Delivery）；②付款人签发记载有承兑日期的承兑通知书给持票人。这种做法称为推定交付（Constructive Delivery）。银行实务中后一种做法较多。承兑日即见票日，见票后定期付款的汇票即由此推算出到期日。

对付款人而言，承兑就是承诺按票据文义付款。《中华人民共和国票据法》第四十四条明确规定：付款人承兑汇票后，应当承担到期付款的责任。可见，汇票一经承兑，承兑人（Acceptor）就成为主债务人，出票人成为从债务人。

付款人承兑汇票应当是无条件的。但实际业务中付款人可能在承兑汇票时附加一定的保留，常见的有：①完成某项条件才付款。如：凭交付提单付款。②仅对票面金额的一部分承兑和支付。如：汇票的金额为 10 000 美元，仅承兑 8 000 美元。③限定支付地点。④改变付款时间。如：汇票原规定见票后 60 天付款，承兑时注明见票后 180 天付款。对于这些载有限制、保留或改变票据文义的承兑，统称为限制承兑（Qualified Acceptance），又称保留承兑或有条件承兑（Conditional Acceptance）。按票据法的一般规则，对于这种承兑，应视作拒绝承兑。《中华人民共和国票据法》第四十三条明确规定：“承兑附有条件的，视为拒绝承兑。”

4．付款（Payment）

付款是指付款人向持票人按汇票金额支付票款的行为。

付款人的责任有两个：①正当付款。付款必须出于善意，即付款人不知道持票人的票据权利有缺陷。实务中如无反证，均可视作善意；其次，付款人必须鉴定背书是否连续。对经过多次背书转让的远期汇票，只有连续背书才能证明持票人获得票据权利的合法性。再者，必须在到期日付款。②必须支付金钱。票据权利是一种金钱权利，所以付款人必须支付金钱，而不能用其他物品代替。支付的货币应与汇票所载的币种一致。如果载明的是外国货币，付款人一般有权按当地金融管制法令折成本国货币支付。

付款人足额付款后，汇票上的一切债权债务关系即告结束，汇票也因此而注销。

5．背书（Endorsement）

汇票可通过背书或仅凭交付进行转让。所谓背书，指收款人或持票人在汇票的背面或粘单上记载有关事项并签章的行为。即使不加文字说明，而仅在汇票的背面签字，也视为背书。背书也包括两个动作，即持票人在汇票背面签名或再加上受让人的名称，并交付给受让人，汇票经背书后，收款的权利就转让给了受让人（即被背书人）。

背书的方式主要有：

（1）限制性背书（Restrictive Endorsement），即不可转让背书，是指背书人对支付给被背书人的指示带有限制性的词语。如：仅付××公司（Pay to×Co.only）；付给××公司，不可转让（Pay to××Co.，not transferable）；付给××银行，不可流通（Pay to ×× Bank，not negotiable）。按《英国票据法》，凡做成限制性背书的汇票，只能由指定的被背书人凭票取款，而不能把汇票再行转让或流通。《中华人民共和国票据法》第三十四条规定：背书人在汇票上记载了“不得转让”字样后，其后手再背书转让的，原背书人对后手的被背书人不承担保证责任。《日内瓦统一法》有相同的规定。实务中限制性背书使用较少。

（2）特别背书（Special Endorsement），又称记名背书、正式背书或完全背书。记名背书时，背书人须记载被背书人并签章。如：付交××公司或其指定人（Pay to the order of ×× Co.）。

（3）空白背书（Endorsement in Blank），又称无记名背书，或不记名背书。空白背书的背书人只需在票据背面签字即可进行交付转让，而不记载被背书人名称。空白背书的汇票可以自由流通，无须再背书转让。

出于对票据使用的安全性考虑，《中华人民共和国票据法》第三十条规定：汇票以背书转让或以背书将一定的汇票权利授予他人行使时，必须记载被背书人名称。我国法律不允许持票人采用“空白背书”的方式转让票据权利。

6．拒付（Dishonor）

拒付又称退票，包括拒绝付款（Dishonor By Non-payment）和拒绝承兑 Dishonor By Non-acceptance）。其基本含义有二：持票人向付款人作提示承兑时，被拒绝或未能获得承兑；无须承兑或已获承兑的汇票在持票人向付款人作提示付款时，未获得付款。

根据票据法的一般规则，拒绝承兑或拒绝付款，可以在承兑人或者付款人明确表示拒绝时成立，也可在发生下列情况时成立：①承兑人或者付款人已死亡、逃匿或避而不见，持票人经过合理努力仍未找到的；②承兑人或者付款人被依法宣告破产或者因违法被责令终止业务活动的；③付款人是虚构人物或是根本没有资格支付汇票的人，以及经过合理努力后，都无法作出提示的。

7．追索（Recourse）

追索是指汇票到期不获付款或到期前不获承兑，或有其他法定原因时，持票人在履行了保全手续后，向其前手请求偿还汇票金额、利息及费用的一种法律行为。被拒付后，持票人要求其前手背书人、出票人、承兑人清偿汇票金额及有关费用的行为。追索金额为票据金额加利息和做成拒绝证书等费用。《中华人民共和国票据法》第七十条规定，追索金额可包括：①被拒付的汇票金额；②汇票金额自到期日或提示付款日起至清偿日止的利息；③取得有关拒绝证明和发出通知书的费用。

持票人的这种权利被称为“追索权”（Right of Recourse）。应当指出，追索权虽然也是一种票据权利，但这种权利是一种有条件的票据权利。换言之，持票人要对其前手行使追索权，必须满足一定条件，即持票人按期向付款人提示；在遭拒付后按期向前手发出拒付通知书，按期做成拒绝证明。

追索权的行使应在法定时间内进行，逾期追索无效。《中华人民共和国票据法》规定：持票人对出票人和承兑人的权利，应在票据到期日起两年内行使；即期汇票应自出票日起两年内行使；持票人对前手的追索权时效为自被拒绝承兑或被拒绝付款之日起 6 个月；持票人对前手的再追索权是自其清偿之日或者被提起诉讼之日起 3 个月内行使。《英国票据法》规定：自债权成立之日起 6 年内行使追索权。《日内瓦统一法》则规定：从拒绝证书做成之日起算 1 年内行使追索权；在免做拒绝证书时，从到期日起算 1 年内行使追索权；背书人向前手再追索的时效是从他作清偿之日起算 6 个月。承兑人作为票据的主债务人，其票据责任是从汇票到期日起算 3 年。

（六）汇票的种类

汇票可从不同的角度进行分类，如图 3-1-7 所示。

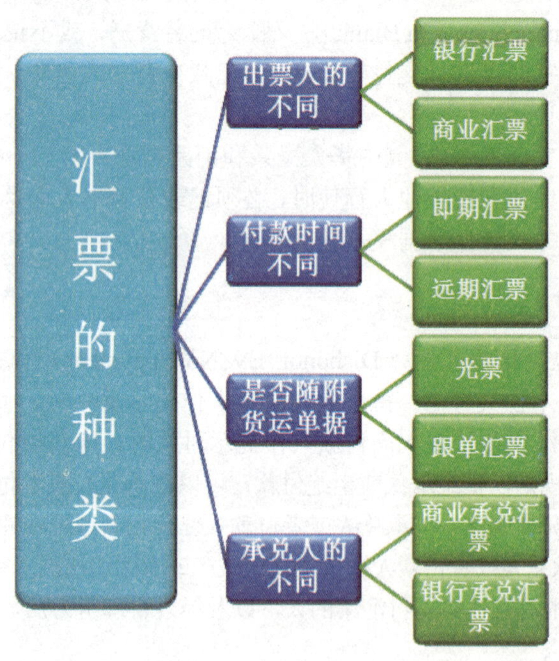

图 3-1-7　汇票的种类

1．银行汇票和商业汇票

按出票人的不同，汇票可分为银行汇票（Banker's Draft）和商业汇票（Commercial Draft）。银行汇票是指由银行签发的汇票，其付款人也是银行，通常用于资金转移（如汇款）业务。商业汇票是指由工商企业或个人签发的汇票，付款人可以是工商企业或个人，也可以是银行，广泛用于各类经济交易中。

2．即期汇票和远期汇票

按付款时间不同，汇票可分为即期汇票（Sight Draft，Demand Draft）和远期汇票（Time Draft，Usance Draft）。

凡采用见票即付形式记载付款日期的汇票称为即期汇票。当即期汇票的持票人向付款人提示，付款人应见票即付；凡采用定日付款、出票后定期付款、运输单据出单日期后定期付款、见票后定期付款等形式记载付款日期的汇票，均为远期汇票。远期汇票的收款人一般需先行向付款人提示承兑以明确付款人的付款责任，在见票后定期付款的情况下，还需按承兑日期确定付款日期。

3．光票和跟单汇票

按是否随附货运单据，汇票可分为光票（Clean Draft）和跟单汇票（Documentary Draft）。

光票是指不附带货运单据的汇票。光票的出票人和付款人既可以是工商企业或个人，也可以是银行。光票的流通依赖于出票人、付款人或转让人（背书人）的信用。在国际贸易结算中，一般仅限于贸易从属费用、尾款、佣金等的收付。

跟单汇票是指附有货运单据的汇票。跟单汇票的付款以交付单据（如提单、发票、保险单）为条件。跟单汇票体现了钱款与单据对流的原则，为进出口双方提供了一定的安全保障，是较多采用的贸易结算工具。

4．商业承兑汇票和银行承兑汇票

按承兑人的不同，远期商业汇票可分为商业承兑汇票（Commercial Acceptance Draft）和银行承兑汇票（Banker's Acceptance Draft）。商业承兑汇票是由工商企业或个人承兑的远期汇票，以商业信用为基础。银行承兑汇票是由银行承兑的远期汇票，以银行信用为基础。银行承兑汇票的信用等级较高，更易于在金融市场上流通。

四、本票

（一）本票的定义

根据《中华人民共和国票据法》的规定，本票（Promissory Note）是出票人签发，承诺自己在见票时无条件支付确定金额给收款人或持票人的票据。

根据《英国票据法》的规定，本票是一个人向另一个人签发的，保证于见票时或定期或在可以确定的将来时间，对某人或其指定人或持票人支付一定金额的无条件的书面承诺。也就是说，本票是出票人对收款人承诺无条件支付一定金额的票据。

（二）本票的基本当事人

本票是自付票据，也就是由出票人本人向持票人付款。因此，本票只有两个基本当事人，即出票人和收款人。

（三）本票的样式（如图 3-1-8 所示）

PROMISSORY NOTE
GBP5,150.00　　　　London,April 16 2019
On the 15th June,2019（fixed by the Promissory Note）
We promise to pay N.Y.C. CO.or order the sum of FIVE THOUSAND ONE HUNDRED AND FIFTY POUNDS STERLING ONLY.
For and on behalf of
Sithers Johnson
Sithers Johnson LtD.

图 3-1-8　本票样式

（四）本票的内容

本票应具备图 3-1-9 中的内容。

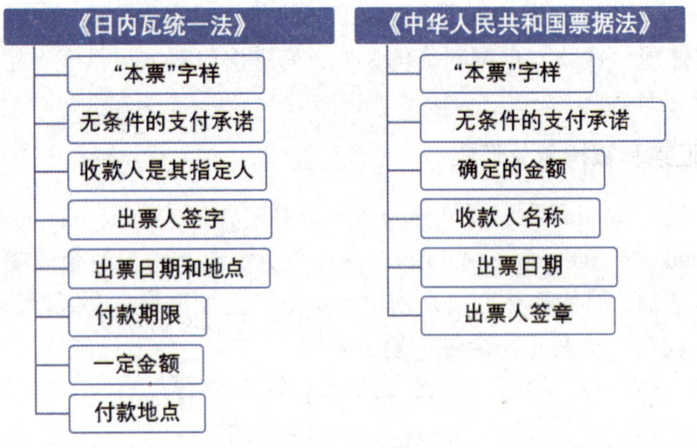

图 3-1-9　本票的内容

根据《中华人民共和国票据法》规定，未记载规定事项之一的本票无效。

根据《日内瓦统一汇票、本票公约》规定，本票应具备以下内容：

1. 表明“本票”字样
2. 无条件的支付承诺
3. 收款人是其指定人
4. 出票人签字
5. 出票日期和地点
6. 付款期限
7. 一定金额

8．付款地点

根据《中华人民共和国票据法》规定，本票必须记载下列事项：

1．表明“本票”字样

2．无条件的支付承诺

3．确定的金额

4．收款人名称

5．出票日期

6．出票人签章

未记载规定事项之一的本票无效。

（五）本票的种类

根据出票人的不同，本票可分为一般本票（又称商业本票）和银行本票。由工商企业或个人签发的称为商业本票，由银行签发的称为银行本票。商业本票有即期和远期之分，银行本票则都是即期的。在国际贸易结算中使用的本票大都是银行本票。有的银行发行见票即付、不记载收款人的本票或是来人抬头的本票，它的流通性与纸币相同。

在我国，本票一般由银行签发，称为银行本票。根据《中华人民共和国票据法》的规定，本票的出票人必须具有支付本票金额的可靠资金来源，并保证支付。本票出票人的资格由中国人民银行审定，具体管理办法由中国人民银行规定，且我国允许开立自出票日起付款期限不超过 2 个月的银行本票。在国际贸易结算中使用的本票大都是银行本票。

根据《中华人民共和国票据法》的规定，本票仅限于银行本票，工商企业和个人不能签发本票。

五、支票

（一）支票的定义

根据《中华人民共和国票据法》的规定，支票（Cheque，Check）是出票人签发的，委托办理支票存款业务的银行或者其他金融机构在见票时无条件支付确定金额给付款人或持票人的票据。

根据《英国票据法》的规定，支票是以银行为付款人的即期汇票，即存款人对银行开立的无条件支付一定金额的委托或命令。出票人在支票上签发一定的金额，要求受票的银行于见票时立即支付一定金额给特定人或持票人。

出票人在签发支票后，应负票据上的责任和法律上的责任。前者是指出票人对收款人担保支票的付款，而后者是指出票人签发支票时，应在付款银行存有不低于票面金额的存款。如存款不足，支票持有人在向付款银行提示支票要求付款时，就会遭到拒付。这种支票叫做空头支票。开出空头支票的出票人要负法律上的责任。

（二）支票的基本当事人

即出票人、受票人（付款人）和收款人。

（三）支票的样式（如图 3-1-10 所示）

Cheque for US$60 000.00
Pay to the order of United Trading Corp.
The sum of U.S.DOLLARS SIXTY THOUAND ONLY.
To:Midland Bank
New York

For ABC Corporation
（signed）

图 3-1-10　支票的样式

（四）支票的内容

支票应具备如图 3-1-11 所示的内容。

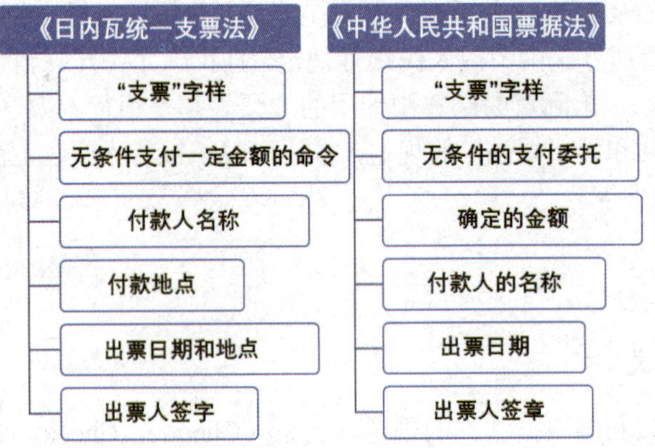

图 3-1-11　支票的内容

根据《日内瓦统一法》规定，支票应具备以下内容：

1．表明“支票”字样
2．无条件支付一定金额的命令
3．付款人名称
4．付款地点
5．出票日期和地点
6．出票人签字

根据《中华人民共和国票据法》规定，票据应记载下列事项：

1．表明“支票”字样
2．无条件的支付委托

3．确定的金额
4．付款人的名称
5．出票日期
6．出票人签章

（五）支票的种类

根据《中华人民共和国票据法》的规定，支票可分为现金支票和转账支票两种。用以支付现金或是转账均应分别在支票正面注明。现金支票只能用作现金支取；转账支票只能用于通过银行或其他金融机构转账结算。在国际上支票既可以用以支取现金，也可以通过银行转账，由持票人或收款人自主选择收款方式。但支票一经划线就只能通过银行转账，而不能直接支取现金。因此，就有划线支票和未划线支票之分。划线支票（Crossed Cheques）通常是在票面的左上角划上两道平行线，其只能通过往来银行代为收款转账；对于未划线支票（Uncrossed Cheques），收款人既可通过自己的往来银行向代付款银行收款，存入自己的账户，也可直接到付款银行提取现款。

（六）本票与支票票据行为的区别

本票和支票对于出票、背书、保证、付款行为和追索权的行使，均适用《中华人民共和国票据法》中对于汇票的相应行为和权利行使的规定，如有特定规定则除外。例如，按《中华人民共和国票据法》规定，本票只能由银行或其他金融机构签发；出票人必须具有支付本票金额的可靠资金来源并保证支付；本票自出票之日起，付款期限最长不得超过两个月；本票持票人未按规定期限提示见票的，丧失对出票人以外的前手的追索权。

六、汇票、本票、支票的比较（见表 3-1-1）

表 3-1-1 汇票、本票、支票的比较

区别	种类		
	汇票	本票	支票
性质不同	出票人要求付款人无条件付款（委托支付命令）	出票人无条件保证付款（承诺）	出票人要求付款人无条件付款（委托支付命令）
当事人不同	出票人、收款人和付款人	出票人和收款人	出票人、收款人和付款人
到期日不同	除见票即付外，可做出不同到期日记载	除见票即付外，可做出不同到期日记载	见票即付
有无承兑手续	远期汇票需要付款人履行承兑手续	无	无
出票人与付款人的关系不同	出票人对付款人没有法律上的约束	付款人即出票人本身	付款人只有在出票人在付款人处有足够支付支票金额的存款的前提下才负有付款义务

（一）汇票与本票的比较

本票和汇票的区别体现在5方面（见表3-1-2）。

表3-1-2　汇票与本票的区别

区别	本票	汇票
本质不同	允诺式票据	委托式票据
基本当事人不同	出票人和收款	出票人、收款人和付款人
承兑不同	远期本票的付款人无须承兑	远期汇票须经付款人承兑
主债务人不同	出票人	远期汇票的主债务人在付款人承兑前是出票人，承兑后承兑人为主债务人，出票人退居为从债务人
份数不同	一式一份	一式两份或多份（银行汇票除外）

（二）汇票与支票的比较

支票和汇票同是委托式票据，都有3个基本当事人，但支票必须以银行为付款人，而汇票的付款人不一定是银行。此外，还有以下差别（见表3-1-3）。

表3-1-3　汇票与支票的不同

区别		汇票	支票
相同点	当事人	出票人、收款人和付款人	
不同点	用途	结算和押汇工具，也可作为信贷工具	结算
	付款期限	即期和远期	即期
	提示期限	在较长时期内流通	在短期内使用
	可否止付	即期汇票见票即付；远期汇票必须到期付款。因此不存在止付问题	可以止付

任务二　常见国际贸易付款方式

一、汇付

（一）汇付的含义

汇付（Remittance），又称汇款，指订立商务合同后，进口人（汇款人）通过银行向出口人（收款人）汇寄款项的做法。

（二）汇付的当事人

汇付方式涉及 4 个基本当事人，即：汇款人、汇出行、汇入行和收款人（如图 3-2-1 所示）。

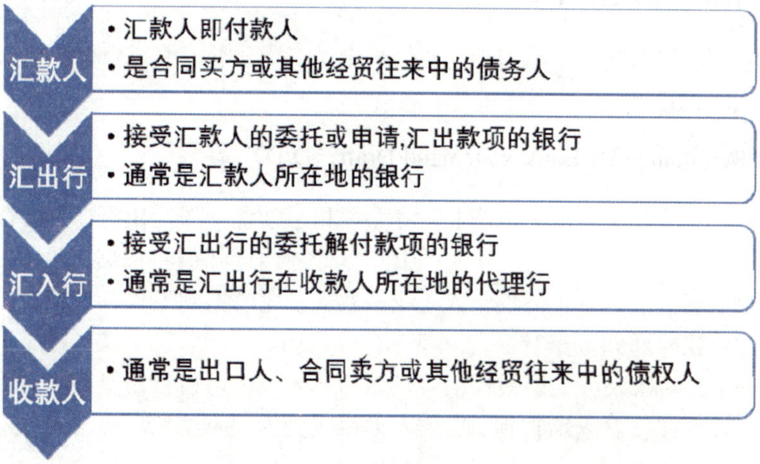

汇款人	•汇款人即付款人 •是合同买方或其他经贸往来中的债务人
汇出行	•接受汇款人的委托或申请,汇出款项的银行 •通常是汇款人所在地的银行
汇入行	•接受汇出行的委托解付款项的银行 •通常是汇出行在收款人所在地的代理行
收款人	•通常是出口人、合同卖方或其他经贸往来中的债权人

图 3-2-1　汇付的当事人

（三）汇付的种类

汇付方式项下，汇款人委托汇出行办理汇款时，通常先开具汇款申请书，写明收款人的名称和地址、汇款金额、汇款方式等内容。汇出行接受委托后，即有义务按照申请书的指示，通知汇入行将款项解付给收款人。

汇付有电汇、信汇和票汇3种方式如图3-2-2所示。从具体流程和应用上来看，每一种方式各有其特点。

图3-2-2　汇付

1. 电汇（Telegraphic Transfer，TT）

电汇业务中，汇款人将款项和电汇申请书交给汇出行，请其以电报、电传或 SWIFT 方式通知汇入行解付一定金额的款项给收款人。汇入行收到电汇委托书并经审核无误后，据以缮制取款通知书通知收款人取款；之后，汇入行向汇出行发出付讫通知。

2. 信汇（Mail Transfer，M/T）

信汇是指汇款人把款项交给银行时，在信汇申请书中，申请银行用信函格式开立汇款委托书并航寄（By Airmail）给汇入行的方式。

3. 票汇（Remittance By Bank' s Demand Draft，D/D）

票汇业务中，汇款人填写票汇申请书，将款项和手续费交予汇出行，汇出行依要求开立银行汇票（或银行本票）后将票据交汇款人，由其自行或通过邮局将票据交给收款人。同时，汇出行将票汇通知书寄给汇入行。待收款人（或持票人）凭票据到汇入行取款时，汇入行经核对无误后，即解付票款并通知汇出行。

在票汇实务中，汇款人可申请银行出具汇票或本票，也可自行出具支票或商业本票。如票据上指定的付款行不在收款人所在地，收款人须将收到的票据交给一家当地银行，委托该银行代为收款。

（四）汇付的业务流程

根据汇出行向汇入行发出汇款委托的方式不同，可将汇付分为：

（1）电汇（Telegraphic Transfer，TT），是指汇出行应汇款人的申请，将拍发加押电报电传给在别一国家的分行或代理行（汇入行）指示解付一定金额给收款人的汇款方式。

（2）信汇（Mail Transfer，M/T），是指汇出行应汇款人的申请，将信汇委托书寄给汇入行，授权解付一定金额给收款人的一种汇款方式。

电汇和信汇的业务流程如图3-2-3所示。

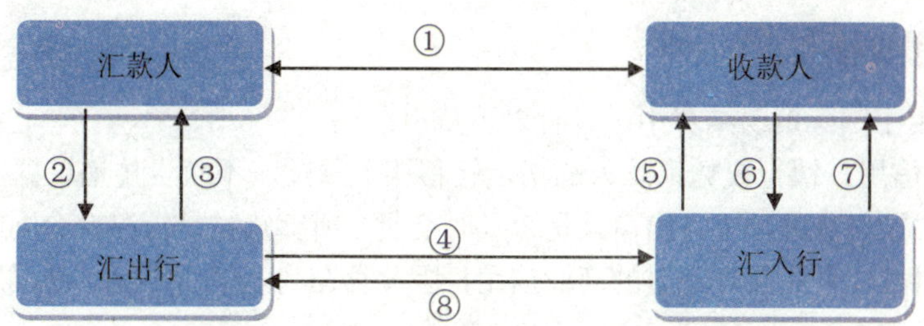

图 3-2-3　电汇和信汇的业务流程图

说明：

①汇款人和收款人约定采用电汇/信汇方式汇款；

②汇款人向当地银行提交电汇/信汇申请书并交款付费；

③汇出行向汇款人签发回单；

④汇出行向汇入行发出电汇/信汇委托书；

⑤汇入行向收款人发取款通知书；

⑥收款人凭取款通知书到汇入行取款；

⑦汇入行向收款人付款；

⑧汇入行向汇出行发出付讫通知。

（3）票汇（Remittance By Bank's Demand Draft，D/D），是指汇出行应汇款人的申请，代汇款人开立以其分行或代理行为解付行的银行即期汇票，支付一定金额给收款人的一种汇款方式。票汇流程如图 3-2-4 所示。

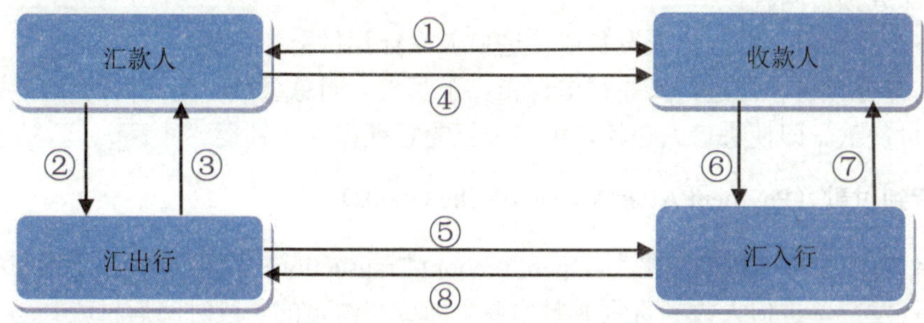

图 3-2-4　票汇的流程

说明：

①汇款人与收款人约定以票汇方式汇款；

②汇款人向当地汇出行提交申请书并交款付费；

③汇出行签发银行给汇款人；

④汇款人将银行汇票转交收款人；

⑤汇出行签发票汇通知书给指定的汇入行；

⑥收款人凭银行汇票到汇入行取款；

⑦汇入行核对无误即付给收款人；

⑧汇入行向汇出行发出付讫通知。

（五）汇付的特点

汇付方式用于国际贸易结算中，具有以下特点：

（1）商业信用。银行仅凭汇款人的指示转移相关款项，不负责传递单据，更不承担任何付款或担保责任。预付货款项下，出口人是否及时交货、所交货物是否符合合同的约定；进口人是否全额、及时付款，全凭买卖双方的商业信用，因此存在商业信用风险。如采用该付款方式，应事先调查对方资信。

（2）资金负担不平衡。预付项下，卖方可利用预付款备货、装货，减轻自行垫付资金的负担。货到付款项下，进口人可收货后甚至可在出售货物后方支付货款。

（3）手续简便、费用低廉。汇付方式因方便快捷而受到相互信任的贸易方或跨国公司内部母、子公司之间交易者的青睐。此外，在支付小额交易的货款、订金及一些贸易从属费用（包括货款尾数、佣金、运费、保险费、样品费等）时也常使用该方式。

面对日趋明显的买方市场特征，出口人为扩大出口，占领海外市场，除强化品质、价格、售后服务竞争外，越来越多地采用货到付款等有利于进口人的支付方式，以吸引订单。

（六）汇付的应用

按照支付时间的不同，汇付有预付货款和货到付款之分。

1．预付货款（Payment In Advance）

预付货款是指在进口人先行支付全部或部分货款，允许出口人收款后交货的做法，包括全额预付和部分预付两种：

（1）全额预付。即出口人发货前，进口人先行预付全部货款。

（2）部分预付。即进口人先行支付相当于买卖合同总金额一定比例的订金或在交货前分期分批预付货款。即使进口人违约，出口人已先行获得损失补偿。

2．货到付款（Payment After Arrival of The Goods）

货到付款，也称“赊账交易”（Open Account Transaction，简称 OA），是指在签订合同后，出口人先行发货，进口人收到货物或单据后立即或在约定的一段时间后付款。

二、托收

（一）托收的含义

在国际贸易中，托收（Collection）是较常用的付款方式。《托收统一规则》（国际商会第 522 号出版物，简称《URC522》）第二条规定：托收意指银行根据所收到的指示处理金融单据和/或商业单据，以便取得付款和/或承兑，或者凭付款和/或承兑交付单据，或者按其他条款和条件交单。根据该定义，托收是银行根据债权人的指示向债务人取得付款和/或承兑，或者在取得付款和/或承兑（或其他条件）时交付单据的付款方式。

（二）托收的当事人

托收涉及 4 个主要当事人，即委托人、付款人、托收行和代收行（如图 3-2-5 所示）。

（1）委托人（Principal，Consignor）是委托银行办理托收业务的一方。在国际贸易实务中，出口人开具汇票，委托银行向国外进口人（债务人）收款。

（2）付款人（Payer，Drawee）是银行根据托收指示书的指示提示单据的对象。托收业务中的付款人，即商务合同中的买方或债务人

（3）托收行（Remitting Bank）又称寄单行，指受委托人的委托办理托收的银行，通常为出口人所在地的银行。

（4）代收行（Collecting Bank）是指接受托收行委托，向付款人收款的银行，通常是托收行在付款人所在地的联行或代理行。

必要时，托收业务中还可能出现“提示行”和“需要时的代理”。提示行（Presenting Bank）又称交单银行，指向付款人提示单据的银行，一般情况下由代收行兼任。但若代收行与付款人素无业务往来，可主动或应付款人的请求，委托与代收行和付款人均有业务往来关系的银行充当提示行。

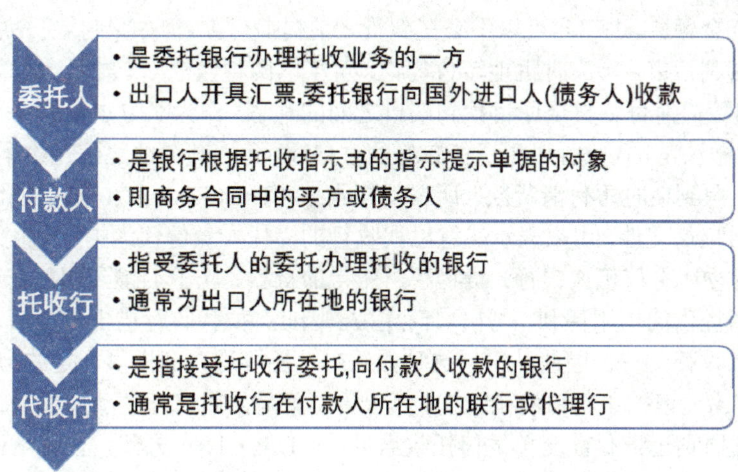

图 3-2-5　托收的当事人

（三）托收的种类

1．光票托收（Clean Collection）

光票托收是指仅凭汇票或单纯的资金单据而不附有任何商业单据所进行的托收。实务中的金融单据可包括银行汇票、本票、私人支票和商业汇票等。票汇业务中，收款人拿到银行汇票、本票或私人支票时，往往委托当地银行通过付款人所在地的代理行收款；卖方收取货款余额或贸易从属费用（保险费、运费、样品费等）时，也可采用光票托收方式。

2．跟单托收（Documentary Collection）

依银行向付款人交单条件的不同，跟单托收有付款交单和承兑交单之分。

（1）付款交单。

付款交单（Documents Against Payment，简称 D/P）是指代收行俟买方人付款后将单据交予买方的方式。按付款时间的不同，付款交单又可分为即期付款交单（D/P at sight）和远期付

款交单（D/P at days after sight）。

①即期付款交单：指出口商开具即期汇票，连同单据通过托收行寄到进口地的代收行，代收行向进口商提示即期汇票；进口商审核有关单据无误后，立即付款赎单，货款与代表货物所有权的单据同时交付。

②远期付款交单：代收行收到单据后立即向进口人提示汇票和单据，如果单据合格，进口人应立即承兑汇票，并在付款到期日向代收行付款，代收行在收妥票款后向进口人交单。

（2）承兑交单。

承兑交单（Documents Against Acceptance，简称 D/A）是指凭远期汇票收款时，代收行或提示行向买方提示汇票和单据，若单据合格，买方对汇票加以承兑，银行凭买方承兑即向买方交付单据。待汇票到期，买方再向代收行付款。

无论是即期付款交单还是远期付款交单，进口商必须在付清货款后，才能取得货运单据，提取或转售货物。在远期付款交单条件下，如果付款日期与实际到货日期基本一致，仍不失为对买方的一种资金融通，进口商可以不必在到货之前提前付款。但如果付款日期晚于到货日期，买方为了抓住有利行市，不失时机地转售货物，可采取两种做法：一种是在付款到期日之前提前付款赎单，扣除提前付款日至原付款到期日之间的利息，作为买方享受的一种提前付款的现金折扣。另一种做法是，代收行对于资信较好的进口商，允许其提前凭信托收据借取货运单据，先行提货，于汇票到期时再付清货款。所谓信托收据（Trust Receipt），是指进口人借单时提供的一种书面信用担保文件，用来表示愿意以代收行的受托人身份代为提货、报关、存仓、保险、出售，并承认货物所有权仍属银行。货物售出所得的货款，应于汇票到期时交银行。这是代收行自己向进口商提供的信用便利，与出口商无关。因此，如代收行借出单据后，到期不能收回货款，则应由代收行负责。因此，采用这种做法时，还要进口商提供一定的担保或抵押品后，代收银行才肯承做。但如果出口商指示代收行借单，就是由出口商主动授权银行凭信托收据借单给进口商，即所谓远期付款交单凭信托收据借单（D/P・TR）方式，也就是进口商承兑汇票后凭信托收据先行借单提货，日后，进口商到期拒付的风险应由出口商自己承担。因此，使用时必须特别慎重。

（四）托收的业务流程

托收的业务因托收的种类不同而有所差异。

托收业务的流程如图 3-2-6 所示。

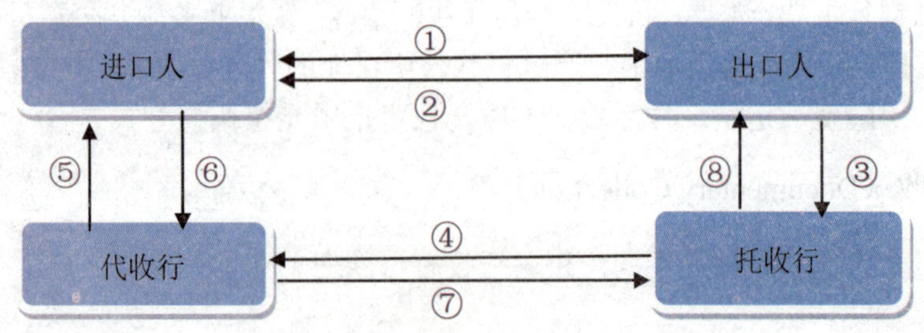

图 3-2-6　托收业务的流程

说明：

①进出口方订立国际货物买卖合同，约定以托收方式结算；

②出口人发货、制单；

③出口人填写托收申请书，向托收行提出托收申请。托收行审查申请书及托收单据；

④托收行选定代收行后，填写托收委托书，委托代收行代为收款；

⑤代收行审查托收委托书及有关单据，决定是否接受委托；接受委托后通知进口人并向其提示有关单据；

⑥进口人验单、付款/承兑和领取单据；

⑦代收行通知托收行款已收妥，并将款项划拨托收行帐户；

⑧托收行将款项交给出口人。

（五）托收的特点及应用

托收的基本特征是商业信用，其可靠性一般低于银行信用，实务中往往需有条件地使用。

（1）卖方风险大。托收业务中，银行仅提供服务，不提供任何信用和担保。银行在传递单据、收取款项的过程中，既不保证付款人一定付款，也不负责审查单据的合规性。货抵目的地后，如遇进口人拒绝付款赎单、无人提货等情形，除非事先征得银行同意，银行不负照管货物之责。托收项下，卖方须承担较大的风险。

（2）卖方资金负担大。跟单托收项下，卖方需垫付资金备货、装运，然后通过银行收款，能否收回货款全凭买方的信用。承兑交单项下，买方只须做出承兑即可获得单据并之提货，以售货所得款项向银行付款，等于获得了卖方给予的全额资金融通。

虽然托收费用比汇付费用高、手续也更繁琐，但受到进口人的欢迎，容易调动进口人的经营积极性、提高出口竞争能力。据此，托收常被看成是一种非价格的竞争手段。但使用时应严格注意风险防范：

①查进口人的资信和经营作风；

②了解商品在进口国的市场动态、熟悉进口国的贸易管制和外汇管制情况；

③了解进口国的商业习惯；

④健全财务管理制度；

⑤严格按合同的规定交货、制单；

⑥力争自办货运保险，即争取以 CIF 或 CIP 条件成交。如须由进口人办理保险，出口人应另行加保“卖方利益险”，货物遇险而进口人拒不付款赎单时，可由出口人自行向保险公司索赔。

三、跟单信用证

（一）跟单信用证的含义

根据《跟单信用证统一惯例》（国际商会第 600 号出版物）（Uniform Customs and Practice for Documentary Credits，ICC Publications No.600）（以下简称《UCP 600》）第二条，信用证（Letter of Credit，L/C）指一项不可能撤销的安排，无论其名称或描述如何，该项安排构成开证行对

相符交单予以承付的确定承诺。信用证是开证行根据开证申请人的要求和指示或为其自身业务需要，向受益人开立的在一定条件下保证付款的凭证。这里所说的一定条件，是受益人提交符合信用证条款规定的单据。付款人可以是开证行本人，也可以是开证行指定的其他银行；收款人可以是受益人本人，也可以是其指定人，如议付行或其往来银行。

（二）跟单信用证的当事人

（1）跟单信用证的主要当事人：开证申请人、开证行、通知行和受益人。

开证申请人（Applicant）是指要求开立信用证的一方，通常是进口人，也就是买卖合同的买方。开证申请人依据合同向其往来银行申请开证。如开证行接受申请，愿意为其开出信用证，开证申请人就要承担开证行为,执行其指示所产生的一切费用和凭与信用证条款相符的单据进行付款的义务。开证申请人为信用证业务的发起人。

开证行（Opening Bank；Issuing Bank）是指接受开证人委托，开立信用证的银行，一般是进口地银行。开证申请人与开证行的权利和义务以开证申请书为依据。开证申请人通过开证申请书要求开证行向受益人提供信用,同时代为行使根据买卖合同应由开证申请人享有的要求受益人交付单据的权利。按信用证条款的规定，开证行负有到期付款的责任。

通知行（Advising Bank；Notifying Bank）是指应开证行的要求通知信用证的银行。通知行一般是开证行在出口人所在地的代理行。通知行除应合理审慎地鉴别信用证及其修改书的表面真实性并及时、准确地通知受益人以外，无须承担其他义务。

受益人（Beneficiary）是指接受信用证并享受其利益的一方，一般为出口人，也就是买卖合同的卖方。受益人通常也是信用证的收件人（Addressee）、货运单据的发货人（Shipper）、汇票的出票人（Drawer）与发票和装箱单的制作人（Maker）。只要履行了按信用证条款发货制单的义务，就有向信用证开证行或其指定银行提交单据收取价款的权利。可转让信用证的受益人通常为中间商，其转让信用证时就成为可转让信用证的转让人或第一受益人，供货方为受让人或第二受益人。

（2）跟单信用证的基本当事人：除基本当事人以外，信用证通常还需要议付行、付款行、保兑行、偿付行等当事人的配合和协作。

议付行（Negotiating Bank），又称押汇银行，是根据开证行的授权买入或贴现受益人开立和提交的符合信用证条款规定的汇票及/或单据的银行。在信用证业务中，议付行通常又是以受益人的指定人和汇票的善意持票人（Bona fide Holder）的身份出现。

付款行（Paying Bank），通常是开证行自身或开证行指定的担任信用证项下付款义务或充当汇票付款人的银行，是承担信用证最终付款责任的银行。由于付款行通常是信用证业务中汇票的受票人，故亦称受票银行（Drawee Bank）。信用证规定由开证行自己付款时，开证行就兼为付款行，因为开证行自开立信用证之时起即不可撤销地承担付款责任。指定付款行要负责审查单据，在确认无误后，才根据表面上符合信用证条款的单据付款，随后再要求开证行予以偿付。指定银行承付相符单据并将单据转给开证行之后，开证行即承担偿付该指定银行的责任。

保兑行（Confirming Bank）是指出口国或第三地的某一银行应开证行的请求，在信用证上加注条款，表明该行与开证行一样，对受益人所提示的符合信用证规定的汇票、单据负有付款、承兑的责任。保兑行具有与开证行相同的责任和地位。保兑行自对信用证加具保兑之时起，即不可撤销地对受益人承担承付或议付的责任。

偿付行（Reimbursement Bank）是指受开证行的委托或授权，对有关指定银行（索偿行）予以偿付的银行。偿付行是开证行的偿付代理人，有开证行的存款账户。偿付行接受开证行的委托或授权，凭指定银行的索偿指示进行偿付，但此偿付不视作开证行的终局性付款，因为偿付行并不审查单据，对单据不符不负任何责任。开证行在见单后发现单据不符时，可直接向索偿行追回业已付讫的款项。

（三）跟单信用证的基本内容

迄今为止，信用证的格式还不能完全统一，但是信用证的基本内容大致相同。简而言之，信用证的内容就是买卖合同的各项条款和要求受益人提交的单据以及银行保证。具体来说，信用证中通常包括以下项目：

（1）总的说明：如信用证的编号、开证日期和开证地点、到期日和到期地点、交单期限等。

（2）信用证的种类：可否转让、是否经另一银行保兑等。

（3）信用证的当事人：开证申请人、开证行、受益人、通知行等。

（4）汇票条款：凡使用汇票的信用证，通常规定汇票的出票人、受票人、付款期限、出票条款及出票日期等，凡不需汇票的信用证则无此项内容。

（5）兑付方式：包括即期付款、延期付款、承兑、议付等兑付方式，应在信用证中载明。

（6）货物条款：包括品名、规格、数量、包装等。

（7）价格条款：单价和总价以及使用的贸易术语。

（8）货币和信用证金额：包括币别和总额。信用证金额是开证行所承担的付款责任的最高数额，有的信用证视交易需要会规定有一定比例的上下浮动幅度。

（9）装运与保险条款：如装运港或启运地、卸货港或目的地、装运期限、可否分批装运、可否转运等。以 CIF 或 CIP 贸易术语达成的交易，有的还规定有险别、投保金额以及适用的保险条款等。

（10）单据条款：通常涵盖对要求提交的商业发票、运输单据、保险单据、包装单据、产地证、检验证书等的条款规定。

（11）特殊条款：视具体交易的需要而定，常见的有限装某船或不许装某船；不准在某港停靠或者不准在某条航线行驶；必须具备某条件后信用证才生效等。

此外还有开证行对通知行的指示（如要求其加具保兑）、偿付指示、开证行的责任条款等内容，但如在信用证中明确按《跟单信用证统一惯例》开立，因该惯例中对开证行的责任已有明确规定，则开证行的责任条款可不用再单列。

（四）跟单信用证的业务流程

采用信用证方式结算货款，从进口方向银行申请开证，到开证行付款后又向进口方收回垫款，经过许多环节，并需办理各种手续。加上信用证种类不同，信用证条款也有不同规定，这些环节和手续繁简不一。即期跟单议付信用证的业务流程如图 3-2-7 所示。

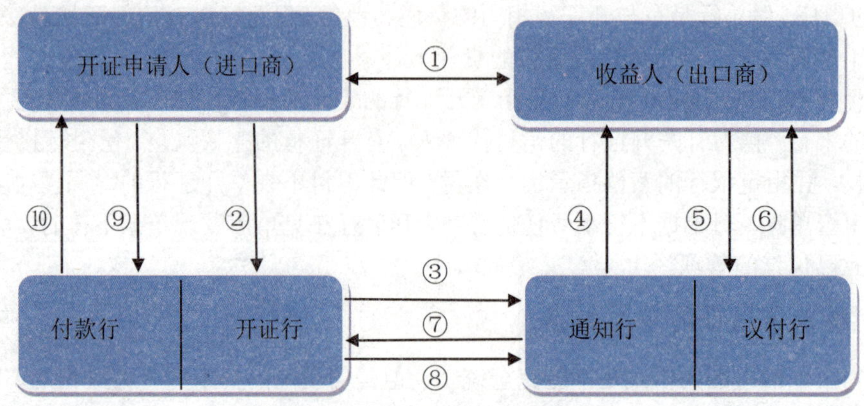

图 3-2-7 跟单信用证的业务流程

说明：

①买卖双方签订买卖合同，规定采用即期跟单议付信用证方式支付货款；

②进口人向当地银行提出开证申请书，并交纳押金或其他担保，要求开证行向受益人开出信用证；

③开证行开具信用证并以电讯或航邮的方式传递给出口人所在地银行（通知行）；

④通知行核对印押无误后，将信用证通知受益人；

⑤受益人审核并认可后，即按规定条件交货，之后制作信用证规定的单据，并在规定的有效期和交单期内送议付行议付；

⑥议付行按信用证条款审单无误后，进行议付；

⑦议付行将汇票和单据寄给开证行或付款行索偿；

⑧开证行或付款行审单无误后，偿付货款给议付行；

⑨开证行通知进口人付款赎单，进口人验单无误后付款；

⑩开证行将单据交给进口人，进口人凭此提货。

（五）跟单信用证的种类

根据保证性质、兑现方式的不同，跟单信用证有不同的分类方法。

1. 保兑信用证和未保兑信用证

按信用证是否有保兑行参与，可分为保兑信用证和未保兑信用证。

（1）保兑信用证（Confirmed L/C）。

保兑信用证是指除开证行以外，还有另一家银行参加负责、保证兑付的信用证。这家参加负责、保证兑付的银行被称为保兑行（Confirming Bank）。保兑行通常是通知行，也可能是通知行以外的另一家银行。

（2）未保兑信用证（Unconfirmed L/C）。

未保兑信用证又称不保兑信用证或非保兑信用证，是指不存在保兑行的信用证，由开证行单独承担凭符合信用证条款的单据付款的责任。

2. 即期付款信用证、延期付款信用证、承兑信用证和议付信用证

《UCP 600》的第六条规定：信用证必须规定其是以即期付款、延期付款、承兑还是议付的方式兑付。

（1）即期付款信用证（Sight Payment L/C）。

即期付款信用证是指开证行或指定付款行收到与信用证条款相符的单据后立即履行付款义务的信用证。该类信用证有时不需要汇票，只凭货运单据付款。证中通常列有“当受益人提交规定单据时即行付款”的保证文句。其到期日以受益人向付款行交单要求付款的日期为准，到期地点为付款行所在地。付款行一经付款，对受益人无追索权。因此凡指定出口地银行为付款行的即期付款信用证，对受益人来说交单、取款极为方便，而且可以放心地使用资金。

（2）延期付款信用证（Deferred Payment L/C）。

延期付款信用证，又称迟期付款信用证。它是一种不用汇票的远期信用证，其远期付款日期计算方法有“自运输单据出单日期后若干天”和“自单据到达开证行之日起若干天”两种。这类信用证因无汇票，所以无承兑行为，不具备贴现条件，风险较一般的承兑信用证大。如开证行资信不足，可要求加具保兑。

（3）承兑信用证（Acceptance L/C）。

承兑信用证是一种要求提供汇票的远期信用证。付款人在收到符合信用证规定的远期汇票和单据时，先在汇票上履行承兑手续。俟汇票到期日再行付款。

有时，进口商为融资便利，或为利用银行承兑汇票以取得比银行贷款利率更低的优惠贴现率，在与出口商达成即期付款的交易后，要求开证行开立承兑信用证，证中规定“远期汇票可即期付款，所有贴现和承兑费由买方承担”（The usance draft is payable on a sight basis，discount charges and acceptance commission are for buyer’ s account.）。由于这种信用证的贴现和承兑费用由买方负担，因此又称为“买方远期信用证”（Buyer’ s usance L/C）。习惯上称之为“假远期信用证”（Usance L/C payable at sight）。一般的承兑信用证为“卖方远期信用证”（Seller’ s usance L/C），俗称“真远期信用证”。该类信用证远期收付的利息、贴现利息和手续费均由卖方承担。

（4）议付信用证（Negotiation L/C）。

根据《UCP 600》，议付是指指定银行在相符交单下，在其应获偿付的银行工作日当天或之前向受益人购买汇票及/或单据的行为。议付信用证是指开证行在信用证中邀请其他银行买入汇票及/或单据，即允许受益人向某一指定银行或任何银行交单议付的信用证。议付信用证一般都注明“议付兑现”（Available By Negotiation）字样。

议付信用证按是否限定议付行分为公开议付信用证和限制议付信用证两种。凡是任何银行均可按信用证条款进行议付的信用证为公开议付信用证（Open Negotiation L/C）或称自由议付信用证（Freely Negotiation L/C）。凡只能由开证行指定的银行进行议付的信用证称为限制议付信用证（Restrict Negotiation L/C）。实务中大都使用公开议付信用证。议付信用证到期日的计算多以受益人向议付行交单议付的日期为准，到期地点多在议付行所在地。但也会出现到期日期和到期地点均规定在进口国或第三国的情况。

3．可转让信用证、循环信用证、对开信用证和对背信用证

因用途和运用方式不同，信用证有可转让信用证、循环信用证、对开信用证和对背信用证。

（1）可转让信用证（Transferable L/C）。

根据《UCP600》，可转让信用证系指特别注明“可转让（Transferable）”字样、受益人（第一受益人）可将信用证的全部或部分金额转给另一受益人（第二受益人）的信用证。

《UCP600》第三十八条规定：转让行系指办理信用证转让的指定银行，或当信用证规定可在任一银行兑用时，指开证行特别授权并实际办理转让的银行。开证行也可担任转让行。

可转让信用证只能转让一次，第二受益人不能再将信用证转让给他人，但第二受益人可将信用证重新转让给第一受益人。

已转让信用证（简称子证）须准确转载原证条款，但信用证金额、单价、到期日、最迟交单日、最迟发运日期等项目可以减少或缩短；投保的加成比例可以增加，以达到原证规定的保险金额。为保守商业机密，允许用第一受益人的名称替换原证中的开证申请人名称。如果原证特别要求开证申请人名称应在除发票以外的任何单据中出现时，子证必须反映该项要求。

第一受益人有权按原证缮制的发票和汇票替换第二受益人的发票和汇票，以获得两个发票之间的差价。但如果第一受益人未能及时更换发票或汇票，或因第一受益人换单导致第二受益人交单形成不符点，且第一受益人未能在第一次要求时修正，转让行有权将第二受益人交付的单据照交开证行，并不再对第一受益人承担责任。

要求开立可转让信用证的第一受益人通常是中间商，他将信用证转让给实际供货人，由后者办理装运手续，从中赚取差额利润。

应注意的是，凡信用证尚未注明“可转让”字样的，就是不可转让信用证。

（2）循环信用证（Revolving L/C）。

循环信用证是指信用证金额被全部或部分使用后，仍可恢复原金额再行使用。它与一般信用证的根本区别在于：一般信用证在金额使用后即告失效，而循环信用证可多次循环使用，直到规定的循环次数届满或规定的总金额用完为止。

（3）对开信用证（Reciprocal L/C）。

对开信用证是指易货交易中通过相互向对方开出信用证进行结算。其特点是：第一张信用证的受益人就是第二张信用证（或称回头证）的开证申请人；第一张信用证的开证申请人就是第二张信用证的受益人。两张信用证的金额可以相等或大体相等，也可以有较大出入；可以分别生效，即先开先生效，也可以同时生效，即第一张信用证暂不生效，俟对方开来第二张回头证并经受益人接受认可后，再通知对方银行的两证同时生效。因此，对开信用证是彼此开出的两张相互联系、互为条件的信用证。

对开信用证多用于来料加工和来件装配业务中。具体做法是：进口料件时要求开立远期付款信用证。我方在承兑对方汇票后先行取得进口原材料、配件和设备。出口成品时采用即期付款信用证，以即期收汇并偿付进料所需支付的到期票款。该结算方式有利于节约外汇，但要求在付款期限的安排上必须与加工装配的生产周期紧密配合并留有适当余地，以防出现回头证项下成品因不能及时出口和收汇而无法如期偿付进口票款的情况。

（4）对背信用证（Back to back L/C）。

对背信用证又称背对背信用证、桥式信用证（Bridge L/C）、从属信用证（Subsidiary L/C，Ancillary L/C，Secondary L/C），或补偿信用证（Compensation L/C），指中间商收到进口商开来的信用证后，要求原通知行或其他银行以原证为基础，另外开立一张内容相似的新证（对背信用证）给另一受益人。

对背信用证虽以原证为基础，但某些条款可以与原证不同，如装运期和交单期可较原证提前，以便中间商能及时换单；单价可较原证低，以保证中间商有利可图。

（六）跟单信用证的特点

信用证付款方式的基本特点表现为三个方面。

1．开证行负首要付款责任（Primary Liabilities For Payment）

信用证是开证行以自己的名义作出的付款承诺，属银行信用，开证行承担第一性的付款责任。

2．信用证是纯单据业务（Deal With Documents Only）

信用证项下，各当事人处理的是单据，而不是有关的货物、服务或履约行为。在信用证业务中，只要受益人或其指定人提交符合信用证规定的单据，开证行就应承担付款、承兑或议付的责任；只要单据符合开证申请书的规定，开证申请人就有义务接受单据并对已付款的银行进行偿付。但如果开证申请人对合格单据付款后，发现货物与单据不一致，开证申请人只能根据买卖合同和收到的相关单据与受益人或有关责任方交涉，与银行无关。即使货物合格，但提交的单据与信用证规定不符，银行与开证申请人也有权拒付。

3．信用证是一项自足文件（Self Sufficient Instrument）

信用证虽以买卖合同为基础，但一经开立就成为独立的法律文件。买卖合同是进出口人之间的契约，只对买卖双方有约束力；信用证是开证行与受益人（合同卖方）之间的契约，开证行、受益人、参与信用证业务的其他银行均受信用证的约束。

《UCP 600》第四条 a 款规定：“就其性质而言，信用证与有可能作为其开立基础的销售合同或其他合同是相互独立的，即使信用证中含有对此类合同的任何援引，银行也与该合同无关，且不受其约束。因此，银行关于承付、议付或履行信用证项下其它义务的承诺，不受开证申请人基于其与开证行或受益人之间的关系而产生任何请求或抗辩的影响。”所以，信用证是一项自足文件，开证行只对信用证负责，并只凭符合信用证条款的单据付款。参与信用证业务的其他银行也完全按信用证的规定办事。

（七）跟单信用证的业务操作

1．信用证的审核

为保护自身权益，受益人收到信用证后应对其进行全面审查，及时发现问题，为顺利出口和安全及时收汇铺平道路。

（1）通知行审核信用证。按照《UCP600》规定，通知行只负责鉴别信用证的表面真实性并及时将信用证通知给受益人，并无审核信用证条款和内容的义务。但为了受益人的利益，通知行仍会对信用证中的一些重要内容（如开证行的资信）进行审核并在信用证上作相应批注。

（2）受益人审核信用证。受益人收到信用证后，应对照买卖合同逐条审核信用证和信用证修改书，以确保信用证与合同的一致性、信用证条款的可操作性和可接受性，保障安全收汇、掌握货权控制的主动权。如与合同不符，应争取修改。如有受益人办不到的或损害受益人的条款，应要求修改或取消。

2．信用证的修改

《UCP600》规定，未经开证行、保兑行（如有的话）及受益人同意，信用证既不得修改，也不得撤销。受益人在审证中，如发现有不能接受，与买卖合同不一致的条款或含有内容不完整、无法办到的条款，应通过开证申请人向开证行提出改证。开证申请人也可能因形势变化而要求修改信用证。

信用证修改的程序为：开证申请人向开证行发出修改信用证的指示，该指示必须完整、明确；开证行同意修改后，向原信用证的通知行发出信用证修改书；通知行收到修改书，鉴别其真实性，再通知受益人；受益人收到修改书后，应提供接受或拒绝修改的通知。如受益人未给予通知，但交单与信用证及修改通知书的内容一致时，视为受益人已接受修改。

3．信用证的软条款

信用证项下，只要“单单相符、单证相符”，受益人就能安全收汇。为掌握单据上的主动权，买方往往会开立带有软条款的信用证，在证中加入一些受益人难以掌握主动权的条款。常见的软条款类型有：

（1）暂不生效条款：如规定“只能待收到申请人指定船名的装运通知后才能装运，该装运通知由开证行随后以信用证修改书的方式发出，受益人应提交该修改书申请议付。”修改书能否在规定的装运期限内到达，卖方难以控制。

（2）开证行免去其第一性的付款责任的条款：如中东某银行的来证规定，“开证行的付款以收到买方关于货已抵港、货物及数量与合同一致、授权开证行付款的确认通知为条件。”

（3）信用证不完整：如来证规定，提单的通知方在以后的修改书中告知。

（4）不平等条款：要求受益人承担信用证项下的一切风险、责任、费用和赔偿。如欧洲某银行来证中规定，“货抵目的港后，如买方未能获得进口海关颁发的进口许可证，买方将保留撤销与本信用证有关交易的权利。受益人应承担因运送货物和撤销信用证所引起的一切费用。如果买方延误获得进口许可证，受益人应支付期间的仓储费及其他类似的费用。”

（5）以本国法律干预信用证业务的条款：如来证声明，“本证除受《跟单信用证统一惯例》的约束外，本国法律同样适用。”

软条款直接影响了受益人的收汇安全，应引起充分重视。

4．单证不符的处理

如果受益人提交的单据存在不符点，开证行可能拒付。对不符点，如果处理得当，受益人仍可能挽回损失，甚至变被动为主动。

受益人收到开证行或保兑行的拒付通知时，应首先确认其是否有效。有效的拒付通知应该符合以下所有条件，否则开证行或保兑行仍必须付款：①开证行提出的不符点必须明确，且以单据为依据，没有提出具体不符点的拒付不能构成完整的拒付通知；②开证行必须以自身的名义提出不符点拒付，不得以“开证申请人认为单证有不符点而不愿付款”为由提出拒付；③开证行必须在规定的时间内提出拒付，即在收到单据翌日起5个银行工作日内提出；④开证行必须一次性地提出所有不符点；⑤拒付电必须包含拒付的字样；⑥声明代为保留单据听候交单人处理；或直接退单；或按交单人之前的指示处理等。

其次，受益人应对照留底单据审核不符点是否成立。如不符点不成立，应立即通过交单行进行反拒付。若开证行提出的不符点确实成立，受益人应争取在有效期内更改全部单据并重新寄单，开证行在第二次收到单据后应视作全新单据予以重新审核，可提出与第一次不同的不符点；如受益人接受的是部分退单修改，则开证行只能就原不符点修改之处提出不符点，无权再提新的不符点。如来不及更改单据，受益人应尽快联络开证申请人赎单提货，避免引起滞港费、仓储费等额外费用。如进口人拒绝赎单，受益人应立即查询货物的下落，了解货物是否到港、是否被提等情况。如果货物被进口人凭信用证项下单据或凭提货保函提走，那么不管单证是否有不符点，不管进口商是否赎单，开证行必须付款。

四、付款方式的选择

（一）不同付款方式的组合使用

国际贸易中，一笔交易通常只选用一种付款方式。但有时，同一笔交易使用两种甚至两种以上不同的付款方式，以取长补短、相辅相成，达到在加快资金周转、确保收汇安全的同时扩大贸易的目的。

1. 信用证与汇付相结合

它指部分货款采用信用证、余额采用汇付的方式。

2. 信用证与托收相结合

它指信用证与付款交单两种付款方式的结合，又称“部分信用证、部分托收”。实务做法是：出口商出货后，签发两张汇票，一张用于光票信用证项下的货款支付（相当于预付款），另一张随附全额货运单据，按即期或远期付款交单托收。

3. 托收与预收押金相结合

托收与预收押金（Down Payment）相结合是指采用跟单托收并由进口商预付部分货款或一定比率的押金作为抵押担保。出口商在收到部分预付款或押金后装运货物，并从全部货款中扣除已收部分委托托收行收款。

（二）影响付款方式选择的因素

1. 客户资信

选择付款方式时，安全是首要考虑的问题。须事先做好对客户的信用调查，根据客户的资信灵活选用付款方式，既争取订单，又有效控制风险。

2．经营意图

选用结算方式，应结合企业的经营意图。对畅销货物，可适当抬价，并选择最有利的出口结算方式；对滞销货或竞争激烈的商品，则不仅需低价竞销，还需在付款方式上作出必要让步，以争取订单。

3．贸易术语

贸易术语不同，意味着货物的交接方式、运输方式均有差别。象征性交货（Symbolic Delivery）术语下，以单据买卖为特征。如需依托银行信用，可选择跟单信用证付款；如买方资信可靠，可采用跟单托收。但在实际性交货（Actual Delivery）术语项下，卖方无法通过控制单据来控制物权，除非能有效控制货物，否则不宜使用托收和信用证方式。

4．运输单据

海运提单是物权凭证，在信用证和托收项下，可以通过控制全套正本海运提单来控制货物。但航空运单、铁路运单、邮包收据、不可转让的海运单都不是货权凭证，这意味着，当采用航空、铁路或邮政运输方式时，或当海运业务中要求凭不可转让海运单结汇时，无法通过控制运输单据来控制货物，付款方式不宜做托收。

任务三　国际结算中的信用融资

一、银行保函

（一）银行保函的含义

银行保函（Banker's Letter of Guarantee，简称 L/G），又称银行保证书，是银行开立的保证文件，由银行作为担保人保证：如申请人未履行某项义务，银行将承担保函规定的付款或赔偿责任。

（二）银行保函的当事人

（1）申请人（Applicant），即委托人（Principal），是货物买卖、劳务合作、资金借贷或其他商务合同的执行人和债务人，如：投标保函项下的投标人；还款保函中的借款人；付款保函中的进口人。

（2）担保人（Guarantor），即开立保函的银行或其他金融机构。担保银行根据申请人的请求并在申请人提供一定担保的条件下向受益人开立保函，担保在保函规定的条件满足时承担向受益人付款或赔偿的义务。

（3）受益人（Beneficiary），即与申请人订立合同的债权人。当申请人未能履行合同时，受益人可通过保函取得货款、还款或赔偿。

（三）银行保函的基本内容

银行保函的内容因交易内容的不同而有所差别。但通常包括以下内容：

（1）基本栏目。

（2）责任条款。

（3）保证金额。

（4）有效期。

（5）索偿方式。

（四）银行保函的种类

按不同用途，银行保函可分成许多种。这里主要介绍 4 种：

（1）投标保函（Tender Guarantee，或称 Bid Bond）。

（2）履约保函（Performance Guarantee，Performance Bond）。

（3）还款保函（Repayment Guarantee）。

（4）付款保函（Payment Guarantee）。

（五）银行保函与信用证的区别

（1）就使用范围而言，信用证主要用于国际货物买卖合同的货款支付（履约收款）；银行保函可以用于任何一种国际经济交往中的违约赔款，还款或付款保证。

（2）就付款责任而言，信用证的开证行承担的是第一性的付款责任，受益人或其指定人直接向开证行或其指定银行交单要求付款；而银行保函项下担保银行的付款责任是第二性的，即只有在申请人违约时，受益人才可凭保函向担保银行索赔。

（3）就付款依据而言，信用证只凭符合信用证规定的单据付款，而与基础合同无关；而银行保函项下受益人向担保行索偿时，担保行须先调查申请人的违约事实，证实无误后方向受益人偿付。换言之，保函业务中，担保人的付款依据是申请人的“违约事实”而不是“单据”。但见索即偿保函除外，该保函项下担保银行仅凭受益人的书面要求或规定的某种凭证（单据）即无条件地支付约定金额。

二、备用信用证

（一）备用信用证的含义

备用信用证（Standby L/C），又称担保信用证或保证信用证（Guarantee L/C），是开证行根据开证申请人的请求对受益人开立的承诺承担某种义务的凭证，保证在开证申请人未能履行其应尽的义务时，受益人只需凭开证申请人未履行义务的声明或证明文件即可获得开证行的偿付。

（二）备用信用证的应用

备用信用证是在开证申请人违约时受益人取得补偿的一种方式。一般用于投标、履约、还款、预付、赊销等业务。近年来，美国等国已开始将备用信用证用于国际货物买卖合同项下的货款支付。1999 年 1 月 1 日起《国际备用证惯例 1998》（The International Standby Practices 1998，简称《ISP 98》）生效以后，备用信用证在全球范围内的应用日益增加。

三、国际保理

信用证方式因其风险小、可靠性强而成为国际结算的主要方式。但信用证项下，进口人须支付较高的银行费用，须缴纳开证押金或占压一定的信用额度，使资金成本增加，且单据买卖的风险较高。汇付、托收等基于商业信用的付款方式以手续简便、费用相对便宜等特征日趋受到欧美客户的青睐。在此背景下，采用灵活多样的付款方式，有利于创造商机，吸引客户。但基于赊账、承兑交单的交易，出口人允许买方先收货后付款，同时也要承担钱货两空的巨大风险，对此，国际保理在一定程度上可解决该类问题。

（一）国际保理的含义

保理，源于英文中的“Factoring”一词，常被简称为“保付代理”或“保收”。牛津简明词典中对保理的界定为：以贴现方式买入属于供应商的应收账款（Receivables）并负责收回债款的行为。这是一个广义的定义。美国的《商业律师》一书将保理定义为：在保理商与以赊销方式销售货物或提供服务的供应商之间存在的持续有效的安排。根据此安排，保理商对通过销售货物或提供服务所产生的应收账款提供如下服务：①现金收购应收账款；②保留销售分户账（Sales Ledger）并提供有关应收账款的其他账务服务；③收取应收账款；④承担因债务人清偿能力不足而产生的坏账（Bad Debts）损失。保理商只有在提供上述至少两项服务时，才被认为是保理业务。该定义更多涉及的是保理的服务项目，在美国被普遍接受。国际保理商联合会在 2003 年 6 月公布的《国际保理业务总则》中明确：保理是指供应商要求保理商对其应收账款至少提供以下服务中的一项：有关应收账款的分户账服务；收取应收账款；坏账担保。

尽管目前对保理尚无一个统一的认识，但上述所有的定义中，都将应收账款在销售商与保理商之间的转让视为其核心内容。保理商之所以能向债务人收账，是因为他是应收账款的受让人；而保理商的坏账担保责任，是风险随应收账款转让而转移的结果。

（二）国际保理的当事人

国际保理业务一般涉及 4 个当事人：

1．出口人，或称供应商（Supplier），是指对提供货物或服务出具发票的，并其应收账款已被出口保理商叙作保理业务的一方。

2．进口人，或称债务人（Debtor），指对因提供货物或劳务所产生的应收账款负有付款责任的当事人，一般是货物或劳务的购买者；

3．出口保理商（Export Factor），指出口保理合同项下对供应商的应收账款负责，并就供应商的履约行为对进口保理商负责的当事人；

4．进口保理商（Import Factor），指有责任向进口人催收由供应商转让给出口保理商的应收账款，并对已受让的应收账款有支付义务的当事人。

（三）国际保理的业务流程

1．供应商初步调查债务人的资信情况；
2．签订保付代理协议；
3．供应商与债务人签订买卖合同；
4．出口保理商向进口保理商提出正式额度申请；
5．供应商按合同交货、制单；
6．供应商将应收账款转让给出口保理商；
7．出口保理商向进口保理商提出委托；
8．进口保理商到期向债务人索取应收账款。

（五）国际保理的服务项目

1．信用销售控制（Credit Control）。
2．出口贸易融资（Export Trade Finance）。
3．销售分户账的管理（Maintenance Of The Sales Ledger）。
4．应收账款的收取（Collection Of Receivables）或债款回收（Collection From Debtors）。
5．坏账担保（Full Protection Against Bad Debts）或买方信用担保（Protection For Buycr's Credit）。

（六）国际保理的利弊

国际保理业务对相关当事人各有利弊，现简述如下。

1．对供应商的好处

（1）在叙做保理业务的前提下，供应商可以D/A、O/A等优惠的付款条件，吸引海外订单，扩大出口。

（2）保理商负责调查债务人的资信，提供相关信息和数据；对已核准的应收账款承担100%的买方信用风险担保。只要供应商在批准的信用额度内发运符合合同规定的货物，便可避免到期收不回货款的商业信用风险，杜绝坏账损失。

（3）国际保理商负责买方资信调查、销售账务管理、债款追收等，可大大减轻供应商的业务负担和业务开支，降低其经营成本。

（4）供应商在向保理商交单时即可要求获得资金融通，加速资金周转。

2．对债务人的好处

（1）有利于加快资金的周转，扩大营业额。债务人可利用优惠的付款条件，用有限的资金购进更多的货物，有时可无本万利。因为他可在收货后付款，用售货所得支付远期应付款项。

（2）降低成本、简化手续。由于采用非信用证支付方式，债务人无需交纳开证押金，节省了利息损失和手续费用，减少了资金占压。保理业务适用于批次多、批量较小的交易。手续相对其它方式更为便捷。

（3）保证收到合格的货物。供应商严格履约是保理商对供应商承担买方信用风险担保的前提条件，这很大程度上保证了债务人所收单据的真实性及收到货物的合格率，减少了供应商欺诈的可能性。

3．国际保理业务的不利之处

（1）国际保理商的风险较大。虽然国际保理商会事先调查、评估债务人的资信和信用额度，但国际保理商所承担的风险远远大于信用证项下开证行的风险。所以，国际保理商批准的信用额度一般都不大。

（2）供应商承担的国际保理费用偏高。国际保理的佣金手续费一般为货款的1%左右，如有融资服务，费用更高。这加大了供应商的成本开支，影响了其出口商品的价格竞争力。

（七）供应商在国际保理业务中应注意的问题

国际保理业务基于O/A、D/A等付款方式，供应商应特别重视商业信用的风险防范。

（1）国际保理业务通常适用于中小企业的中小额交易。国际保理商一般不提供超过180天的中长期保证和融资服务。

（2）供应商须严格按保理商批准的信用额度与债务人成交，交货必须严格符合合同的规定。

（3）应慎重选择国际保理商，如果保理商资信不佳，经营能力差，对债务人信用调查不实，或在收款后不及时将款项交予供应商，或在债务人拒付、破产、倒闭或无力付款时，无理拒付甚至无力支付使得供应商蒙受损失。

（4）保理业务费用应事先估算在出口成本中，尽量减小自身的额外开支。

（八）国际保理与信用证的区别

信用证项下，进口人必须支付开证费，缴纳相当于信用证金额一定比例的开证押金；出口人必须严格按信用证的规定制单、交单，才能安全收汇。而在保理业务中，债务人（进口人）无须负担开证费、无须占压开证押金；供应商（出口人）只要按合同规定在保理商核准的信用额度内交流，即可获得保理商的支付保证。

五、福费廷

与国际保理不同，福费廷是一种为信用证项下收款时间超过180天的出口人提供保证和融资服务的业务。

（一）福费廷的含义

福费廷（Forfaiting），又称“包买票据”，是指包买商向出口人无追索权地购买已由债务人所在地银行承兑或担保的远期汇票或本票的业务。出口人在把代表债权凭证的票据转让给包买商时，通常在票据上注明“无追索权”（Without Recourse）字样，将收取债款的风险和责任转嫁给包买商。

（二）福费廷的业务流程

福费廷业务涉及4个主要当事人，即出口人、出口地的包买商、远期汇票的承兑或担保银行（通常为信用证的开证行）以及进口人，其基本业务流程如下。

1．出口人联系包买商

出口人在与进口人签订合同时，如欲做福费廷业务，应事先和出口地的包买商取得联系，以便作好各种信贷安排。

2．签订买卖合同

进口人、出口人签订国际货物买卖合同，订明以中长期信用证结算，出口人签发远期汇票，经开证行承兑后，由开证行履行付款义务。

3．签订包买协议

进口人与包买商签订包买协议，规定由包买商向出口人无追索权地购买经开证行承兑的远期票据。

4．开证行开证

进口人须通过一家经包买商同意的进口地银行向出口人开证。

5．通知信用证

出口地的通知行向出口人通知信用证。

6．出口人发货、制单并向银行交单

出口人收到信用证并审查无误后，按信用证的规定发货、制单。之后将全套货运单据由出口地银行寄到开证行，以尽快获得由开证行承兑的汇票或由开证行担保的本票。

7．承兑通知

出口地银行通知包买商汇票已被承兑或本票已被担保的事实。

8．包买商作无追索权的付款

包买商无追索权地买入出口人签发的、经开证行承兑的汇票或经开证行担保的本票，出口人同时放弃对所出售债权凭证的一切权益。

9．开证行付款

在付款到期日，包买商向开证行请求付款，开证行付款，完成一笔福费廷业务。

（三）福费廷当事人的利弊

福费廷业务对相关当事人各有利弊，现简述如下。

1．对出口人而言

福费廷业务对出口人的好处有：

（1）在交货或提供服务后，可马上从包买商处获得无追索权的中长期贸易融资，有利于加速资金周转，提高经济效益。

（2）手续简便易行。包买商往往要先审查开证行的资信。如认可，才会接受出口人做福费廷业务的请求并签订相关协议。

（3）出口商可享受提前退税的政策。

但福费廷业务也存在对出口人的不利之处：

1）出口人必须保证汇票、本票或其他债权凭证清洁有效并已被开证行承兑或担保，否则，就不能获得包买商无追索权的融资；

2）如进口人难以找到一家令包买商满意的开证行，将无法叙做福费廷业务；

3）福费廷业务中的费用相对一般信用证业务要求高一些。如果风险成本高于费用成本，福费廷业务仍是理想的选择。

2．对进口人而言

福费廷业务的有利之处是赎单手续简单快捷，可获得出口人提供的中长期贸易融资。其不利之处在于：

（1）按惯例必须支付开证行的一切费用；

（2）由于汇票、本票或其他债权凭证所具有的性质，进口人不能因任何有关货物或服务的贸易纠纷拒绝或拖延付款；

（3）出口人往往将福费廷业务的高额费用转嫁给进口人，使进口人的成本增加。

3．对包买商而言

福费廷业务的有利之处体现在：

（1）手续相对便捷。只要票据经其同意的银行承兑或担保，包买商即可无追索权地买入票据及相关的货运单据；

（2）包买商可自行选择任一可自由兑换的货币买入票据；

（3）买入票据后，包买商可通过票据贴现获得二级包买市场的资金融通；

（4）包买商承担所有的收汇风险，收费较高、收益颇丰。

福费廷业务的不利之处在于：

（1）包买商风险高，如果应收账款未能按时收回，没有追索权；

（2）为保护自己的利益，包买商必须了解进口国的法律、调查开证行的资信。不是所有的中长期付款交易都可叙做福费廷业务。

（四）福费廷包买商的风险

叙做福费廷的信用证交易，多为180天以上的远期交易，有的收款期甚至长达5年、10年。出口人须承担较大的汇率和利率波动风险、进口国的国家信用风险和进口商的商业信用风险。

1．汇价风险

现今世界各国普遍采用浮动汇率制。除非出口人使用本国货币，否则将面临汇价风险。随进口融资期限的延伸，汇价风险变得难以控制。一旦汇价发生不利变化，轻则影响其潜在利润，重则会造成严重的资金损失。

2．利率风险

影响利率变化的因素众多，有经济因素、政治因素，有内部因素、外部因素，这使得利率变化的趋势难以预测。中长期融资合同的融资期限长达数月甚至数年，出口人只能根据金融市场和远期市场行情来预期利率走势。如果在合同执行过程中，利率变化与预期一致，则利率风险小；如果利率上调的幅度高于预期，出口人将承担利率损失；如果利率下调的幅度低于预期，出口人将获利。

3．信用风险和资金转移风险

信用风险包括买方信用风险和国家信用风险。合同执行期间，由于各种因素的影响，进口人可能出现清偿能力不足、破产、倒闭等无力支付的状况；对长期资金短缺的国家，可能因外汇储备枯竭而无力对外支付，或因经济、政治、军事等方面的原因，国家下令强行停止对一切外债的支付，使出口人遭受呆账和坏账损失。可见，远期信用证交易存在较大的信用风险。叙做福费廷业务，出口人可将远期应收账款变成现金销售收入，有效地解决应收账款的资金占用问题，将收取债款的一切责任和风险，包括汇价风险、利率风险、信用风险和资金转移等转由包买商承担。

（五）福费廷业务的特点

（1）包买票据属于一种买断行为。出口人在取得包买商的资金时，在票据上写明“无追索权”字样，将收款权利、风险及责任一并转嫁给包买商，包买商放弃对出口人的追索权；

（2）福费廷业务多限于资本商品，但随技术的改进，为顺应竞争激烈的市场形势，一些包买商对非资本性的商品交易也开始提供此项服务；

（3）福费廷业务是中长期融资服务，期限一般在 18 个月以上，最长的可达 10 年，一般以 5 年为多。

福费廷业务尚处于起步阶段，其在中长期贸易融资方面的优势正日趋引起关注。

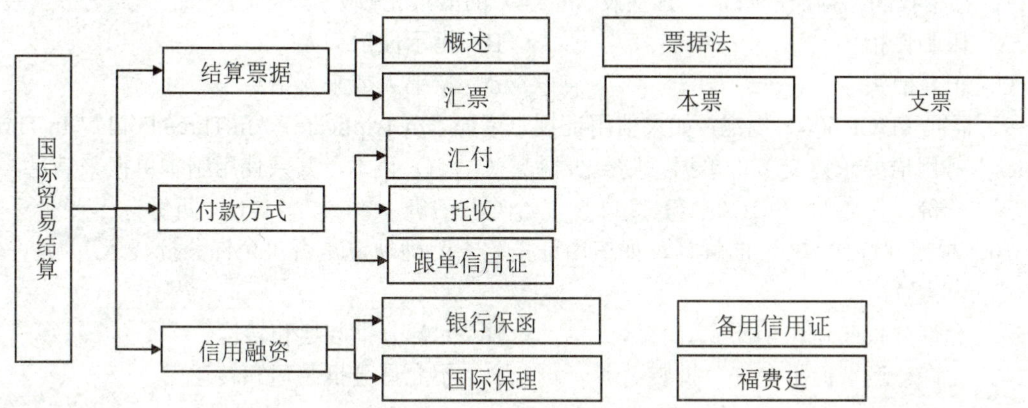

项目测试题

一、单选题

1. 当 L/C 规定 INVOICE TO BE MADE IN THE NAME OF ABC…，应理解为（　　）。

A. 一般写成××（中间商）FOR ACCOUNT OF ABC（实际购货方，真正的付款人）

B. 将受益人 ABC 作为发票的抬头人

C. 议付行 ABC 作发票的抬头

D. 将 ABC 作为发票的抬头人

2. 国际贸易中使用的金融票据主要有汇票、本票和支票，其中（　　）使用最多。

A. 汇票　　B. 本票　　C. 支票　　D. 票汇

3. 承兑是（　　）对远期汇票表示承担到期付款责任的行为。

A. 付款人　　B. 收款人　　C. 出票人　　D. 银行

4. 在托收项下，单据的缮制通常以（　　）为依据。

A. 信用证　　B. 发票　　C. 合同　　D. 提单

5. 出票人开具的汇票，如遭付款人拒付，（　　）有权行使追索权。

A. 开证行　　B. 议付行　　C. 保兑行　　D. 付款行

6. 一份信用证规定有效期为 2018 年 11 月 15 日，装运期为 2018 年 10 月，未规定装运日后交单的特定期限，实际装运货物的日期是 2018 年 10 月 10 日。根据《UCP 600》规定，受益人应在（　　）前向银行交单。

A. 2018 年 11 月 15 日　　B. 2018 年 10 月 31 日

C. 2018 年 10 月 15 日　　D. 2018 年 10 月 25 日

7. 在信用证支付方式下，象征性交货意指卖方的交货义务是（　　）。

A. 不交货　　B. 仅交单　　C. 凭单交货　　D. 实际性交货

8. 根据我国票据法的规定，凡签发（　　）的汇票无效。

A. 限制性抬头　　B. 指示性抬头人

C. 记名抬头　　D. 持票人或来人抬头

9. 根据《UCP 600》规定，如果信用证规定诸如“In Triplicate”“In Three Fold”“In Three Copies”等用语要求提交多份单据，则至少提交（　　）正本，其余使用副本单据来满足。

A. 一份　　B. 二份　　C. 三份　　D. 四份

10. 根据《UCP 600》的解释，如信用证条款未明确规定是否“允许分批装运”“允许转运”则应理解为（　　）

A. 允许分批装运，但不允许转运　　B. 允许分批装运和转运

C. 允许转运，但不允许分批装运　　D. 不允许分批装运和转运

二、多选题

1. 用于议付信用证项下结算的汇票可以是（　　）。

A. 即期汇票　　B. 远期汇票

C. 商业汇票　　D. 银行汇票

E. 以上都对

2. 因下列情况开证行有权拒付票款（　　）。

A. 单据内容与信用证条款不符　　B. 实际货物未装运

C. 单据与货物有出入　　D. 单据与单据之间不符

E. 单据与合同规定不符

3. 本票与汇票的区别在于（　　）。

A. 前者是无条件支付承诺，后者是无条件支付命令

B. 前者当事人为两个，后者则有三个

C. 前者在使用中有承兑，后者则无须承兑

D. 前者的主债务人不会变化，后者则会因承兑而变化

E. 前者只有即期的，后者则有即期和远期两种

4. 对于信用证与合同关系的表述正确的是（　　）。

A. 信用证的开立以买卖合同为依据

B. 信用证业务的处理不受买卖合同的约束

C. 有关银行办理信用证业务应适当考虑合同

D. 合同是审核信用证的依据

E. 信用证业务的处理受买卖合同的约束

5. 下列属于信用证基本当事人的有（　　）。

A. 开证行　　B. 通知行

C. 委托人　　D. 议付行

E. 受益人

6. 指出下列信用证条款中属于软条款信用证性质的是（　　）。

A. 商业发票需开证申请人签署

B. 货物样品寄交开证申请人认可并作为议付条件之一

C. 商检证书由开证申请人签发，并作为议付单据之一

D. 信用证规定货物清关后银行才支付货款

E. 承运船只由买方指定，船名以信用证修改书的方式通知，交单时必须提交信用证修改书

7. 电汇的基本当事人包括（　　）。

A. 汇出行　　B. 代收行

C. 汇款人　　D. 收款人

E. 汇入行

8. 以下对可转让信用证表述正确的是（　　）。

A．可转让信用证只能转让一次

B．可转让信用证可转让无数次

C．可转让信用证必须注明“Transferable”字样

D．如第二受益人无法履约，可将信用证转回给第一受益人

E．可转让信用证第二受益人可将信用证转让给其后的第三受益人

9．可转让信用证被转让时，（　　）可以变动。

A．信用证金额　　B．商品单价

C．商品的品质规格　　D．交单日

E．最迟装运日

10．汇票的抬头下列哪几种形式 可以转让（　　）。

A．PAY TO BEARER　　B．PAY TO HOLDER

C．PAY TO A CO.，ONLY　　D．PAY TO A CO. OR ORDER

E．PAY TO A CO.，NOT TRANSFERBLE

三、判断题

1．根据《UCP 600》的规定，如果信用证中没有规定是否可以分批装运与转运，应理解为不允许分批装运与转运。（　　）

2．采用信用证支付方式，单证的交付是指出口商在规定的时间内将全套单据连同正本信用证通过出口地银行寄给开证行，以便开证行付款。（　　）

3.所有信用证均须规定一个付款、承兑和议付的交单地点，但自由议付信用证除外。（　　）

4．某电开信用证，附注“详情后告”，它只能视作无效简电通知书，不能凭以议付。（　　）

5．票据金额以中文大写和数字同时记载的，两者必须一致，如果不一致时，按我国《票据法》的解释，以中文大写金额为准。（　　）

6．在采用票汇付款的情况下，由买方购买银行汇票径寄卖方，因此这种付款方式属于银行信用。（　　）

7．根据汇款委托通知传递的方式不同，汇付分为电汇、信汇和票汇 3 种，其中电汇是实际业务中主要采用的汇付方式。（　　）

8．信用证是银行与信用证受益人之间存在的一项契约，该契约以贸易合同为依据开立，所以信用证应受到贸易合同的牵制。（　　）

9．信用证申请书反面的内容是申请人对开证行的声明，用以明确双方责任。（　　）

10．采用汇款支付方式，单证的交付是指出口商在货物出运之后，将进口商所需要的各种单据提交出口地银行，通过出口地银行寄给进口商，以便进口商收货付款。（　　）

项目三测试题答案

一、单选题 1～5 D A A C B　　6～10 B C D A B

二、多选题 1．ABCDE　2.AD　3.ABD　4.ABD　5.ABDE

6．ABCDE　7.ACDE　8.ACD　9.ABDE　10.ABD

三、判断题 1～5 F F T T F　　6～10 F T F T F

项目四　商务单证种类

学习目标

知识目标	能力目标
◎ 准确区分国际贸易中 3 种金融单据的定义、种类及其内容 ◎ 掌握国际贸易中常用的基本单据的定义、内容和作用 ◎ 掌握进口国官方要求的附属单据的定义、内容和作用 ◎ 掌握买方可能要的其他附属单据的定义、内容和作用	◎正确使用 3 种金融单据 ◎正确掌握汇票内容及其缮制 ◎正确掌握基本单据内容及其缮制 ◎正确掌握附属单据及其他附属单据内容及其缮制

任务一　国际贸易中常用的金融单据

一、汇票

（一）含义

出口收汇中使用的汇票，是指用于托收和信用证收汇方式中，出口商向进口商或银行签发的，要求后者即期或在一个固定的日期或在可以确定的将来时间，对某人或某指定人或持票人支付一定金额的无条件的书面支付命令。

作为可以支取信用证金额的凭证，汇票在本质上是一种票据，而不是单据。但它作为信用证交易单证的组成部分，因此它的所载内容也必须符合信用证条款和《UPC 600》的相关规定。

托收和信用证方式下，通常使用跟单汇票，较少使用光票。

通常由于出票人为出口商，收汇单证中的汇票属商业汇票。

延期付款信用证不需要提交汇票。

（二）内容及缮制注意事项

由于汇款方式中出口商无须提供汇票，以下主要是介绍托收和信用证业务中，由出口商或受益人签发的商业汇票的缮制。

1．出票条款

出票条款又称出票根据，信用证汇票必须有出票条款，说明与某银行某日期开出的某号信用证的关系，包含三个内容：开证行完整名称、信用证号和开证日期。这三个内容应正确填入汇票相应的空格内：Drawn under （填开证行名称）、L/C No. （填信用证号）、dated （填开证日期）。如信用证内有现成条款时，必须按原样填写在汇票上。

2．出票地点及出票日期

出票地点一般应是出口商所在地，通常位于汇票的右上方，和出票日期相连。出票日期只要不早于运输单据，不迟于信用证的交单期和截止日即可。托收方式时，汇票出票日期可填装运日期与交单给银行日期之间的任意一天，日期需用英文表述，不能全部使用阿拉伯数字。

3．汇票金额

汇票金额包括汇票的金额和币制，必须准确无误，货币币别须与发票一致，金额不得模棱两可，并应注意以下各点：

（1）如信用证没有特别规定，其金额应与发票金额一致。托收的汇票金额和发票金额一般均应一致。

（2）如信用证规定汇票金额为发票金额的百分之几，例如 97%，那么发票金额应为 100%，汇票金额为 97%，其差额 3%，一般为应付的佣金。

（3）如信用证规定部分信用证付款，部分托收，应分做两套汇票：信用证下支款的按信用证允许的金额支取，以银行为付款人；托收部分的以客户为付款人，发票金额是两套汇票相加的和。

（4）汇票上的金额小写和大写必须一致。汇票金额不得涂改，不允许加盖校正章。

汇票的金额小写，由货币符号和阿拉伯数字组成，例如 1 005.30 美元则写为：USD 1 005.30。

汇票的金额大写，由货币名称和文字或数字组成，仍举上例，通常可采用下列几种形式表示：

US DOLLARS ONE THOUSAND AND FIVE AND CENTS THIRTY ONLY 或 US DOLLARS ONE THOUSAND AND FIVE POINT THREE ZERO ONLY

在信用证国际实务中，不能采用“以大写金额为准”的方法，必须大小写金额相同。

4．付款期限

付款期限是汇票的重要项目，凡没有列明付款期限的汇票，视作见票即付。按照不同的付款期限，一般可采用下列方式缮制：

（1）即期付款，在汇票上的付款期限处，加打“*”或“_”，如 AT***￥SIGHT，AT---SIGHT，表示见票即付。

（2）远期付款，在汇票上的付款期限处，加打远期天数和起算期，如 AT“30 DAYS AFTER SIGHT”，表见票后 30 天付款；如“AT 45 DAYS AFTER DATE OF THE DRAFT”意为汇票出票日 45 天付款；如为“90 DAYS AFTER B/L DATE”，表在提单日期后 90 天付款，这种情况下，出票人需要在汇票空白处注明提单的具体日期，以便当汇票与其他单据分开时，也能从汇票上计算出到期日。假如是远期信用证的汇票，在汇票期限栏目处必须注明远期天数。

当用 From、After 表述汇票远期期限时，到期日的计算都从此规定日期的次日起起算。

（3）定日付款：则应填上将来具体的付款到期日，如 At 31 Dec．2003 fixed，并将汇票上的已经印刷好的“Sight”划去。

5．受款人

受款人又称收款人，也称汇票抬头人。按国际惯例，信用证和托收项下的汇票一般做成指示式抬头，汇票上写明“付给×××的指定人（PAY TO THE ORDER OF ×××）”，×××是该汇票的记名受款人，通过他的背书，汇票可以转让。这是目前出口业务中最广泛使用的类型，汇票的格式上也基本上印妥 PAY TO THE ORDER OF...

信用证项下汇票的受款人，我国国内的做法一般是写成交单行名称。无证托收的汇票，一般应以托收行（出口地银行）为受款人。

其实，信用证汇票的受款人最好打上出口商名，然后由出口商背书给交单行，使交单行议付后可成为正当持票人。

6．付款人

付款人又称受票人，也就是接受汇票出票人的命令对汇票付款的人。一般都位于汇票的左下角，即“TO...”（付款人）。付款人名称必须填写完整。

托收的汇票，付款人作成合同的进口商，除名称外，还必须填写完整的地址。信用证项下的按《UCP 600》条款规定，信用证不应开立以申请人为付款人的汇票，如开立了该汇票也仅视作一种附加单据，而不能作为金融单据。至于具体付款人，按照信用证的具体规定填写。如果信用证要求提交汇票，但没有规定汇票付款人，则由开证行作为付款人。

7．出票人

出票人汇票必须有出票人的签字，一般位于汇票右下角。通常为出口人或信用证的受益人。应具企业全称和负责人的签字盖章。即使信用证有“接受第三方单据”字样，汇票也不能由第三方出具，汇票的出票人必须是受益人。已经转让的信用证，第二受益人出具以自身为出票人的汇票。

二、本票

（一）本票的定义

本票（Promissory Note）是指出票人签发的，承诺自己在见票时，或在某一固定的日期，或可确定日期的将来，无条件支付确定的金额给收款人或持票人的票据。本票是无条件的支付承诺。由于本票的付款人就是出票人自己，因此，本票的当事人只有两个即出票人和收款人。本票的出票人在任何情况下都是主债务人。本票一般是一式一份。

（二）本票的内容

（1）标明“本票”的字样。

（2）无条件付款的承诺。

（3）确定的金额。

（4）收款人名称。

（5）出票日期。

（6）出票人签章。

此外，我国的票据法虽然未把付款地和出票地作为有效本票必须记载的内容，但也要求本票上记载的付款地、出票地等事项的，应当明确清楚，如未记载付款地、出票地的，出票人的营业场所作为付款地和出票地。

（三）本票的种类

根据本票的出票人的身份不同，可分为商业本票和银行本票（见表 4-1-1）。

表 4-1-1　本票的种类

商业本票	指出票人为工商企业或个人的本票 商业本票按付款时间，又可以分为即期付款的即期本票和远期付款的远期本票 由于我国的信用体制暂时不够健全，根据我国《票据法》，本票仅限于银行本票，工商企业和个人还不能签发本票
银行本票	指出票人为银行或其他金融机构的本票 银行本票通常为即期付款

三、支票

（一）支票的定义

根据我国票据法，支票是出票人签发的，委托办理支票存款业务的银行或者其他金融机构在见票时无条件支付确定金额给收款人或持票人的票据。支票的主要当事人和汇票相同，共有 3 个：出票人、付款人和收款人。支票的出票人必须是在银行开有往来账户，付款人为银行和其他金融机构。支票的实质是存款人用以向存款银行支取存款而开立的票据。因此，支票的收款人可以与出票人相同。

（二）支票的内容

（1）标明“支票”的字样。

（2）无条件支付的委托。

（3）确定的金额。支票上的金额可以由出票人授权补记，未补记前的支票不得使用。

（4）付款人的名称。

（5）出票日期。

（6）出票人签章。出票人的签章应与其在付款人处所预留的签名式样相符。

（三）支票的种类

根据不同的标准，支票大体上可以分为下列几种（见表 4-1-2）。

表 4-1-2　支票的种类

1．记名支票	指票面记载收款人名称的支票 持记名支票取款时，须由载明的收款人在背面签章
2．不记名支票	指票面不具体记载收款人名称的支票，也称来人支票或空白抬头支票 持不记名支票取款时，无须收款人签章 持票人可仅凭交付即可将支票权利转让
3．划线支票	指票面画有两道平行横线的支票 这种支票只能委托银行收款人账，不能由持票人自行向付款人支取现金。而一般的未划线支票，持票人既可以委托银行收款人账，又可向付款人支取现金 使用划线支票的主要目的是防止支票在遗失时被人冒领
4．保付支票	指银行签注了"保付"字样的支票 支票经签注保付后，签署保付的银行成为主债务人，必须付款，支付的信誉大大提高，支付的流通性随之增强
5．旅行支票	它实际上是购票人在出票银行或其他金融机构的无息存款，旅行者兑付旅行支票，其实就是在异地提取此笔存款

此外，在我国还有专门用于支取现金的现金支票，现金支票只能用于支取现金，不能做转账使用。

任务二　贸易中经常使用的基本单据

一、商业发票（Commercial Invoice）

（一）含义

在实际工作中简称为发票（Invoice），商业发票是出口方向进口方开列的发货价目清单，是买卖双方记账的依据，也是进出口报关交税的总说明。它是商务单证中最重要的单据，能让有关当事人了解一笔交易的全貌。其他单据都是以发票为依据的。

（二）作用

发票是卖方向买方开立的，对所交货物的总说明，是一张发货价目清单，进口商凭发票核对货物及了解货物的品质，规格、价值等情况，它是进出口商记账与核算的依据。在没有汇票时，出口商可凭发票向进口商收款。发票还是报关纳税的基本依据，也是实施其他管理的基础。

需说明的是，发票在作为收汇单据之前，即货物出运时，还有以下作用：

（1）作为国际商务单据中的基础单据，是缮制报关单，产地证，报检单、投保单等其他单据的依据。

（2）作为报关、报检单据的组成部分，出运过程中，报检单，报关单都需要附上发票才能起到相应的作用。

而在作为收汇单证之后，发票还有核销外汇的作用，出口商收到外汇后，办理核销时需提供发票。

（三）一般内容

商业发票由出口企业自行拟制，无统一格式，但基本栏目大致相同。分首文、本文和结文三个部分，首文部分包括发票名称、号码、出票日期、地点、付款人（抬头人）、合同号，运输线路等。本文部分包括货物描述、单价、总金额、运输标志等。结文部分包括有关货物产地，包装类型，各种证明句、发票制作人签章等。

从本质上讲，发票是进出口商在国际贸易经济业务中的会计原始凭证，所以发票的具体内容是以原始会计凭证的基本内容为基础的。它包括以下这些具体内容：

（1）出票人的名称，即出具签发发票的人的名称，一般写出口商的名称和详细地址、电话，传真等。一般出口企业在印制空白发票时，事先将公司的名称、地址、电话、传真印在发票的正上方（作为信头）。

采用信用证时，《UCP600》规定发票必须由受益人出具，对可转让信用证，在第一受益人换单条件下，第二受益人可出具自己为出票人的发票。

（2）单据的名称，即“商业发票”（Commercial Invoice）或“发票”（Invoice）字样，应与信用证规定的一致，如果信用证没有对发票的名称作出具体要求的话（仅要求“发票”），可提交任何形式的发票，商业发票、海关发票、领事发票等都可以，但是在发票的名称中不能有“临时发票”（Provisional Invoice）或“形式发票”（Proforma Invoice）等字样

如果信用证要求是“Certified Invoice（证明发票）”或“Detailed Invoice（欠条发票）”，则发票的名称也应这样显示。

（3）制单的日期及制单的基础信息，包括发票的制单日期、发票号码、合约号等。

（4）发票接受方的名称即发票的抬头人，发票上必须明确显示发票抬头人即付款人的名称、地址，通常情况下抬头人做成进口商，信用证方式下为开证申请人，如信用证要求做成第三方，应照办。可转让信用证的发票抬头可用第一受益人名称替换原证中的开证申请人名称。

（5）有关此笔经济业务的内容摘要，它包括：

1）货物描述，注明货物的名称、规格、数量、包装类型和件数等内容，采用信用证时，发票上的货物描述必须与信用证中的描述相一致。

2）有关运输信息：包括货物的起运地、目的地、运输标志（货物的识别标志）等，如有转运可标明转运地。

（6）数量和金额，在出口发票上必须明确显示数量，单价、总值和贸易术语（价格条款），包括数量及数量单位、计价货币名称、具体价格。有时还需列出佣金、折扣、运费，保费等。

（7）出票方企业的名称，一般将签发人的盖章和签字等内容打在发票的右下方。

（8）其他内容，包括该笔业务相关的特定号码、证明等。如在发票商品描述下方空白处注明买方的参考号，进口证号，信用证号以及货物产地、出口商关于货物制造、包装、运输等方面的证明。

（四）发票制作要点

（1）出票人名称、地址等描述必须醒目、正确。如是采用信用证方式收汇的，发票出票

人为受益人，必须与信用证上受益人的名称一致，同时要注意与其他单据上显示的出口商的名称地址的一致性。如果信用证已被转让，银行也可接受由第二受益人出具的发票。

非信用证方式时，发票的出票人栏目显示合同的卖方，发票的出票人有两种表示方法：一是发票的信头直接显示受益人名称；二是由受益人在发票进行签署，在实务中，如果发票的出票人是受益人下属的某个部门（例如 ABC Co Ltd，Export Dept），根据国际商会专家小组的意见，这是不允许的。

（2）出票日期等基础信息方面必须注意以下事项：

1）出票日期一般不迟于装运日。如信用证没有特别规定，发票日期早于信用证的开证日也是以接受的。

2）发票上，一般需要显示有关此笔交易的基础信息（如合约号、订单号），如果发票的货物涉及不止一个合约的，发票上显示的合约号必须包括全部合约。

如果信用证没有要求表明合约号，也可以不显示。在信用证方式下，必须标明该笔交易中的信用证号码。

（3）在显示发票付款人（抬头人）时，必须注意发票抬头应做成信用证的申请人名称、地址。《UCP 600》允许地址细节有不一致之处（只要与信用证述及的地址处于同一国家），用于联系的资料（电话、电传，电子邮箱等类似细节）可不予置理。但是平时操作时，还是填写一致为妥，银行审单时，一般也是从严掌握的。

如果信用证有指定其他抬头人的，按来证规定制单。如果该信用证已被转让，则银行也可接受由第二受益人提交的以第一受益人为抬头的发票。

非信用证方式收汇时，一般将合同的买方做为发票的抬头人。

（4）运输线路、起运地、目的地必须与其他单据上显示的相一致，并且要显示具体的地名，不要用统称，如信用证中只标明国名，在发票制作时，应打上具体的地名（除非一些特定交易出运时还未确定目的地）。

（5）发票上的货物描述部分是发票的中心内容，一般情况下，必须描写具体。

信用证方式项下，《UCP 600）规定，“商业发票中对货物、服务或履约行为的描述应该与信用证中的描述不矛盾。”但并不要求如同镜子反射那样一致。托收和汇款方式收汇的发票的货物描述按照合同填写。

关于发票品名的表述，在实务中通常有以下几种情况：

1）信用证只规定了货物的总称，发票应照样显示外，还可加列详细的货名，但不得与总称矛盾；例如：信用证规定“BLUE COTTON WEARS”，而发票却显示“COLORED COTTON WEARS”，这就不允许。

2）如所列商品较多，信用证上标有统称时，发票上可在具体品名上方按来证显示统称。

3）信用证未规定货物的总称，但列举的货名很详细，则发票应照信用证规定列明。

4）信用证规定的货名并非英文文字时，发票也应照原文显示出来（可同时用英文表述）。

5）信用证规定了多种货名，应根据实际发货情况注明其中的一种或几种，不可盲目照抄。

6）除了信用证规定的货物外，发票不能显示其他货物（包括样品、广告材料等，即使注明是免费的）。

如果发票的货物描述中某个字母写错，但不影响对该词理解时，开证行不能以此拒付，例如：

信用证是 MACHINE，发票误打成 MASHINE，但是如信用证用的是 DRIED GRAPES，发票 RAISIN，则因意思不同，会形成不符点。尽管现在国际商会对发票品名描述要求不是那么苛刻，但是出口商制作发票时还是应该拼写正确。

（6）货物的规格。

规格是货物品质、特征的标志，如一定的大小，长短，轻重、精密度，性能，型号、颜色等，一般当信用证开列了对规格的要求和条件时，所制发票必须和信用证规定完全一致，并且应正确表达，如：信用证规定“水分不超过××%”，应在发票上注明实际含水量。

在发票上可添加货物规格、成分、状态等细节，但不能与信用证矛盾。

（7）货物的数量。

发票必须明确表明货物的数量，并与其他单据相一致。

当信用证在表述数量时，如果使用了“约”（About）、“大约”（Approximately）字样，应理解为有关数量不超过 10%的增减幅度。

如果信用证规定的货物是以重量、长度、面积或体积等作为数量单位的，而不是按包装单位或个数计数的，在信用证对货物数量没有不得增减要求和所支取得金额未超过信用证金额的前提下，允许货物数量有 5%的增减幅度。

如果信用证规定在指定的期限内分期装运货物数量，只要其中有一期未规定期限装运，就会造成信用证失效，开证行将不再对信用证负责。但是信用证经过修改，可以恢复生效。

（8）货物重量和包装情况。

发票应标明货物的包装类型（箱、袋等）、包装件数和重量，并且须注意与其他单据上的相一致。

信用证上明确要求在发票上需列明货物重量或以重量计价的商品，在缮制发票时，应详细列明毛重、净重。

（9）贸易术语（价格术语）。

发票中的价格术语十分重要，因为它涉及买卖双方责任的承担、费用的负担和风险的划分问题，另外，也是进口地海关核定关税的依据。

来证价格术语如与合同中规定的有出入，应及时修改信用证，如事先没有修改，还是应该照信用证规定制单，否则会造成单证不符。有的信用证规定的价格术语后列出一些附加条件，如 FOB liner terms，CIF TOK YO INCOTERMS200 等，制作发票时，必须按此表述在发票上注明发票应完整、正确地显示价格条款，做到与相应单据（如提单上的运费支付方式）的表述相一致。

如果合同规定（使用信用证时，信用证规定）发票必须显示货物成本、运费和保险费的细目，则发票应分别列明，这时须注意有关金额与其他单据相一致。

（10）单价和总值。

完整的货物单价包括计价货币、单位价格金额、计量单位和贸易术语 4 个内容，例如 EUR100.00 PER DOZEN CIF HAMBURG。

总值是经过计算后得出的货物总价值，发票的总金额。单价和总值是发票的主要项目，必须准确计算，正确填写，并认真复核，特别要注意小数点的位置是否正确，金额和数量的横乘、竖加是否有矛盾。

发票金额必须用与信用证相同的货币表示，如果出口国外汇管制要求发票以当地货币表示金额，出口商可以在发票上显示信用证货币金额的同时，写上以当地货币表示的等值金额。

发票总值不能超过信用证的总金额。如信用证的总金额是按含佣金价计算的，则商业发票上的总金额也应按含佣价计算，不需要扣除佣金；如信用证单价为佣金价，但总金额已扣佣金的，即使信用证没有规定扣减，发票总金额也应是扣除佣金后货物总值。

例如：一信用证显示 USD 21/DOZ CIFC5 KOBE，单价包含佣金，数量 500DOZ，信用证总金额是 USD9975.00，制作发票时，应写成：

	USD 10 500.00
Less commission	525.00
	USD 9 975.00

凡“约”或“大约”用于信用证金额时，应理解为有关金额可有不超过 10%的增减幅度。但是需要注意的是“约”放在哪一项，就适用于哪一项，不能以此类推，例如，信用证中的数量条款中有“约”等词语，但金额表述中没有此类词语，金额就不允许有上述幅度的增减。

当信用证规定的金额和数量允许有一定比例增减时，该信用证项下不同颜色、规格的货物，分别可以满足该增减幅度。但是如果其中有单独一项货物数量或金额超过规定，即使总金额和总数量。在规定的范围之内，亦是不允许的。

如果信用证规定了货物数量，而该数量已经全部发运，及如果信用证规定了单价，而该单价又未降低，则即使不允许部分装运，也允许支取的金额有 5%的减幅。

来证规定的数量已装完，而发票金额还有一些多余，在议付行表示接受的情况下，可采取“扣除”“放弃”的办法处理，即在总额下面减除差额零头，减除后的发票总金额不超过信用证所允许的金额。托收和汇款项下，按合同制作发票。

（11）运输标志唛头。

发票作为交货清单应正确显示运输标志，运输标志是指印刷在货物外包装上的图形、文字和数字，便于各方辨识货物，有助于货物的装卸、运输等工作，以防错运错发。

运输标志一般以简明、易于识别为原则。标准运输标志由收货人简称、贸易业务参考号、目的地名称和件数编号组成。

如遇货物运至目的港后还要转运到内陆城市的，可在目的港下面加打 IN TRANSIT TO×××或 IN TRANSIT 字样。

采用信用证时，如有指定运输标志的，必须按照规定制作运输标志。如果信用证规定了具体运输标志，而且带有“运输标志仅限于……”（Mark Is Restricted To……）或“只有这样的运输标志才能接受”（Only Such Mark Is Acceptable）或“运输标志唛头应包括……”（Mark Should Include...）等类似语句时，则运输标志应严格按信用证规定的原样显示在发票上。

如果信用证规定了具体运输标志唛头，例如：“QTY，GW”等，但没有“仅限于”等类似字样，则唛头可以按文字要求加注实际内容，如“QTY 100 SETS，GW1 000KGS”等。

如果信用证规定的运输标志唛头用英文表示图形，例如：“In Diamond”或“In Triangle”等，则发票可将菱形或三角形等具体图形表示出来，也可用文字表示。

如果信用证中没有规定运输标志唛头，发票既可以显示出口商自行设计运输标志唛头，也可以依据实际情况用“NO MARK”或“N/M”来表示无运输标志。服装类货物使用挂装集装箱时，运输标志处写成“NO MARK”。

无论哪种方法，发票上记载的运输标志及件号应与货物实际使用的相一致。

（12）补充信息及声明文句。

国外来证有时要求在发票上加注各种费用金额、特定号码、有关证明句，一般可将这些内容打在发票商品栏以下的空白处，大致有以下几项：

1）注明特定号码，如进口证号码、配额许可证号码等。

2）运费、保险费等。

3）打证明句。

如澳大利亚来证要求加注原料来源证明句，有些国家来证要求加注非以色列证明句或关于产地说明等。例如：We hereby declare that the goods are of pure origin of Chin. We hereby certify that the contents of invoice herein are true and correct.

发票加注词句内容必须根据具体情况，不是一字不差地照搬信用证上的文字。

（13）更正和“错漏当查”（E&OE）。

发票的更正处应盖有签发人的更正章“E&OE”是“Errors And Omissions Excepted”的简称。应该注意的是当发票已经显示了证明真实、正确等文句者，就不能出现“E&OE”的字样。

（14）发票份数。

信用证项下，提交银行的发票份数应与信用证规定的一致，如果信用证中没有特殊要求，其中一份必须是正本。如信用证要求“In Duplicate”或“In Two Copies”时，所提供的发票中必须有一张是正本。

（15）出口商签署。

如果信用证没有规定，用于对外收汇的商业发票不需要签署（但用于报关、退税等国内管理环节的发票，必须签署）。当信用证要求“Signed Invoice”时，发票需要作签署；而要求“Manually Signed Invoice”时，该发票必须是手签。

如果发票上有证明的字句（We Certify That…），此类发票必须签署。

另外注意事项：

1）如果以影印、自动、电脑处理或复写方法制作的发票，作为正本者，应在发票上注明“正本”（ORIGINAI）字样，并由出单人签章。

2）近几年，各地已陆续出现了国内税务机关统一印制的通用出口发票，常见的是一套六联。根据用途分为发票联、记账联、税务联、报关联、核销联，存根，内容与上述介绍的普通外销商业发票项目相同。

如进口商接受此种格式发票的话，也可用于收汇，但若与 L/C 或进口商要求不一致的，则不对外使用，只在报关、报检等国内环节中使用此格式的发票。对外收汇时，另外再制作原来常见格式的发票。

3）现在行一些进口商要求出口高按进口商有的格式发单，内容基本上与边相同，若对出口方无不妥之处的，出口商可协助进口商按其要求办（在对外收汇时和国外进口商办理有关手续时使用，办理出口国内手续时，需使用普通外销发票）。

（16）形式发票。

形式发票（Proforma Invoice）也称顶开发票或估价发票，有时在未成交之前，出口商应进口商的要求，发出一份列有出售货物的名称、规格、单价等内容的非正式的参考性发票，供进口商向其本国贸易管理当局或外汇管理当局等申请进口许可证或批准给子外汇等，有时也用于报盘，作为交易前的发盘。

形式发票不是表示债务的凭证，不是一种正式发票，不能用于托收和议付，它所列的单价等，也仅仅是出口商根据当时情况所作出的估计，对双方都无最终的约束力，所以说形式发票只是一种估计单，正式成交后还要另外重新缮制商业发票。

形式发票与商业发票的关系密切，信用证在货物描述后面常有“按照某月某日之形式发票”等条款，只要在商业发票上打明“AS PER PROFORMA INVOICE NO...DATED…”即可。假如来证附有形式发票，则形式发票构成信用证的组成部分，制单时要按形式发票内容全部打上。

二、包装单据

（一）含义

包装单据（Packing Documents）是记载或描述商品包装情况的单据，是商业发票的补充，也是货运单据中一项重要单据。除散装货物外，包装单据一般为不可缺少的文件。进口地海关验货，公证行检验，进口商核对货物时，通常都以包装单据为依据。进口商通过包装单据，还可了解货物包装件号内的具体内容，以方便销售。

（二）作用

（1）它是出口商缮制商业发票及其他单据时计量、计价的基础资料。

（2）它是进口商清点数量或重量以及销售货物的依据。

（3）它是海关查验货物的凭证。

（4）它是公证行或商检机构查验货物的参考资料。

（三）主要内容

一般包括合同号、发票号、出单日期、运输标志、品名、包装规格、包装件数、毛净重等。填写时，必须与货物实际包装相符，并与发票、提单等单据相一致。

（四）种类

由于商品不同，进口商需要的包装单据也不相同，因此包装单据种类多样，名称各异。有时进口商对同一批商品也会提出突出不同侧面要求的包装单据，但是制作方法、显示的内容比较相似。常用的有以下几种：

（1）装箱单（Packing List/ Packing Slip）；

（2）包装明细单（Packing Specification）；

（3）详细装箱单（Detailed Packing List）；

（4）包装提要（Packing Summary）；

（5）重量单（Weight List/ Weight Note）；

（6）重量证书（Weight Certificate/ Certificate Of Weight）；

（7）磅码单（Weight Memo）；

（8）尺码单（Measurement List）；

（9）花色搭配单（Assortment List）。

另外，《UCP 600》指出："只要包装单据内容符合信用证的要求，能反映所规定的单据功能，不要求名称与信用证一字不差。" 但我们制单时，应注意从严掌握，尽量一致。

出口商应根据进口商要求及不同商品的特点提供适当的包装单据，应以既能符合信用证的规定，为银行所能接受，又能满足客户的要求为原则。主要几种包装单据的内容缮制要求为：

（1）装箱单：表明装箱货物的名称、规格、数量、唛头、箱号、件数和重量，以及包装情况。如系定量装箱，每件都是统一的重量，则只需说明总件数多少。每箱具体重量及合计重量，如果来证条款要求提供详细包装单，则必须提供尽可能详细的装箱内容，描述每件包装的细节，包括商品的货号、色号、尺寸搭配、毛净重及包装的尺码等。

（2）重量单：除装箱单上的内容外，尽量清楚地表明商品每一包装单位的毛重、净重及总重量的情况，供买方安排运输、存仓、销售时参考。

（3）尺码单：着重于说明货物每件的尺码和总尺码，即在装箱单内容的基础上再重点说明每件，每个不同规格项目的尺码和总尺码。如果不是统一尺码应逐件列明。

除以上这些内容要求之外，进口商也会提出一些特殊要求，如果出口商能够办到的，也应显示其要求的内容和条款。

如信用证或合同规定要出 Neutral Packing List 即中性（包装）装箱单的话，单据上不可以显示出口制单方的名称、地址（即上无信头部分且下无公司印章），同时不可显示产地。

（五）缮制包装单据应注意事项

（1）采用信用证收汇时，包装单据名称应与信用证内规定名称一致，因为包装单据的内容，既包括包装的商品内容，也包括包装的种类和件数，每件毛净总重量，每件尺码和总尺码（体积），所以无论信用证要求的包装单据是何名称，都应按其规定名称照打。

（2）毛重、净重方面，应列明每件的毛重和净重，小计数及合计数必须与发票和运输单据、产地证、出口许可证的数字相符，对于计价的重量，数字更须注意。

（3）如果信用证规定要列明内包装情况（Inner Packing）必须在单据中充分表示出来，例如：信用证规定，每件装胶袋、每打装盒、每 20 打装一纸箱，则须注明："Packing: each piece in a poly bag，one dozen in a cardboard box and then 20 dozens in a carton."

（4）信用证项下，银行不检查单据中的数学计算细节，而只负责将总量与信用证及/或者其他单据相核对。

（5）重量单如冠以 Certificate Of Weight （重量证明）的，应加注证明句："We certify that the weights are true and correct."

（6）装箱单据一般不应显示货物的单价、总价，因为进口商把商品转售给第三者时只要交付包装单和货物，不愿泄露其购买成本。

（7）为了符合信用证不接受联合单据的要求，可以利用装箱单分别冠以重量单、尺码单等不同名称的方法，一次缮制，按照信用证规定的份数分别提供给银行。

（8）可用显示发票号码、合同号码等方法表示与其他单据的关联性。

（9）货物描述，可以与信用证中的货物描述一致，也可以使用货物统称，但不得与信用证规定的货物描述不符。

（10）包装单据（List、Note、Memo 之类）通常不需要签署。但当包装单据冠以"……证明"（Certificate of...）含有证明文句时，则应该签署。

三、海运提单

（一）海运提单的作用

（1）海运提单是承运人或其代理人签发的货物收据（Receipt For The Goods），证明承运人已经按海运提单所列内容收到货物。

（2）海运提单是一种货物所有权的凭证（Documents Of Title）。海运提单的合法持有凭海运提单可在目的港向轮船公司提取货物，也可以在载货船舶到达目的港之前，通过转让海运提单而转移货物所有权，或凭此单向银行办理抵押货款。

（3）海运提单是托运人与承运人之间订立的运输契约的证明（Evidence Of Contract Of Carriage），是承运人与托运人处理双方在运输中的权利和义务问题的主要依据。

（4）海运提单可以作为收取运费的证明，以及在运输过程中起到办理货物的装卸、发运和交付等方面的作用。

（5）海运提单是向船公司或保险公司索赔的重要依据。

（二）海运提单的种类（见表 4-2-1）

表 4-2-1　海运提单的种类

分类方法	提单种类	英文名称
按表现形式分	纸质提单	Bill of lading，B/L
	电子提单	Electronics bill of lading
按货物是否已装船分	已装船提单	On board bill of lading
	收货代运提单	Received for shipment B/L
对货物外包装状况分	清洁提单	Clean B/L
	不清洁提单	Unclean B/L
按提单收货人分	记名提单	Straight B/L
	不记名提单	Open B/L
	空白抬头提单	Blank B/L
	指示提单	Order B/L

续表

分类方法	提单种类	英文名称
按不同运输方式分	直达提单	Direct B/L
	转船提单	Transshipment B/L
	多式联运提单	Combined transport B/L
按提单签发人不同分	承运人提单	Master B/L
	无船承运人提单	NVOCC B/L
	货代提单	House B/L
按提单签发时间不同分	预借提单	Advanced B/L
	倒签提单	Anti-dated B/L
	顺签提单	Post-dated B/L

（三）海运提单的缮制规范

《UCP 600》对海运提单的规定主要集中在第三十条，其中有 a、b、c、d 4 款的具体规定。

1．托运人（Shipper）

与海运托运单相应栏目填法相同，若信用证没有特别规定可以是任何人。

2．收货人（Consignee）

与海运托运单相应栏目填法相同，必须与信用证规定的一致。

（1）如果提单的“收货人”一栏只填写“To Order”，则称为托运人指示提单，记载“To Order Of Shipper”与记载“To Order”一样，也是托运人指示提单，在托运人未指定收货人或受让人以前，货物仍然属于托运人。

（2）如果提单的“收货人”一栏填写“To Order Of ×××”，则称为记名指示提单，在这种情况下，由记名的指示人指定收货人或受让人，记名的指示人可以是银行也可以是贸易商。

（3）记名抬头的填写。现在的实务中，出口做 FOB 术语的很多，这类提单的大多数是做记名抬头的。

3．通知人（Notify Party）

几乎所有的提单上都有通知人这一项，但在记名提单上就没有必要再填写通知人，这时可以填写“Same As Consignee”。

（1）通知人有时还作为预定收货人、第二收货人或代理人。

（2）通知人必须与信用证规定的完全一致。如信用证没规定，此栏可不填，即使已经填写了内容，银行可以接受但不必进行审核。

4．收货地（Place Of Receipt）

此栏填报实际收货地点，如工厂、仓库等，在一般海运提单中，没有此栏目，但在多式联运单中有此栏目。

5．装运港（Port Of Loading）

与海运托运单相应栏目填法相同，必须与信用证规定的装运港一致。

根据《UCP 600》，通过预先印就的文字，或已装船批注注明货物的装运日期表明货物已在信用证规定的装运港装上具名船只，银行可以接受。

6．船名（name of the vessel）

（1）若是已装船提单，此栏注明船名和航次，若是收货待运提单，在货物实际装船完毕后再写船名。该项记载的意义有多方面：便于购买保险、便于跟踪查询、便于发生合同纠纷时法院有确定的客体，可采取诉讼保全等。

（2）根据《UCP 600》，如果提单没有表明信用证规定的装货港为装货港，或者载有“预期的”或类似的关于装运港的限定语，则需以已装船批注表明信用证规定的装货港。发运日期以及实际船名，即使提单以事先印就的文字表明了货物已装载或装运于具名船只，本规定仍适用。

（3）根据《UCP 600》，如果提单载有“预期船只”或类似的关于船名的限定语，则须以已装运船批注明确发运日期以及实际船名。

（4）此栏必须填写船名和航次（Voy No），如没有航次，允许航次空白。

7．转运港（Port Of Transshipment）

就提单而言，转运系指在信用证规定的装货港到卸货港之间的运输过程中，将货物从一船卸下并再装上另一船的行为。发生转运时，填写转运港名称，必要时加注所在国家名称。

（1）根据《UCP 600》，提单可以表明货物将要或可能被转运，只要全程运输由同一提单涵盖。

（2）即使信用证禁止转运，注明将要或可能发生转运的提单，银行仍可接受，只要其表明货物由集装箱（Container）、拖车（Trailer）或子船（LASH Barge）运输。

（3）提单中声明承运人保留转运权利的条款银行将不予理会。

8．卸货港（Port Of Discharge）

与海运托运单相应栏目填法相同，在信用证结汇时，提单须表明货物从信用证规定的装港发运至卸货港。

9．交付地（Place Of Delivery）

根据实际情况填写交货地名称，如果收货地与交货地都空白，就是海运提单，而不是多式联运提单。

10．签发的提单份数（Number Of Original H/Ls）

与海运托运单相应栏目填法相同。

（1）根据《UCP 600》，信用证规定的每一种单据须至少提交一份正本。银行应将任何带有看似出单人的原始签名、标记、印戳或标签的单据视为正本单据（Original），除非单据本身表明其非正本。

（2）如果信用证要求提交单据的副本，即提交正本或副本均可。

（3）提单为唯一的正本提单，如果以多份正本出具，提单中须表明全套正本的份数。

11．提单号（B/L No）

提单号一般按装货单上的关单号填写在提单规定的此栏内。

不同船公司有不同的提单号组成规则。通常，提单号由代表船公司名称的英文代码，加上装港英文代码或目的港英文代码，或加上代表该航次数字和订舱顺序号数字等组成。提单号是查询报检、报关、跟踪货物、收运杂费，归档等环节中不可缺少的一项重要内容。

12．标记与号码，箱号与封号（Marks & Nos，Container/ Seal No）

此栏与海运托运单相应栏目填法相同。

（1）提单上的标记、号码应与信用证和其他单据中的唛头一致。若没有唛头时，用“N/M”表示，不得空白。

（2）托运时，一般箱封号可以不填，但在提单上必须填报每一个集装箱的箱号、封号。

13．箱数与件数（No Of Pkgs Or Shipping Units）

与海运托运单相应栏目填法相同。

一般提单上的箱数或件数不允许作任何更改，也不允许盖更正章，一旦发生赔偿时，此箱数或件数是计赔的一个计量数，即赔偿金额=件数×赔偿费率。

14．货物名称与包装种类（Description Of Goods And Pkgs）

与海运托运单相应栏目填法相同。

15．毛重（Gross Weight）

与海运托运单相应栏目填法相同。

当货物没有毛重只有净重时，可以在毛重栏目内显示净重“NW××KGS”，不允许空白。

16．体积（Measurement）

海运托运单相应栏目填法相同，一般以立方米（CBM）为计量单位。

17．总箱数/货物总件数（Total Number Of Container And/ Or Packages In Words）

用英文大写字母来填写集装箱的总箱数或货物的总件数。

一般提单上的总箱数或总件数不允许作任何更改，也不允许盖更正章。

18．控制温度指令（Temperature Control Instruction）

如果为冷藏集装箱，此栏填写要求的冷藏温度；非冷藏货物，此栏为空。

19．运费的支付（Payment Of Freight）

与海运托运单相应栏目填法相同。

20．货物价值申报（Excess Value Declaration）

如果托运人有货物价值向承运人申报，可填写在此栏内，如果不需要对货物价值进行申报，此栏为空。

21．已装船批注、装船日期、装运日期（shipped on board the vessel date、signature）

根据《UCP 600》，通过以下两种方式表明货物已在信用证规定的装货港装上具名船只：

（1）提单上预先印就“已装船”文字或相同意思，如：“Shipped on board the vessel named here in apparent good order and condition”或“Shipped in apparent good order and condition”。这种提单通常被称为“已装船提单”，不必另行加注“已装船”批注。提单的出具日期就是发运日期，除非提单载有表明发运日期的已装船批注，此时已装船批注中显示的日期将被视为发运日期。

（2）如果提单载有“预明船只”或类似的关于船名的限定语，则须以已装船批注明确发运日期以及实际船名，通常这种提单被称为“收妥备运提单”，提单上加注“已装船”（On board）批注旁边显示的是装船日期即为发运日期，而提单的出具日期不能视作发运日期。

22．签发的提单日期和地点（Place And Date Of Issue）

与海运托运单相应栏目填法相同。

（1）签发地点一般是装货港的所在地，如与该地不一致，银行也可以接受。

（2）每张提单必须有签发日期。

23．承运人或承运人代理人签字、盖章（Sign or Authenticate）

根据《UCP 600》，无论提单名称如何，须表明承运人名称并由下列人员签署和证实：

（1）承运人或其具名代理人。

（2）船长或其具名代理人。

（3）承运人、船长或代理人的任何签字必须标明其承运人、船长或代理人的身份。

（4）代理人的任何签字必须标明其系代表承运人还是船长签字。

常见提单签发人和表示方法见表 4-2-2。

表 4-2-2　常见提单签发人和表示方法

签发人	表示方法	备注
由承运人或其具名代理人	××× as carrier	承运人、船长或代理人的任何签字必须标明身份
	As agent for or on behalf of the carrier	
由船长或其具名代理人	××× as master	代理人签字必须标明其系代表承运人还是船长签字
	As agent for or on behalf of the master	

24．目的港提货代理（F/Agent Name For Delivery）

填写承运人或其代理人在目的港提货点联系的公司名称、地址、电话、传真等。

25．单据名称（Title）

根据《UCP 600》，无论提单名称如何，表明承运人名称并由承运人、船长或其具名代理人签署的，表明货物已在信用证规定的装货港装上具名船只，并从信用证规定的装货港发运至卸货港的运输单据，都被银行接受。

26．清洁提单（Clean B/L）

清洁提单是指承运人对货物表面状况未载有明确宣称"货物或包装有缺陷"的条款或批注。根据《UCP 600》第二十七条规定，银行只接受清洁运输单据。"清洁"一词并不需要在运输单据上出现，即使信用证要求运输单据为"清洁已装船"的。

（四）提单的使用

1．提单的确认（Confirm）

提单的确认包括提单内容的确认和提单签发人、签发日期、签发地点、签发份数的确认。在信用证项下，提单的确认应严格做到"单单相符、单证相符、单货相符"，并符合《UCP 600》有关运输单据的规定。

提单确认有两个环节：

（1）托运人在报关后开船前的确认。

托运人在报关后将提单的每一项内容按照托运单输入规定格式的电子提单中，然后打印成纸质"提单确认样张"，将此样张传真或电子传送给委托人，在载货船舶起航之前进行书面核对，及时修改，并将修改后的"提单确认样张"保存在电脑规定的文档中。

（2）当货物装上船离境后的确认。

将已经由委托人确认后的"提单确认样张"打印在承运人规定格式的提单上，持凭有承运人签收的"场站收据"或持凭有 EDI 系统显示海关"已放关和货已装运"的装运记载，交由承运人盖章并签发正本提单。取得提单后应再核对承运人签发的日期、地点、份数，使签发的提单同时符合信用证要求和《UCP 600》中对签单人的有关规定。

2．提单的背书（Endorse）

提单是"物权凭证"，不论是记名提单、不记名提单，还是指示提单，收货人在持凭提单换取提货单时都要在提单上载有提货意思的表示。通常由收货人在提单背面上盖章、签字。

（1）关于提单的背书与转让。

按国际惯例记名提单不得转让；不记名提单无须背书即可转让，此单提货时的盖章、签字仅仅是记载提货的表示；指示提单必须经过记名背书或空白背书才可以转让，此单提货时的盖章、签字才是真正意义上提单的背书。

（2）关于背书形式。

1）记名背书。记名背书是指背书人在提单背面写明被背书人（受让人）的名称，并由背书人签名的背书形式。经过记名背书的提单成为记名提单性质的指示提单。

2）不记名背书。不记名背书也称为空白背书，是指背书人在提单背面由自己签名但不记载任何受让人的背书形式。经过空白背书的提单成为不记名提单性质的指示提单。

3）指示背书。指示背书是指背书人在提单背面写明“凭×指示”的字样，同时由背书人签名的背书形式。经过指示背书的指示提单还可以继续进行背书，但背书必须连续。

3．提单的更正（Amendment）

（1）开船前的提单更正。

托运人在开船前要求提单更正时，在不损害承运人、其他托运人的利益，也不违反海关的有关规定下，一般船公司或其代理应予以满足。

（2）船已驶离，收货人还未提货前的提单更正。

托运人在船已驶离收货人且尚未提货前提出要求更正提单时，必须出示书面的正式更改申请书并保证支付由此产生的一切费用，在不损害承运人、其他托运人利益，也不违反海关的有关规定情况下，一般船公司或其代理也应予以满足。但有时候这种更改的费用相当昂贵。

4．倒签提单（Anti Dated Bill Of Lading）

倒签提单是指在货物装船完毕后，承运人或其代理人应托运人的要求，由承运人或其代理人签发提单，但提单上的签发日期早于该批货物实际装船完毕的日期，以符合信用证装运期的规定。这种倒填日期签发的提单称为倒签提单。

表面上倒签提单使得提单签发日期与信用证规定的装运期相吻合，方便了结汇，但它改变不了实际开航日期和抵达日期的真实情况。一旦这种倒签日期因没有提前征得收货人同意而被发现，后果是严重的。承运人的这种倒签提单行为虽然是在托运人的正式请求下进行，但也要承担由此而带来的风险和责任。

5．过期提单（Stale Bill Of Lading）

过期提单是指出口商取得提单后未能及时到银行或过了银行规定的交单期限未议付而形成的过期提单，习惯上也称为滞期提单。

按照《UCP 600》的规定，凡超过发运日期 21 个日历日后提交的提单为过期提单，但在任何情况下都不得迟于信用证的截止日。如信用证有效期或信用证规定的交单期早于此限期，则以效期或规定的交单期为最后期限。

一般银行不接受过期提单，但过期提单并非无效提单，提单持有人仍然可凭此要求承运人交付货物。

6．预借提单（Advanced Bill Of Lading）

由于信用证发运日和截止日都将到期而货物因故尚未装船，或已开始装船尚未完毕，在这种情况下，托运人为了交单结汇往往向承运人或其代理人提出预先签发并借到“已装船提单”，这种行为称为预借，借得的提单称为预借提单。

预借提单必然是倒签提单，承运人承担的风险比倒签提单更大。按照许多国家的规定，承运人签发预借提单将丧失享受责任限制和免责的权利。

7．电子提单（Electronic Bill Of Lading）

电子提单是为适应 EDI 需要而设计的非书面化提单，每个环节包括签发、通知、放货都是以电子报文和回执确认的方式进行。承运人在接收发货人货物后给予发货人一个收到货物的电子报文，该报文中除了纸质提单的正面全部内容外，还包括一个传输电讯报文的“密码”，发货人收到后必须确认该项收讯，承运人或其代理人根据该项确认认可发货人为提单持有人。如果提单持有人要求承运人放货或指定收货人或向另一方转让货物时，都必须用含有该“密码”的电讯报文通知承运人或其代理人。

电子提单转让时由原持有人向承运人发出通知并指明受让人的名称和详细地址，承运人据以向受让人发出电讯回执，以示同意。如受让人电讯确认接受转让，承运人销毁“原密码”，并向新收货人发出一个“新密码”以确认。电子提单每经过一次转让，都须换一个新密码。

电子提单的所有电讯都通过 EDI 程序处理，其电子数据等同于书面形式。在承运人交货之前的任何时间，提单持有人都有权索要书面提单或保持电子提单。

8．电放提单（Telex Release Bill Of Lading）

（1）含义。

在货物装船完毕，承运人或其代理人已经签发了提单或已将提单交给了托运人，应托运人的要求，承运人或其代理人收回全套正本提单，并以电传、传真、电子文件、电报等形式通知其在卸货港代理将货物交给提单收货人。这种操作方式称为“电放”，这种方式下的提单称为“电放提单”。

（2）形式。

在实际业务中，主要有两种电放提单形式（见表 4-2-3）：

1）承运人或其代理人在每张正本提单上加盖“电放”（SURRENDERED）或（TELEX RE-LEASE ORIGINAL B/L ）字样的图章，并将盖章后的提单发送给承运人卸货港代理，凭以放货。

2）承运人或其代理人收回全套正本提单，出具一张“电放电文”并发送给其卸货港代理，凭以放货。电放电文大意：“Herewith advised that full sets original hand already surrendered at ××× by carrier in ××× Please release the shipment to consignee called ‘×××’ against this surrender notice after collect relevant charges at your side without original Bill of Lading .”

（3）电放提单的适用性。

1）对于不记名提单或记名提单中收货人通讯方式不详细者，承运人或其代理人不接受电放。

2）对于运费未结清的提单，承运人或其代理人不接受电放。

3）对于提单正本份数不齐全，承运人或其代理人也不接受电放。

表 4-2-3 电放提单

海运提单样例

<table>
<tr><td colspan="3">SHIPPER：</td><td colspan="2" rowspan="3">B/L NO.：

SHANGHAI GUANGDA CO. , LTD .</td></tr>
<tr><td colspan="3">CONSIGNEE：</td></tr>
<tr><td colspan="3">NOTIFY：</td></tr>
<tr><td colspan="2">PRE CARRIAGE BY</td><td>PORT OF LOADING</td><td colspan="2">PORT OF RECEIPT</td></tr>
<tr><td colspan="2">OCEAN VESSEL / VOYAGE NO.</td><td>PORT OF DISCHARGE</td><td colspan="2">PLACE OF DELIVERY</td></tr>
<tr><td>MKS& NOS.
CONTAINER NO. SEAL NUMBER</td><td>NOS AND
KIND OF PKGS</td><td>DESCRIPTION OF GOODS</td><td>GROSS WEIGHT</td><td>MEASURE-MENT</td></tr>
<tr><td></td><td></td><td></td><td></td><td></td></tr>
<tr><td colspan="5">TOTAL NO. OF CONTAINERS
OR PACKAGES （IN WORDS）：</td></tr>
<tr><td colspan="3" rowspan="3">OVERSEA OFFICE OR DESTINATION PORT AGENT</td><td>NO. OF ORIGINAL B/Ls</td><td>FREIGHT PAYBALE AT</td></tr>
<tr><td>ON BOARD DATE</td><td>PLACE & DATE OF ISSUE</td></tr>
<tr><td colspan="2">SIGNED BY：

AS AGENT FOR THE CARRIER</td></tr>
</table>

四、保险单据

（一）保险单含义

保险单是保险公司与投保人订立保险合同的书面证明。保险单由保险公司出具，主要载明保险公司与被保险人之间的权利、义务关系，是被保险人向保险公司索赔的主要依据，也是保险公司理赔的主要凭证。

在《中华人民共和国保险法》中，保险单简称“保单”，是投保人与保险人之间订立的正式书面保险合同的一种。它由保险人签发给投保人，完整地记载了合同双方当事人的权利和义务，是被保险人索赔或给付的依据和凭证。

（二）常用保险单据种类

目前在我国进出口业务中应用的保险单据主要有以下几种。

（1）保险单（Insurance Policy）：这是一种正规的保险合同，是完整独立的保险文件。其内容主要有被保险人、保险标的、运输工具、险别、起讫地点、保险期限、保险金额。保单背面印有货物运输保险条款（一般表明承保的基本险别条款之内容），还列有保险人的责任范围及保险人与被保险人各自的权利、义务等方面的条款，俗称大保单。

（2）保险凭证（Insurance Certificate）：指保险公司生效成立的证明文件，这是一种比较简化的保险单据。它包括了保险单的基本内容，但不附有保险条款全文。这种保险凭证与保险单有同等的法律效力，俗称小保单。

（3）预约保险单（Open Policy）：进口贸易中，被保险人（一般为进口人）与保险人之间订立的总合同。订立这种合同既可以简化保险手续，又可使货物一经装运就立即取得保障。

（4）保险声明（Insurance Declaration）：预约保险单项下的货物一经确定装船，要求被保险人立即以保险声明书的形式，将该批货物的名称、数量、保险金额、船名、起讫港口、航次、开航日期等通知保险人，银行可将保险声明书当做一项单据予以接受。根据《UCP 600》的规定，银行可以接受保险单预约保险项下的保险证明书或声明书。

（5）保险批单（Endorsement）：保险单出立后，如需变更其内容，可由保险公司另出的凭证注明更改或补充的内容，称为批单。其须粘在保险单上并加盖骑缝章，作为保险单不可分割的一部分。

还有一种暂保单（Cover Note），是由保险经纪人（Insurance Broker）即投保人的代理人出具的非正式保单。根据《UCP 600》的规定，暂保单将不被接受。

在实际业务中，最常用的保险单据是保险单（Insurance Policy）。

（三）保险单的制作和注意事项

1. 保险单的内容及制作

各家保险公司根据自身印制的保险单固定格式和投保要求，制作保险单，一般有以下这些内容（保险单样例见表 4-2-4）。

表 4-2-4 保险单样例

PICC	中国××财产保险股份有限公司 PICC Property and Casualty Company Limited

总公司设于北京 一九四九年创立
Head Office Beijing Established in 1949

货 物 运 输 保 险 单
CARGO TRANSPORTATION INSURANCE POLICY

发票号码 **Invoice No.**	JF200210		
合同号码 **Contract No.**	KFY1230/2020	保单号次 **Policy No.**	11-75269
信用证号 **Credit No.**			
被保险人 **Insured:**	JIANGXI ×××× CO., LTD.		

中国××财产保险有限公司（以下简称本公司）根据被保险人的要求，及其所缴付约定的保险费，按照本保险单承担险别和背面所载条款与下列特别条款承保下列货物运输保险，特签发本保险单。

This policy of Insurance witnesses that The People Insurance （Property）Company of China，LtD.（hereinafter called the Company）at the request of the Insured and in consideration of the agreed premium paid by the Insured，undertakes to insure the under mentioned goods in transportation

subject to the conditions of this Policy as per the Clauses printed overleaf and other special clauses attached hereon.

标记 **Marks & No.**	包装及数量 **Quantity**	保险货物项目 **Description of goods**	保险金额 **Amount Insured**

总保险金额
Total Amount Insured:

保险费 **Premium**	**As arranged**	启运日期 **Date of commencement**	装载运输工具 **Per conveyance**
自 **From**		经 **Via**	至 **To**

承保险别 **Conditions:**

所保货物，如发生本保险单项下可能引起索赔的损失或损坏，应立即通知本公司下述代理人查勘。如有索赔，应向本公司提交保险单正本（本保险单共有 2 份正本）及有关文件。如一份正本已用于索赔，其余正本则自动失效。

In the event of damage which may result in a claim under this Policy，immediate notice be given to the Company Agent as mentioned hereunder. Claims，if any，one of the Original Policy which has been issued in **TWO** Original（s）together with the relevant documents shall be surrendered to be Comp any，if one of the Original Policy has been accomplished，the others to be void.

续表

<table>
<tr><td colspan="4">Insurance agent at destination：</td></tr>
<tr><td colspan="4">SINGAPORE INSURANCE COMPANY
456 PACIFIC AVENUE
SINGAPORE</td></tr>
<tr><td>赔款偿付地点</td><td colspan="2"></td><td rowspan="2">中国××财产保险股份有限公司江西省分公司</td></tr>
<tr><td>Claim payable at</td><td colspan="2">SINGAPORE</td></tr>
<tr><td>出单日期</td><td colspan="2"></td><td rowspan="4">PICC Property and Casualty Company Limited，Jiangxi Branch

钱保全

Authorized Signature</td></tr>
<tr><td>Issuing date</td><td colspan="2">20 FEB 2020</td></tr>
<tr><td>地址：</td><td colspan="2">中国江西南昌××路××号</td></tr>
<tr><td colspan="3">Address：No.××　×× Road，Nanchang，Jiangxi，China</td></tr>
</table>

（1）保险公司名称（Name Of Insurance Company）：此栏应根据信用证和合同要求到相应的保险公司去办理保险单据，尤其在信用证支付方式下，如来证规定“INSURANCE POLICY IN DUPLICATE BY PICC”，PICC 即中国人民保险公司，信用证要求出具由中国××保险公司出具的保险单。

（2）保险单据名称（Name）：此栏按照信用证和合同填制，如来证规定“INSURANCE POLAY IN DUPLICATE”，即要求出具保险单而非保险凭证（INSURANCE CERTIFICATE）等。

（3）发票号码（Invoice No）：此栏填写投保货物商业发票号码。

（4）保险单号（No.）：此栏填写由保险公司编列的保险单号码。

（5）被保险人（Insured）：又称保险单的抬头人。托收时，应填出口商；采用信用证，如信用证和合同无特别规定，通常有以下几种填写方法：

1）托收、T/T 汇款或信用证无特别规定时，此栏填出口商（即信用证受益人），并由出口商空白背书。

2）如果信用证规定保险单背书给特定方，如：Endorsed to order of opening bank，则在此栏填出口商，并在背面背书，注明 Claims，If any，Payable to order of ×××（特定方名称）。

3）如果信用证规定某特定方为被保险人，则在此栏填出口商（受益人）名称接 Held in favour ×××（特定方），或直接在此栏显示 In favour of ×××（特定方），受益人不需要背书。

4）如果信用证要求保险单做成指示抬头“To order”，则在被保险人栏目中填写 To order，再由受益人背书。这种方法的效果与以上第 1 种填受益人加背书的效果相同。

（6）标记（Marks And Nos）：此栏填制装运唛头，与发票、提单上同一栏目内容相同或填上“As per invoice Nos ×××”。

（7）包装及数量（Quantity）：此栏填制最大包装件数，与提单上同一栏目内容相同。

（8）保险货物项目（Description Of Goods）：按发票品名填写，如品名繁多，可使用统称，即与提单上名称相同。

（9）保险金额（Amount Insured）：保险金额是指保险人承担赔偿或者给付保险金责任的

最高限额（已包括贸易方利润），这是计收保险费的基础，保险金额按照合同和信用证上的要求填制，至少是货物的 CF 或 CIP 价的 110%。如 CF、CIP 价无法确定，则以发票金额加一成（即 110%的发票金额）填写，采用信用证时，按信用证中关于发票额加成比例投保，信用证对投保金额的规定，视作最低投保金额的要求，如果发票金额扣除佣金时，必须以货物总价值为基础来计算保险金额。如因保额加成大，超过出口商原承担保费的话，差额保险费可酌情另行向进口商收取。当保险加成超过 20%以上时，需事先征得保险人同意。

如货价中含有佣金，保额应为扣佣前的 110%的发票金额。如果所计算出的保险金额有小数，必须采用进一法而不是四舍五入法，即不论是“1 008.23 还是“1 008.54”都按“1 009”填。保险金额的大小写必须一致。

（10）总保险金额（Amount Insured In Capital）：这一栏目只需将第 9 栏中的保险金额以大写的形式填入，计价货币也应以全称形式填入，注意：保险金额使用的货币单位应与信用证中的一致。

（11）保费（Premium）：此栏一般由保险公司填制或已印好“AS ARRANGED”，除非信用证另有规定，如" INSURANCE POLICY ENDORSED IN BLANK FULL. INVOICE VALUE PLUS 10% MARKED PREMIUM PAID 时，此栏就填入 PAID 或把已印好的“AS ARRANGED”删去加盖校对章后打上“PAID”字样。

（12）费率（Rate）：此栏由保险公司填制或已印上“AS ARRANGED”字样。

（13）装载运输工具（Per Conveyance S.S）：此栏应按照实际情况填写，当运输由两段或两段以上运程完成时，应把各程运输的船只名填在上面，如：提单上的一程船名是“East Wind”，二程船名为“Red Star”，本栏应这样填：East Wind/RED STAR，以此类推。

（14）开船日期（Sailing On Or About）此栏填制提单的签发日期或签发日期前 5 天内的任何一天，或可简单填上 AS PER B/L。

（15）起讫地点（From…To…）：此栏填制货物实际装运的起运港口和目的港口名称，货物如转船，也应把转船地点填上如 FROM SHANGHAI，CHINA TO NEW YORK，USA VIA HONGKONG（OR W/ T HONGKONG），如海运至目的港，保险承保到内陆城市，应在目的港后注明该内陆城市。

例如：FROM NINGBO TO LIVERPOOL AND THENCE TO BIRMINGHAM。

（16）承保险别（Conditions）：此栏应根据信用证或合同中的保险条款要求填制，并注明保险条款名称。

（17）赔款偿付地点（Claim Payable At…）：通常将运输目的地作为赔偿地点，《UCP 600》注明了“当信用证规定投保一切险时，如果保险单载有一切险，无论是否有一切险标题，均被接受”，保险单可以援引任何除外责任条款。赔款货币为投保金额相同的货币。当信用证或合同另有规定时，则依照填写如来证要求“INSURANCE CLAIMS PAYABLE AT A THIRD COUNTRY GERMANY”，此时，应把第三国“GERMANY”填入此栏。

（18）日期（Date）：此栏填制保险单的签发日期，由于保险公司提供仓至仓服务，所以保险手续应在货物离开出口方仓库前办理，保险单的签发日期应不早于货物离开仓库的日期和不于提单签发的日期。

（19）投保地点（Place）：此栏一般填制装运港口的名称。

（20）盖章和签字（Stamp & Signature）：此栏盖与第一栏相同的保险公司印章及其负责人的签字。

（21）特殊条款（Special Conditions）：如信用证和合同中对保险单据有特殊要求就填在此栏中。如来证要求“L/C NO. MUST BE INDICATED IN ALL DOCUMENTS”，即在此栏中填入 LC NO.×××。

（22）保险单的份数和“ORIGINAL”字样：《跟单信用证统一惯例》条款中规定，正本保险上必须有“ORIGINAI”字样，并显示该套保险单据正本的出具份数，如信用证无明确规定保险的份数时，保险公司一般出具一套三份正本（ORIGINAL）的保险单。

在信用证没有特别规定交几份的情况下，必须向银行提交全套正本，如果保险单据未注明份数，而信用证也没有特别规定，则银行可以接受只提交一份正本的保险单据，但该保险单据必须注明系唯一正本。

（23）投保币种：如果信用证没有特别规定，应与信用证中的币种一致。

（24）免赔率：如果信用证要求不计免赔率（Irrespective Of Percentage，简称 IOP），则保险单据中不应表明含有此类条款。但是如果信用证未明确规定，银行可接受表明有免赔率和免赔额的保险单。

（25）赔付代理人：保险赔付代理人的名称及地址，一般是在货物的进口地。

（26）查勘人：保险查勘人的名称及地址，而且其所在地一般情况下就是货物的进口地。

2．办理投保手续

投保人办理投保，是指投保人向保险人表示订立保险合同的意愿，提出投保申请。投保人应在运输工具起运前，备妥货物并确定装运日后，及时办理投保。投保人必须将有关要求告诉保险公司，向保险人提出邀约或询价填写投保申请单，并随附发票或提单等。保险公司对此审核无误后，以此为依据出具保险单或其他保险单据，收取保险费。

投保申请单（简称投保单）一般是保险人根据不同险种事先设计内容格式，由投保人在投保时填写，投保人应根据贸易、运输、货物的实际情况（如采用信用证方式，还需按来证要求），明确写出需投保的险别，提出相关的保险要求，并告之货物及装运情况，投保单所写明的事实内容，是保险人据此作为风险衡量、保费计费、合同订立（出保单）的依据。各企业投保申请格式不完全一致，但无论哪种格式，都包括以下这些主要内容：

（1）投保人名称。

（2）发票号码和标记。

（3）包装及数量（件数）。

（4）货物名称。

（5）保险金额。

（6）运输工具。

（7）开航日期。

（8）赔付地及币制。

（9）运输路程。

（10）承保险别。

（11）投保单位签章和投保日期。

填制投保单时，具体注意事项可参见保险单的制作。

3．保险单的转让

海运保险单可以经背书而转让，保险单项下的利益经被保险人背书后即随着保险货物的所有权的转移自动转到受让人手中，通常情况下，保险单的背书转让与提单的转让相一致，受让人有权以自己的名义要求保险人在出险时承担范围内的损失。

任务三　进口国官方要求的附属单据

一、海关发票

海关发票是一种从作用到填制方法都与商业发票不同的特殊单据，它是根据某些进口国海关的规定，由出口商填制的一种特定格式的发票，可供进口商凭此向海关办理进口报关、纳税等手续。

海关发票采用进口国海关自身制订的固定格式，各国海关发票的单据名称和详细内容不完全相同。

（一）作用和内容

（1）进口商凭以报关，进口国海关估价完税的凭证。

（2）进口国海关核定货物原产地，征收差别关税，核查进口商品价格，决定是否征收反倾销关税的依据。

（3）作为进口国海关编制统计资料之用。

总体来说，海关发票中的内容应与商业发票或其他单据相一致。它的内容主要有商品的价值（Value）和商品的产地（Origin Of Goods）。

（二）制作注意事项

（1）因为海关发票的格式是由进口国海关制订的，各国格式不同，出口商在使用时，不能搞错格式，应使用相应国家海关的格式。

（2）由于海关发票中相关金额是进口国海关征税的一个依据，为避免被征收反倾销税，必须做到以本币表示的国内生产价格小于出口价格。

（3）海关发票上与其他单据的相同项目必须相互一致。如运费需与提单上一致，品名和金额须与发票上的一致。

（4）有的海关发票必须有证明人（Witness）签字（手签），证明人与单据签名者不能为同一人，也不能是其他货运单据上的签字人。若中间有更改，不能用盖校正章的方法，应用钢笔在更改处小签。

证明句子部分必须是以个人名义叙述，不能加盖公司印章。目前经常使用的有加拿大海关发票，其他的已不多见。如信用证要求提供的海关发票，在国内尚属罕见的，可向进口商索取空白格式，按上面所标栏目进行填制。

二、领事发票

领事发票（Consular Invoice）又称签证发票，是按某些国家法令规定，出口商对其国家输入货物时必须取得进口国在出口国或其邻近地区的领事签证的、作为装运单据部分和货物进口报关的前提条件之一的特殊发票。

领事发票的主要作用：

（1）作为进口国海关收取进口关税的依据。

（2）证明出口商提供的商品数量、价格的真实性。

（3）增加领事馆收入。

领事发票和商业发票是平行的单据，领事发票是一份官方签发单证，有些国家规定了领事发票的固定格式，这种格式可以从领事馆获得。在实际工作中，比较多的情况是有些国家来证规定由其领事在商业发票上认证，认证的目的是证实商品的确实产地，收取认证费。对此，在计算出口价格时，应将这笔费用考虑进去。

目前，在实际操作中，除有些拉美、中东国家外已很少使用领事发票。需要注意的是：①如果出口商无法提供此类单据，应及时告诉进口商（如果信用证有此种条款无法办到时，应要求修改信用证)；②如果办理此类单据，则需要提早准备，以防非出口方原因，造成延误，影响交单收汇和进口商清关提货。

三、厂商发票

厂商发票（Manufacturer Invoice）是厂方出具给出口商的销售货物的凭证，以本国货币显示货物在出口国国内市场的出厂价格。信用证要求提供厂商发票，其目的是供进口国海关检查是否有削价倾销行为，以便确定是否征收“反倾销税”。

厂商发票的基本制作要求如下：

（1）在单据上部要印有醒目粗体字“厂商发票”（Manufacturer Invoice）字样。

（2）抬头人填写出口商。

（3）出票日期应早于商业发票日期。

（4）货物名称、规格、数量、件数必须与商业发票一致。

（5）货币应打出口国币制，价格的填制可按发票货价适当打个折扣，例如按 FOB 价打九折或八五折。

（6）货物出厂时，一般无出口装运标记，厂商发票不必缮打运输标志，如来证有明确规定，则厂商发票也应打上运输标志。

（7）厂方作为出单人，由厂方负责人签字盖章。

任务四　买方需要的其他附属单据

一、装运通知

装运通知（Shipping Advice）是卖方应买方的要求，在出口货物装船完毕后，及时通过传真方式或其他方式，向买方（进口方）或进口商指定的保险公司、报关公司发出的关于货物已装船的详细通知，以便进口商及时办理保险、申请进口许可和安排接收货物及办理清关等事宜。没有特别规定时，装运通知应发给进口商（信用证项下，发给开证人）。

在以 FOB、CFR 价格条件成交出口贸易合同下，发货人在货物装船完毕后向收货人发出装运通知则作为合同的一项要件。如货物的丢失、损害是由于发货人在货物装船完毕后没有向收货人发出装船通知，致使收货人未能及时投保，则该货物的丢失、损害由发货人负责赔偿。

装运通知的内容一般有订单或合同号、信用证号、商品名称和数量、总值、唛头、载货船舶名称、装运口岸、装运日期、船名及开航日期等。在实际业务中，应根据信用证的要求和对客户的习惯做法，将上述项目适当地列明在电文中。

进口商往往在信用证中要求提交单据中包括装运通知副本，此时单据上需要写明“装运通知”或信用证规定的名称。

一般而言，装运通知可以不签署，但是如果信用证规定“Beneficiary Certified Copy Of Shipping Advice”，那么受益人必须在该通知上进行签字盖章。

二、出口商证明（寄单、寄样证明、货物补充说明、借记通知、贷记通知）

出口商证明亦称受益人证明（Beneficiary's Certificate），是由出口商（即信用证的受益人）签发的证实某件事实的单据。

常见的有寄单寄样证明，产品制造方面的证明，环保、人权方面，如非木质包装的证明等，用以说明出口商已履行了合同义务，（信用证项下）已按开证申请人要求办理某项工作或证实某件事，并达到了进口商的要求和其进口国的有关规定。

出口商证明的内容一般包括：单据名称、出证日期与地点、抬头人、事由、证明文句、受益人名称及签章等，其缮制要点如下。

1．单据名称

单据名称位于单据正上方，可根据来证要求确定具体名称。如“Beneficiary's Certificate”（受益人证明）、“Beneficiary's Statement”（受益人声明），或“Beneficiary's declaration”（受益人申明）。

2．出证日期

按照实际签发日期填写。一般而言，需与所证明的内容相匹配，根据需证实的内容而定，但必须在信用证规定的范围内。

例如：证明副本单据已经在装船后3天内寄给开证申请人，那么受益人证明的签发日期不应早于装船后3天。

3．抬头人

类似这样的公开证明或申明，一般都填写笼统的抬头人，即"TO WHOM IT MAY CONCERN"（致有关人士）。

4．事由

一般填写发票号或合同号。

5．证明文句

此项内容必须对应于信用证要求填写。

6．受益人名称及签章

受益人证明一般不分正副本。若来证要求正本，可在单据名称正下方打上"Original"字样。证明的右下方必须有受益人即出口公司签章，才能生效。

（一）寄单、寄样证明

出口商证明（受益人证明）中最多见的是寄单、寄样证明。受益人根据信用证要求，在货物装运前后的一定期限内，向信用证规定的收受人寄送单据、码样、船样等物品，并提供相应的证明。

例如：信用证条款定："Beneficiary's certificate certifying that non- negotiable documents have been sent to applicant by DHL"。对此，受益人应该按照L/C及时办理寄送，并出具符合要求的证明。

（二）货物补充说明

有的信用证规定出口商需要提供一些补充说明货物品质、包装情况、货物产地等信息的证明，为受益人已经做的某些行为出具证明。例如：

关于货物吊牌的证明文句：We certify that each item is labeled "Made in China"。

有的国家规定进口货物不能使用木质包装，出口商需要出具非木质包装证明，以使进口货物顺利清关。关于非木质包装的文句：We certify that no solid wood material used in the packing.

有的国家对进口商品的品质规定严格，实施关税壁垒。这时进口商会在来证中要求提供相应证明（有时使用第三方检验机构出具的证明）。如：The goods we deliver have not contained any OZAdyes cleave off ammines listed in your regulations concerning articles of daily use.

这类证明的要求除本节开头处所提到的要点外，应按照具体证明内容填写。

（三）借记通知

在日常业务中，有时需要向进口商收取小额款项，出口商可开立借记通知（Debit Note），避免修改信用证和托收的繁琐手续和费用。

平时常见的是收取因保险责任扩展产生的保费金额、保险金额加成大幅度超过合同规定而增加的保费金额或信用证略微少开金额等情况。

撰写格式和文句根据具体情况，以正确表达意思即可。一般显示单据名称、被通知人、业务参考号（如合同号）、有关情况的说明、签字等内容。

（四）贷记通知

出口商用贷记通知告诉被通知人有一笔款项将进其账户。平时常见的用于通知佣金商支付佣金的情况。如信用证规定以《贷记通知单》（Credit Note）扣应付佣金的，那么发票金额开立 100%的货物总值，而汇票金额应是发票金额减去《贷记通知单》金额后的余额。

例如：

CREDIT NOTE

To ××× （被告诉的公司名称）Reference No.... （发票或合同号）

Please be advised that we have requested our banker to instruct the issuing bank to pay you the mentioned below as your commission which has been deducted from their payment to us.

5% commission on Invoice vale USD 100 000= USD 50 000

（signature...）

三、船公司证明

船公司证明（Shipping Company's Certificate）是船公司或船公司代理说明所载船舶某些特定事项的证明文件，是进口商为了了解货物运输情况或为了满足进口国当局规定而要求出口商提供的单据。

（1）船龄证明：一般船龄在 15 年以上的船为超龄船（保险公司不愿承保），所以进口商往往要求出具 15 年以下船龄的证明。

（2）船籍证明：用以说明载货船舶国籍。

（3）航程证明：说明航程中停靠的港口。

在内容方面，一般须注意：

（1）关联信息（Relation To Vessel）

需有与提单相关的信息，如提单号码、船名、航次等。

（2）制作日期（Issuing Date）

应有制作该证明的日期，并在信用证规定的时间段内。

（3）证明内容（Main Body）

需与信用证规定的相一致。

（4）签署（Sign）

需由与提单一致的承运人或其代理人签署。

四、保费收据

保费收据是保险公司出具的收取保险费的收据。因为我们此处是指用于进出口业务中的保费收据，所以需以外文表述。

有的信用证要求提供保费收据，以便进口商收货清关时，可据此证明 FOB 净值，并按此纳税。有的国家外汇管制要求，申请对外付汇时，必须有费用收据作为证明。

出口商应要求保险公司按照信用证（如非信用证收汇时，按合同）中条款规定制作，注意内容、投保人名称、保险公司名称等必须符合信用证的要求，并与保险单保持一致。

五、客户检验证书

尽管控制和检验货物质量是出口商和出口生产企业的事，但是有的进口客户会安排其检验人员到生产厂家实施检验，并签发质量检验报告。

当信用证要求出口商交单收汇时提供此种单时，出口商需特别注意避免不符合信用证的情况，因为，进口商容易利用此种出口商无法控制的单据形成的不符点，进行拒付、少付或不付货款。

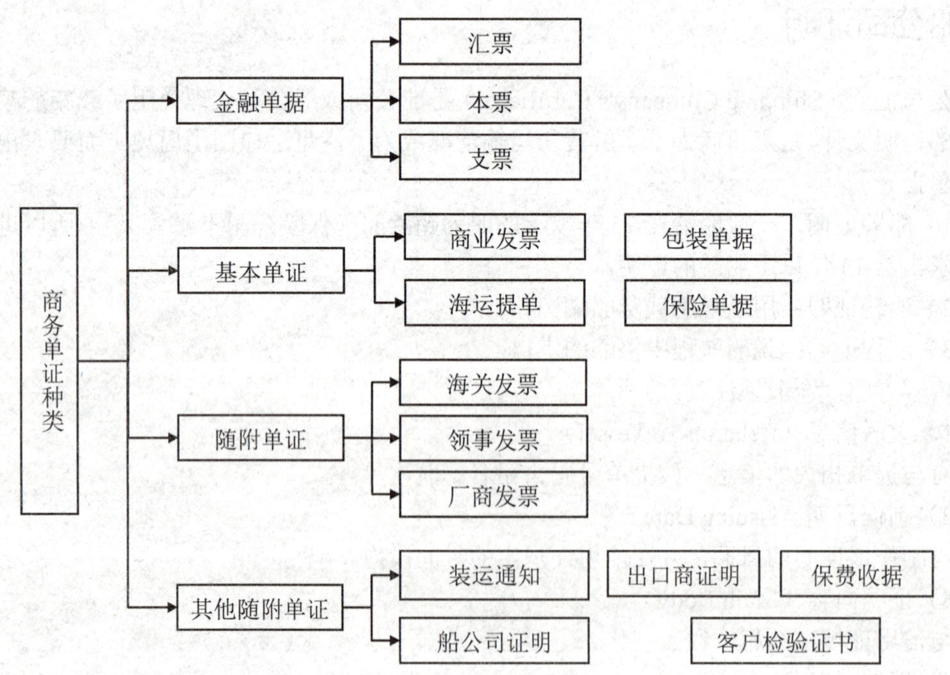

项目测试题

一、单选题

1．下面单证中，哪个可以不签署？（　　）

A．运输单据　　B．包装单据　　C．汇票　　D．保险单

2．信用证规定 Shipping documents must show P/O NO.5237。出口商制作（　　）时，可不显示此 P/O 的编号。

A．保险单　　B．发票　　C．空运单　　D．汇票

3．出口单证中最重要的单据，能让有关当事人了解一笔交易的全貌。其他单据都是以其为依据的单据是（　　）。

A．装箱单　　B．产地证书　　C．发票　　D．提单

4．信用证规定不迟于 10 月底装运大约一万双皮鞋，单价为 6 美元，总金额为 6 万美元，出口商最多可装运（　　）双皮鞋。

A．11 000　　B．10 000　　C．10 500　　D．10 300

5．凡“约”“大概”“大约”，或类似的词语用于信用证数量时，应理解为（　　）。

A．有关数量不超过 10%的增减幅度　　B．有关数量不超过 15%的增减幅度

C．有关数量的增减幅度可双方协议　　D．有关数量的增减幅度可按单方要求来定

6．在实际业务中，最常用的保险单据是（　　）。

A．保险凭证　　B．保险单　　C．预约保险单　　D．保险批单

7．厂商发票是厂方出具给出口商的销售货物的凭证。来证要求提供厂商发票，其目的是（　　）。

A．检查是否有削价倾销行为，以便确定是否征收“反倾销税”

B．是按某些国家法令规定，出口商对其国家输入货物时必须取得进口国在出口国或其邻近地区领事签证的、作为装运单据一部分和货物进口报关的前提条件之一的特殊发票

C．为进口商向其本国当局申请进口许可证或请求核批外汇之用

D．作为国际商务单据中的基础单据，是缮制报关单、产地证、报检单、投保单等其他单据的依据

8．商务单证中的汇票，指用于托收和信用证收汇方式中，出口商向进口商或银行签发的，要求后者即期或在一个固定的日期或在可以确定的将来时间，对某人或某指定人或持票人支付一定金额的无条件的书面支付命令。大部分情况下，使用（　　）。

A．光票　　B．跟单汇票　　C．银行汇票　　D．商业承兑汇票

9．关于汇票的出票人正确的有（　　）

A．信用证的开证人

B．出票人通常为信用证申请人

C．出票人通常为信用证议付行

D．出票人一般位于汇票右下角，通常为出口人或信用证的受益人，应具企业全称和负责人的签字盖章

10．L/C 在商品描述中显示：25 000pcs Men’s Shirts，L/C amount and quantity 5%more or less is acceptablE. 15 000pcs.to be delivered before July，31，10 000pcs to be deliered before Aug.20. 下面（　　）项做法是不正确的。

A．7 月底之前出运 15 000 件，8 月 20 日前出运 10 000 件

B．7 月底之前出运 15 000 件，8 月 20 日前出运 11 500 件

C．7 月底之前出运 15 500 件，8 月 20 日前出运 10 500 件

D．7 月底之前出运 14 500 件，8 月 20 日前出运 9 500 件

二、多选题

1．常见的出口商（受益人）证明有（　　）。

A．寄单证明　　B．寄样证明

C．保费收据　　D．货物补充证明

2．商业发票（Commercial Invoice），在实际工作中简称为发票（Invoice）。商业发票是（　　）。

A．出口方向进口方开列的发货价目清单

B．买卖双方记账的依据，也是进出口报关交税的总说明

C．它是商务单证中最重要的单据，能让有关当事人了解一笔交易的全貌

D．在不使用汇票时，向进口商收取货款的凭证

3．商业发票由出口企业自行拟制，无统一格式，但基本栏目大致相同。包括以下几个部分（　　）。

A．关于信用证介绍部分

B．首文部分包括发票名称、号码、出票日期地点、抬头人、合同号、运输线路等

C．本文部分包括货物描述、单价、总金额、唛头等

D．结文部分包括有关货物产地、包装材料等各种证明句、发票制作人签章等

4．运输标志是货物的识别标志，运输企业在装卸、搬运时，根据运输标志来识别货物，作为交货清单的发票，必须正确显示这一装运标志。它一般包括（　　）。

A．收货人简称　　B．合同号、目的港、件号等

C．重量、单价等　　D．体积和总价等

5．在显示发票付款人（抬头人）时，必须注意的事项有（　　）。

A．可以是空白的

B．如果信用证有指定抬头人的，按来证规定制单

C．如果该信用证已被转让，则银行也可接受由第二受益人提交的以第一受益人为抬头的发票

D．必须做成信用证的申请人名称、地址

6．发票中的贸易术语十分重要，以下说法正确的是（　　）

A．因为它涉及买卖双方责任的承担、费用的负担和风险的划分问题

B．发票中的贸易术语与运输单据上的运费支付的表述不能矛盾

C．另外，也是进口地海关核定关税的依据

D．价格可以根据具体情况酌情修改

7．如果信用证没有规定货物数量有增减幅度，只要同时符合下述（　　）条件，对货物数量的容差允许有 5%的增减幅度。

A．信用证未规定数量不得增减

B．信用证已有条款规定数量增减幅度

C．支取金额不超过信用证金额

D．货物数量不是按包装单位或个数计数的，如长度（米、码）；体积（立方米）；容量（升、加仑）；重量（吨、磅）等

8．以下单据中，对发票起补充作用的有（　　）

A．装箱单　　B．运输单据　　C．重量单　　D．保险单

9．出口商证明上可显示（　　）表示与同批货物其他单据关联。

A．提单号　　B．发票号　　C．合同号　　D．出口收汇核销单号

10．中性包装单据上，不能出现（　　）。

A．出口方名称　　B．进口方名称　　C．出口货物的产地　D．出口商地址

三、判断题

1．在出口发票上必须明确显示数量、单价、总值和贸易术语（价格条款）等。（　　）

2．如果信用证没有规定不允许，出口发票的出票日期可早于信用证的开证日。（　　）

3．信用证只规定了货物的总称，发票可写详细的货名，不出现总称。（　　）

4．汇票的出单日期可由交单行或托收行代填，但对外寄单时，此栏不能为空。（　　）

5．信用证中注明“Invoice in three copies”，受益人向银行交单时，提供了三张副本发票。此做法违反了信用证的规定。（　　）

6．对于需要法定商检的出口商品，必须在报关前完成商检手续。（　　）

7．海关发票中的主要内容有商品的价值（VALUE）和商品的产地（ORIGIN OF GOODS）。（　　）

8．托收业务的汇票的出票条款处，可标明有关合约号。（　　）

9．领事发票和商业发票是平行的单据，领事发票是一份官方的单证，有些国家规定了领事发票的固定格式，这种格式可以从领事馆获得。（　　）

10．作为可以支取信用证金额的凭证，汇票在本质上是一种单据，而不是票据。（　　）

项目四测试题答案：

一、单选题 1～5 B D C B A　　6～10 B A B D B

二、多选题 1．ABD　2．ABCD　3．BCD　4．AB　5．BCD

6．ABC　7．ACD　8．AC　9．ABC　10．ACD

三、判断题 1～5 T T F T T　　6～10 T T T T F

项目五　国际贸易合同

知识目标	能力目标
◎熟悉国际贸易合同的签订过程	◎能撰写询盘、发盘、还盘、接受函电
◎熟悉国际贸易合同的结构和内容	◎能拟定国际贸易合同
◎熟悉进出口合同的履行程序	◎能履行进出口贸易合同
◎了解合同履行各个环节涉及的各种单证	◎能正确提交单证

任务一　国际贸易合同的签订

一、交易磋商知识点（见表 5-1-1）

交易磋商就是买卖双方为购销某种货物而就各项交易条件进行洽商，以求达成一致协议的具体过程。它是国际货物买卖过程中不可缺少的一个重要环节，也是签订买卖合同的必经阶段。

表 5-1-1　交易磋商知识点

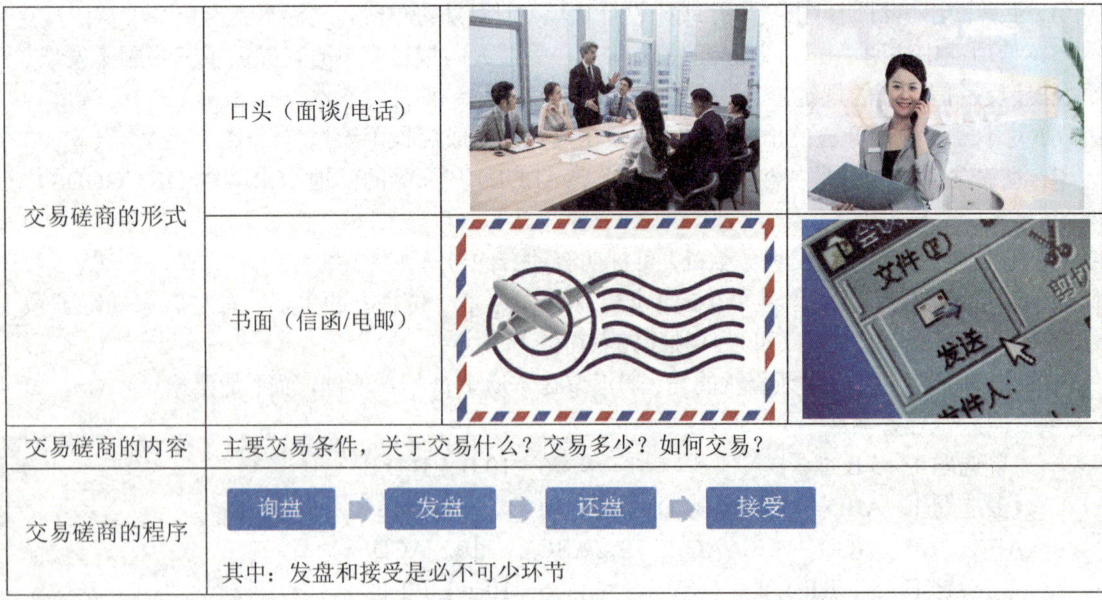

交易磋商的形式	口头（面谈/电话）		
	书面（信函/电邮）		
交易磋商的内容	主要交易条件，关于交易什么？交易多少？如何交易？		
交易磋商的程序	询盘 ➡ 发盘 ➡ 还盘 ➡ 接受 其中：发盘和接受是必不可少环节		

二、国际贸易合同订立的步骤

（一）询盘（Inquiry）（知识点见表 5-1-2）

询盘指交易的一方欲购买或出售某种商品，向另一方发出探询买卖该商品及有关交易条件的一种表示。实际业务中，询盘也称为询价，在法律上称询盘为“要约邀请”。

表 5-1-2　询盘知识点

询盘	内容
询盘的发起者	买方（√）；卖方（√）
询盘的内容	买方问卖方多少钱可以卖？ 卖方问买方多少钱愿意买？
询盘的作用	一般是交易磋商的起点，但不是交易磋商的必经步骤 对询盘人不具备约束力

（二）发盘（Offer）（知识点见表 5-1-3）

发盘指买方或卖方向对方提出交易条件并愿意按此条件达成交易的表示。实际业务中，发盘也称为报盘、报价、发价，法律上称发盘为“要约”。

表 5-1-3　发盘知识点

发盘	内容
发盘的发起者	买方（√，买方发盘称为“递盘”）；卖方（√）
发盘的 4 个条件	①向一个或一个以上特定的人提出的订立合同建议 ②内容必须十分确定 ③表明发盘人受约束的意思 ④送达受盘人
发盘的作用	是交易磋商的必经步骤，对发盘人具有约束力

发盘可以由卖方提出，习惯上称作“卖方发盘”，也可以由买方提出，习惯上称作“买方发盘”，或称递盘（Bid）或订单（Order）。发盘是交易磋商的必经步骤，发盘人将受发盘内容的约束，并承担按照发盘条件和对方订立合同的法律责任。

1. 构成发盘的必要条件

一项有效的发盘必须具备下列条件：

（1）发盘应向一个或一个以上特定的人提出。发盘必须向指定的受盘人发出，即是向特定的公司或个人提出。对广大公众发出的商业广告是否构成发盘的问题，各国法律规定不一。《联合国国际货物销售合同公约》第 14 条第 2 款规定：“非向一个或一个以上特定的人提出的建议，应仅视为邀请做出发盘，除非提出建议的人明确地表示相反的意向。”据此规定，商业广告本身并不是一项发盘，通常只能视为发盘邀请。

（2）发盘的内容必须十分确定（见表 5-1-4）。

表 5-1-4　发盘内容十分确定的含义

发盘的内容必须十分确定	
完整	三个基本要素：货物名称、数量和价格/确定数量和价格的方法
明确	不使用“大概”“预计”“可能”“参考”等词语
终局	不能有保留性、限制性的条款

（3）发盘必须表明发盘人对其发盘一旦被受盘人接受即受约束的意思。发盘的目的在于订立合同，发盘人应明确表示愿意按照发盘的内容订立合同，一经受盘人表示接受，合同即告成立，无须再经发盘人同意。这种订立合同的意旨，可以在发盘中用文字表达，也可从发盘的整个内容、当事人相互之间的关系以及磋商的先后情况判断出是否有订立合同的意旨。发盘人的发盘在得到接受时，发盘人将按发盘的条件与受盘人订立合同并承担法律责任。

（4）发盘必须送达受盘人。发盘只有送达受盘人才为有效，这里强调直接送达或信函、电传、口头通知。别人传达如不是发盘人授权，即使到达也无效。发盘只有受盘人收到才生效，受盘人没收到或没正式收到就没有法律效力，发盘人也没有订立合同的义务。

2. 发盘的有效期

发盘的有效期指可供受盘人对发盘做出接受的时间或期限。发盘人在发盘的有效期内受其约束，超过有效期，发盘人则不再受其约束，因此，发盘的有效期既是对发盘人的限制，也是对发盘人的保障。发盘的有效期可以作明确的规定，以发盘送达受盘人时开始生效，到规定有效期届满为止（见表 5-1-5）。

表 5-1-5　发盘有效期的规定方法

发盘的有效期	
一段有效期	如发盘有效期 5 天
最迟接受的期限	如发盘限 7 天内回复有效
没有规定有效期	按惯例在合理时间内有效，口头发盘须当场接受方有效

3. 发盘的撤回与撤销

实际业务中，一项发盘发出后，由于种种原因，发盘人可能要求撤回或撤销发盘。发盘的撤回与发盘的撤销是不同的概念，区别见表 5-1-6。

表 5-1-6　发盘的撤回与撤销的区别

目的不同	撤回的目的是阻止发盘生效，撤销是阻止受盘人接受已经生效的发盘
时机不同	撤回发生在发盘生效前，撤销发生在发盘生效后
条件不同	撤回通知应当在发盘到达受盘人之前或与发盘同时到达受盘人 撤销通知应当在发盘已到达受盘人，受盘人在表示接受之前到达受盘人
适用不同	任何发盘都可以撤回，但是有些发盘是不可以撤销的 两类发盘不可撤销： ①发盘规定了有效期或以其他方式表明发盘是不可撤销的 ②受盘人有理由信赖该发盘是不可撤销的，并已本着对该发盘的信赖采取了行动，如卖方已经发货，买方已经付款或者开立信用证

4. 发盘的终止

发盘的终止是指发盘法律效力的消失。发盘终止的原因见表 5-1-7。

表 5-1-7　发盘终止的原因

发盘终止的原因
①在有效期内未被接受；（√） ②受盘人拒绝或还盘；（√） ③有效的撤销；（√） ④不可控制的因素，如战争、灾难或发盘人死亡、法人破产等；（√） ⑤有效的撤回（×，因为撤回后发盘未生效，就不存在效力终止的问题）

（三）还盘（Counter Offer）

还盘指受盘人对发盘内容不完全同意，为了进一步协商，反过来向发盘人提出变更某些发盘内容或建议的表示（见表 5-1-8）。实际业务中，还盘也称为还价，法律上称还盘为“新要约”。

表 5-1-8　还盘知识点

还盘	内容
还盘的发起者	受盘人/还盘人（买方或卖方均可）
还盘的内容	受盘人要求原发盘人答复是否同意受盘人提出的修改交易条件的意见或建议
还盘的作用	还盘是新的发盘，原受盘人成为新的发盘人 还盘一旦到达原发盘人，原发盘就随之失效 不是交易磋商必经步骤

（四）接受（Acceptance）

接受指受盘人以声明或行为表示无条件地同意对方在发盘中提出的各项条件。接受在法律上称为“承诺”，其实质是对发盘表示同意（见表 5-1-9）。发盘一经接受，合同即告成立，对买卖双方都有约束力，任何一方都不得任意更改或撤销。

表 5-1-9　接受知识点

接受	内容
接受的发起者	受盘人（买方和卖方均可）
接受的 4 个条件	①必须由特定的受盘人作出 ②必须表示出来（声明或行为） ③必须是无条件的 ④必须在发盘规定的有效期内送达发盘人
接受的作用	是交易磋商必经步骤。接受一旦生效，合同即告成立

1. 构成接受的条件

一项有效的接受必须具备以下条件：

（1）接受必须由特定的受盘人作出。如前所述，一项有效的发盘必须是向一个或一个以上特定的人做出的。因此，对发盘表示接受的人，也必须是发盘中所指明的特定的受盘人，而不能是其他人。如果其他人通过某种途径获悉发盘内容，而向发盘人表示接受，该接受无效。

（2）接受必须表示出来。按《联合国国际货物销售合同公约》第 18 条第 1 款的规定，受盘人表示接受有两种方式：声明（Statement），即受盘人用口头或书面形式向发盘人表示同意；做出行为（Performing an Act），通常指由卖方发运货物或由买方支付价款。

如果受盘人在主观上愿意接受对方的发盘，但默不做声或不做出任何其他行动表示其对发盘的同意，那么在法律上并不构成接受。

（3）接受必须是无条件的。接受必须与发盘相符，只接受发盘中的部分内容，或对发盘条件提出实质性的更改，或提出有条件的接受，均不能构成接受，而只能视作还盘（见表 5-1-10）。

（4）接受必须在发盘规定的有效期内送达发盘人。发盘中规定有效期有两种意义：一方面约束发盘人不得在有效期内任意撤销或修改发盘的内容；另一方面约束受盘人只有在有效期内做出接受，才有法律效力。若发盘中未规定有效期，受盘人应在合理时间内接受方为有效。

表 5-1-10　接受对发盘的实质性变更与非实质性变更

项目	内容
实质性变更	视为对发盘的拒绝，构成还盘 有关以下 6 个方面的变更，视为实质上变更发盘内容： ①货物价格 ②付款方式 ③货物重量和数量 ④交货时间 ⑤交货地点 ⑥一方当事人对另一方当事人的赔偿责任范围或解决争端等的添加或不同条件
非实质性变更	除了发盘人在不过分迟延期限内表示反对差异外仍构成接受 如要求改变包装，增加重量单、装箱单、原产地证明或其他单据的份数等

2. 逾期接受

逾期接受指如果接受通知超过发盘规定的有效期或超过合理时间才送达到发盘人，逾期接受在一般情况下无效，但在下列两种情况下仍然有效：

（1）发盘人毫不迟延地用口头或书面形式表示该项逾期接受仍然有效。

（2）由于出现传递延误造成的逾期接受一般是有效的，除非发盘人毫不迟延地用口头或书面形式通知受盘人该逾期接受无效。

所以，逾期接受能否有效关键要看发盘人如何表态（见表 5-1-11）。

表 5-1-11　逾期接受的效力

逾期的原因	逾期接受的效力
因受盘人原因逾期	无效 除非发盘人毫不迟延地用口头或书面形式表示该逾期接受仍然有效
因投递原因逾期	有效 除非发盘人毫不迟延地用口头或书面形式表示该逾期接受无效
结论	逾期接受能否有效关键要看发盘人的态度

3．接受的撤回

接受在表示接受并通知到达发盘人时生效，撤回接受的通知应当在接受通知到达发盘人之前或与接受通知同时到达发盘人时，接受才得以撤回。接受通知一经到达发盘人即不能撤销，因为接受一经生效合同即告成立，撤销接受即撤销合同，实质上已属于毁约行为。

任务二　国际贸易合同的内容

一、国际贸易合同的基本内容

在国际贸易中，交易双方订立合同有书面形式、口头形式和其他形式。在实际业务中，订立书面合同有如下意义：

（1）作为合同成立的证明。

（2）作为履行合同的依据。

（3）作为解决争议的依据。

《中华人民共和国合同法》第 11 条规定：书面形式是指合同书、信件和数据电文（包括电传、电报、传真、电子数据交换和电子邮件）等可以有形地表现所载内容的形式。

合同（Contract）和确认书（Confirmation）是书面合同的主要形式，两者具有同等法律效力。出口商一般使用印有固定格式的销售合同或销售确认书，前者合同条款完备，通常用于新客户，后者合同条款简约，只有主要交易条件，没有一般交易条件，通常用于老客户或一般交易条件已另行约定的客户。

书面合同不论采取何种格式，其基本内容通常包括约首、本文和约尾三个组成部分（见表 5-2-1）。

表 5-2-1　合同的形式和内容

类名	内容
合同的形式	书面、口头和其他形式 我国《合同法》规定，涉外合同必须采取书面形式（合同、确认书），法律效力相同

续表

<table>
<tr><th colspan="2">类名</th><th>内容</th></tr>
<tr><td rowspan="3">合同的内容</td><td>约首</td><td>包含：
①合同名称
②合同编号
③缔约双方当事人名称（或姓名）和地址、电话、电子邮箱、传真
④双方订立合同的意愿和执行的保证</td></tr>
<tr><td>本文</td><td>包含主要交易条件和一般交易条件
（1）主要交易条件有：
①品名
②品质规格
③数量
④包装
⑤价格
⑥运输
⑦保险
⑧支付
⑨检验
⑩单据
（2）一般交易条件有：
①不可抗力
②仲裁
③违约救济等其他一些使合同得以完善的相关条款</td></tr>
<tr><td>约尾</td><td>约尾，包含：
①合同的份数
②使用的文字及其效力
③签约地点
④生效时间
⑤双方当事人签字</td></tr>
</table>

（一）约首部分

约首部分一般包括合同名称、合同编号、缔约双方当事人名称（或姓名）和地址、电话、电子邮箱、传真以及双方订立合同的意愿和执行的保证等项内容。

同一合同项下所有单证上，如需显示合同编号、卖方名址、买方名址，其内容均应与合同一致。

（二）本文部分

本文部分是合同的主体，包括主要交易条件和一般交易条件，是买卖双方经过交易磋商达成一致的条款，体现了双方当事人具体的权利和义务。

主要交易条件是指与具体交易商品息息相关的条款，例如：品名、品质规格、数量、包装、价格、运输、保险、支付、检验等。一般交易条件是指其他一些使合同得以完善的相关条款，例如：不可抗力、仲裁、违约救济等。

1. 品名条款

品名（Name）条款的基本内容取决于成交商品的品种和特点。一般来说，列明买卖双方成交商品的名称即可。但有些商品，因其具有不同的品种、规格、型号、等级或商标，为了明确起见，在品名条款中还必须进一步列明该商品的具体品种、规格、型号、等级或商标。在此种情况下，品名条款实际上已经演变为品名与品质条款的综合体，在合同中通常称为“货描”（Description）。

2. 品质条款

品质（Quality）条款的基本内容主要是借助适当的方法对成交商品品质进行描述。描述品质的方法主要包括规格、等级、标准、商标或品牌、说明书及图样、原产地名称、样品等（见表 5-2-2），应根据成交商品的特性、买卖双方的交易习惯和具体要求进行合理选用。

必要时，对某些质量指标容易出现误差的制成品，可在品质条款中规定一定幅度的“品种机动幅度”；对于大豆、花生等农产品，可以订立“良好平均品质（FAQ）条款”，对于冷冻鱼虾或木材，可以订立“上好可销品质（GMQ）条款”。为体现按质论价的原则，在使用品质机动幅度的同时，可以酌情加订“增减价条款”。

表 5-2-2　商品品质的规定方法

规定大类	具体内容
以实物表示	①看货买卖 ②凭样品交易
以文字说明表示	①凭规格 ②凭等级 ③凭标准（明确标准/模糊标准，如良好平均品质、上好可销品质） ④凭商标或品牌 ⑤凭说明书及图样 ⑥凭原产地名称

3. 数量条款

数量（Quantity）条款的基本内容主要包括成交数量、计量单位、计量方法等。

必要时，为了便于履行合同，可在数量条款中加订“溢短装条款（More or Less Clause）”，包括溢短装的幅度由何方掌握、溢短装的选择权以及溢短装部分的计价方法（见表 5-2-3）。

表 5-2-3　溢短装条款的相关规定

适用范围	出处	解释
仅仅适用于散装货，不适用于以自身件数或者以包装单位件数计数的商品	合同	按规定的上下浮动比率
	《UCP 600》	①散装货且数量有“约、大约”字样，允许数量有 10%的增减 ②散装货但没有“约、大约”字样，则在商品数量上，允许有 5%的浮动，但是总金额不能超过信用证的最高限额

4. 包装条款

包装（Packing）条款的基本内容一般包括包装方式、包装材料、包装规格、包装标志和包装费用等（见表 5-2-4）。

表 5-2-4　包装条款的相关规定

基本内容	注意事项
包装方式 包装材料 包装规格 包装标志 包装费用	一般由卖方提供包装标志和由买方提供包装标志，在包装物料时，在包装条款中应规定提供的最迟期限以及未能及时提供而影响货物出运时所应承担的责任条款

5. 价格条款

价格（Price）条款的基本内容一般包括商品单价（Unit Price）和总值（Total Amount）两部分。其中商品单价包括计价货币、单位价格金额、计价单位和贸易术语四部分（见表 5-2-5）。

表 5-2-5　价格条款的相关规定

价格条款分类	具体内容	注意事项
单价条款	①计价货币 ②单位价格金额 ③计价单位 ④贸易术语 比如：USD 20 per M/T FOB SHENZHEN	单价为含佣价（明佣）时，应在价格条款中规定佣金率、佣金的计算方法和佣金的支付方法。单价含有折扣（明扣）时，应在价格条款中规定折扣率、折扣的计算方法
总价条款	显示总金额即可	通常要显示大小写

需要注意的是佣金包括明佣和暗佣，明佣需要在合同中显示佣金率，暗佣则不需要显示佣金率；而折扣只有明扣，没有暗扣，暗扣是一种违法行为。

6. 装运条款

装运（Shipment）条款的基本内容一般包括运输方式、装运期或交货期、装运地（港）、目的地（港）、是否允许分批装运与转运、装运通知等（见表 5-2-6）。

表 5-2-6　装运条款的相关规定

基本内容	注意事项
运输方式 装运期或交货期 装运地（港） 目的地（港） 是否允许分批装运与转运 装运通知	（1）在允许分批装运的情况下，必要时可根据需要在装运条款中规定批次、每批装运货物的时间和数量 （2）在允许转运的情况下，必要时可根据需要在装运条款中规定转运的地点、转运的方法和转运费用的负担 （3）关于装运通知通常应包括发出的时间、内容、方式以及未发出或未及时发出而导致损失时所应承担的责任 （4）当货物使用程租船运输时，在装运条款中应规定装卸时间、装卸率和滞期速遣条款

7. 保险条款

保险（Insurance）条款如何规定主要取决于贸易术语（见表 5-2-7）。

表 5-2-7　保险条款的相关规定

贸易术语	保险条款	原因
EXW FOB/FCA/FAS CFR/CPT （6 种）	规定：“由买方负责投保/To be covered by the buyer”	买方承担跨国运输过程中的风险，买方为了自己的利益买保险，不需要让卖方知道自己的投保情况
CIF/CIP （2 种）	通常规定由卖方负责投保、投保什么险别、适用什么保险条款、投保金额如何确定、保险费如何负担、保险单据要求等	买方承担跨国运输过程中的风险，卖方为了买方的利益买保险，为了约束卖方，有必要详细列出关于保险的各种要求
DAT/DAP/DDP （3 种）	规定“由卖方负责投保/To be covered by the seller”	卖方承担跨国运输过程中的风险，卖方为了自己的利益买保险，不需要让买方知道自己的投保情况

8. 支付条款

支付（Payment）条款的基本内容一般包括支付工具、支付方式、支付时间与地点等（见表 5-2-8）。

表 5-2-8　支付条款的相关规定

支付条款	种类	详细规定
支付工具	汇票 本票 支票	最常用：汇票 要会判断使用远期汇票/即期汇票
支付方式	汇付	列明汇付的种类：信汇（T/T）/电汇（M/T）/票汇（D/D）
	托收	列明：跟单托收/光票托收 跟单托收的情况下要列明：付款交单（D/P）还是承兑交单（D/A）
	信用证	列明：开证时间、对开证行的要求、信用证种类、信用证有效期及到期地点

使用汇付支付方式时，应在支付条款中列明汇付的方法是信汇、电汇还是票汇；使用托收支付方式时，应在支付条款中列明托收的方式是跟单托收（Documentary Collection）还是光票托收（Clean Collection），托收的条件是付款交单（Documents against Payment，D/P）还是承兑交单（Documents against Acceptance，D/A）；使用信用证支付方式时，应在支付条款中列明开证时间、开证行、信用证种类、信用证有效期及到期地点等。

关于支付时间，应在支付条款中结合支付方式列明。

支付地点与支付方式密切关联，按照一般惯例和习惯做法，汇付和托收的支付地点是买方营业地；信用证支付地点是卖方营业地。如果合同中没有明确规定支付方式和支付地点，根据《联合国国际货物销售合同公约》的有关规定，如买方没有义务在任何其他特定地点支付价款，他必须在“卖方营业地”支付价款。若卖方有一个以上营业地时，在“与合同及合同的履行关系最密切的营业地”支付价款，如果没有营业地，则应在其“惯常居住地”支付价款。

9．商品检验条款

商品检验（Inspection）条款的基本内容一般包括检验权、检验的时间与地点、检验机构、检验技术标准与检验证书等（见表 5-2-9）。

表 5-2-9　商品检验条款的相关规定

检验条款	详细规定
检验权	卖方有权检验 买方有权检验 买卖双方都有权检验
检验时间	出境货物：一般最迟在出口报关或装运前 7 天报检；需隔离检疫的出境动物在出境前 60 天预报，隔离前 7 天报检 入境货物：输入植物、种子、种苗及其他繁殖材料，应在入境前 7 天报检。输入微生物、人体组织、生物制品、血液及制品、种畜、禽及精液、胚胎、受精卵，应在入境前 30 天报检。输入其他动物的，应在入境前 15 天报检
检验地点	出口国检验 进口国检验 出口国检验、进口国复验 备注：法定检验检疫货物，除了活动物由口岸检验检疫外，原则上应在产地检验检疫。审批、许可证等有关政府批文中规定了检验检疫地点，需在规定的地点报检
检验机构	官方检验机构 半官方检验机构 民间检验机构
检验技术标准	根据合同条款的具体规定
检验证书	品质证书/数量证书/重量证书/兽医卫生证书/健康证书/卫生证书/动物卫生证书/植物检疫证书/熏蒸消毒证书等

10．索赔条款

索赔（Claim）条款的基本内容一般包括索赔的依据、索赔期限、索赔金额。

实际业务中，根据需要还可以加订“违约金条款”。其内容主要包括交易双方协商确定的违约金数额，并订明履约过程中若出现当事人违约的情况，则违约方应向对方支付约定的违约金数额，还可以就支付违约金时有无宽限期和因违约产生的损失赔偿额的具体计算方法做出规定（见表 5-2-10）。

表 5-2-10　索赔条款的相关规定

索赔条款	适用情形	具体内容
异议与索赔条款	适用于有损失的情形	索赔依据 索赔期限 索赔金额
罚金条款 （违约金条款）	无论是否有损失，只要违约就要支付	违约金数额

11．不可抗力条款

不可抗力（Force majeure）条款的基本内容一般包括不可抗力事件的性质、范围，不可抗力事件的通知、证明，不可抗力事件的处理原则和办法等（见表 5-2-11）。

表 5-2-11　不可抗力条款的相关规定

不可抗力条款	具体内容
不可抗力事件的性质和范围	性质：免责条款 范围：自然灾害、政治原因 规定方法：①概括式 ②列举式 ③综合式
不可抗力时间的通知和证明	发生不可抗力的一方要在规定时间内通知对方，出具权威机构的证明
不可抗力时间的处理原则和办法	不履行合同或延迟履行合同

12．仲裁条款

仲裁（Arbitration）条款的基本内容一般包括仲裁地点、仲裁机构、仲裁程序规则、仲裁裁决的效力和仲裁费用的负担等。

13．单据条款

单据（Document）条款的基本内容一般包括单据的种类、单据的份数、对单据出具人的要求、单据关键内容的缮制要求以及单据转移的要求等。

（三）约尾部分

约尾部分一般列明合同的份数、使用的文字及其效力、签约地点、生效时间和双方当事人签字等多项内容。

二、合同样例

合同样例如图 5-2-1 所示。

SALES CONTRACT

The Seller：SHENZHEN ESHOW CO.，LTD.		Contract No. ES1806009	
Address：81 FUHUA ROAD，SHENZHEN，CHINA		Date：Feb. 10，2018	
The Buyer：UNICAM LIMITED ATOMIC ABSORPTION			
Address：203 YORK STREET，CAMBRIDGE CBI 2SU ENGLAND			
Description of Goods	**Quantity**	**Unit Price**	**Amount**
TOTAL	1 000pcs		USD26 000.00
Total Amount：Say U.S.Dollars Twenty Six Thousand Only			

Packing：In cartons

Shipping Mark：

UNICAM

ES1806009

LONDON

C/No.1-100

Time of Shipment：Before APR. 30，2018

Loading Port and Destination：From Shenzhen，China to London，England

Partial Shipment：Not Allowed

Transshipment：Allowed

Insurance：To be effected by the buyer

Terms of Payment：By L/C at sight，reaching the seller before Feb. 25，2018，and remaining valid for negotiation in China for further 15 days after the effected shipment. L/C must mention this contract number. L/C advised by BANK OF CHINA. All banking Charges outside China （the mainland of China）are for account of the Drawee.

Documents：

+ Signed commercial invoice in triplicate.

+ Full set （3/3）of clean on board ocean Bill of Lading marked "Freight to collect" made out to order blank endorsed notifying the applicant.

+ Packing List in triplicate.

+ Certificate of Origin issued by China Chamber of Commerce.

图 5-2-1 合同样例

任务三　出口合同的履行

我国绝大多数出口业务都采用信用证付款方式，在履行这类合同时必须切实做好备货、催证、审证、改证、租船订舱、报检、报关、投保、装船和制单收汇等环节的工作。在这些环节中，以证（催证、审证和改证）、货（备货、报检）、船（租船订舱、办理货运手续）、款（制单收汇）4 个环节的工作最为重要（见图 5-3-1）。

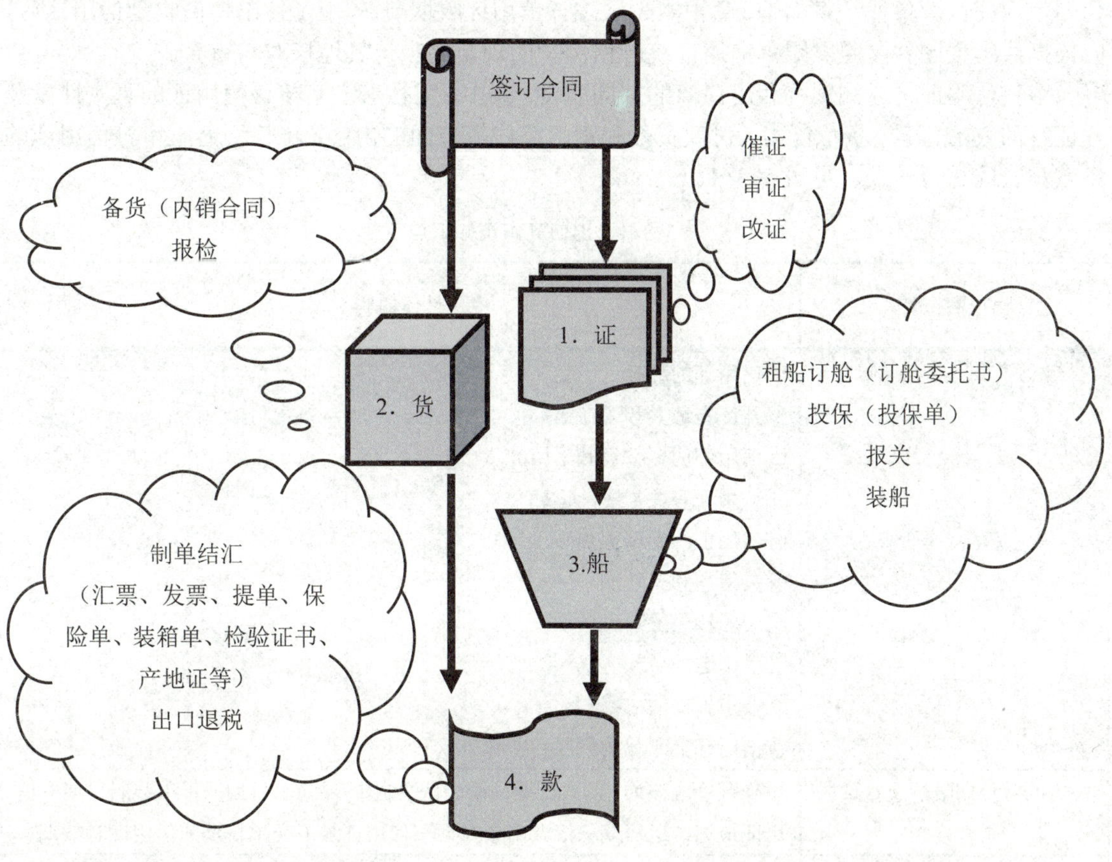

图 5-3-1　“CIF＋L/C”出口合同的履行流程图

一、催证

按时开证是买方履行合同时应尽的义务，是卖方正常履约的前提，但在实际业务中经常遇到国外进口商拖延开证，或者在行市发生变化以及资金发生短缺的情况下故意不开证。因此，卖方应催促对方迅速依约办理开证手续，必要时，也可请驻外机构或有关银行协助代为催证。催证实质上是一种法律步骤，如经催证对方仍不履行，可向对方提出“保留索赔权”的声明；反之，如不及时催证，则事后对方可借此推卸责任。

二、审证

信用证是一种银行信用的保证文件，开证银行的资信、信用证的各项内容都关系着收汇的安全和合同是否能顺利履行。但在实践中，由于种种原因，如工作的疏忽、电文传递的错误、贸易习惯的不同、市场行情的变化或进口商有意利用开证的主动权在信用证上加列有利于自己利益的条款，开立的信用证条款与合同规定不符，或者在信用证中加列一些出口商实际无法做到的信用证付款条件，使得出口商根本无法按该信用证收取货款。因此，出口商收到信用证后，应根据买卖合同并参照《跟单信用证统一惯例》的规定逐项认真地核对与审查。

审核信用证是通知银行和出口商的共同职责，其中，银行着重审核该信用证的真实性以及开证行的政治背景、资信能力、付款责任和索汇路线等方面的内容；出口商着重审核信用证的条款与合同是否一致，见表 5-3-1。

表 5-3-1　出口商审证知识点

出口商审证	具体内容
信用证本身是否存在“软条款”	①信用证的种类 ②开证申请人和受益人 ③信用证的金额及其采用的货币 ④信用证有关货物的记载 ⑤信用证的到期地点 ⑥装运期和有效期 ⑦装船和分批装运条款 ⑧信用证的付款方式 ⑨要求提交的单据 ⑩信用证上印就的条款和特殊条款
规定的各种期限的逻辑顺序是否合理	正确顺序应该为：发票日期→检验证书日期/保险单日期→提单装船日期→信用证最迟装运日期→汇票出票日期→信用证最迟交单日期或信用证有效期
特殊处理	（1）双到期：信用证没有规定装运期，只有有效期，则最迟装运期限为有效期，称为“双到期” （2）交单期： ①如果有规定期限则按照规定期限交单（多为提单签发日期 15 天内），但不得迟于信用证的到期日 ②如未规定该限期，银行将拒收迟于运输单据出单日期 21 天后提交的单据，但不得迟于信用证的到期日

三、改证

信用证经审核后，如果发现有影响合同执行和安全收汇等出口方不能接受的条款时，必须及时要求国外客户通过开证行进行修改，并坚持在收到银行修改信用证通知后才能对外发货（见表 5-3-2）。

表 5-3-2　改证知识点

改证	具体内容
改证顺序	卖方审证→告知买方→买方向开证行提出修改信用证的申请→开证行修改信用证→通知行向卖方通知修改后的信用证→卖方再次审证
卖方改证原则	①损害双方利益的条款或卖方自己做不到的条款→坚决修改 ②可改可不改的或经适当努力可以做到而又不增加太多费用负担→灵活处理
对卖方的要求	卖方应该将信用证需要修改的内容一次性向买方提出
对买卖双方的要求	要么全部接受，要么全部拒绝
信用证的效力	对任何条款的修改必须在有关当事人全部同意后才能生效；原证的条款在受益人向通知修改的银行表示该修改内容之前，仍然对受益人有效

四、备货

备货是指出口方根据出口合同和信用证规定，按时按质按量准备好应交货物，以保证按时出运。备货工作是履行合同的基础。备货工作的主要内容是根据合同和信用证规定，向生产部门、供货部门或仓储部门安排或催交、核实应交货物的品质、规格、数量，进行必要的加工整理，包装、刷制运输标志以及办理申报检验和领证（见表 5-3-3）。

表 5-3-3　备货知识点

备货	具体内容
基本要求	按时、按质、按量
其他要求	包装、刷制运输标志以及办理申报检验和领证

五、报检

凡属国家规定法定检验检疫的商品、合同或信用证规定必须经商品检验检疫机构出证的商品，在货物备齐后应向海关申报检验检疫。凡经检验不合格的货物，一律不得出口（见表 5-3-4）。

表 5-3-4　报检知识点

报检	具体内容
适用商品	①法定检验商品 ②非法定检验但信用证或合同规定需要报检的商品
报检机构	海关

六、租船订舱

在国际货物买卖中，如采用 CIF 或 CFR 术语成交，出口方必须自负费用，同承运人订立运输合同，同时负责租用适航的船舶或向班轮公司订必要的舱位。为了获得及时到位的运输，减少物流成本，出口方一般委托专业化较强的货运服务机构提供中介代理服务。其一般手续见表 5-3-5。

表 5-3-5　租船订舱知识点

租船订舱	具体内容
适用范围	货量大→租船 货量小→订舱
步骤	①出口商（托运人）填制订舱委托书，考虑船期、货物性质、货运数量、目的港、信用证要求等因素委托货代公司代为订舱 ②货代公司在托运单的几联单据上编上编号，填上船名航次确认托运人的订舱，同时把配舱回单、装货单（Shipping Order，S/O，又称“关单”，俗称“下货纸”）退还给托运人 ③托运人凭货代公司签署的 S/O 到海关办理出口报关手续。经海关查验后在 S/O 上加盖海关放行章，要求船舶装货

七、报关

所有进出境的运输工具、货物、物品，必须通过设立海关的地点入境或出境。报关就是指从事进出口货物的收发货人、运输工具负责人、进出境物品所有人以自己的名义直接向海关或通过报关代理人向海关办理货物、物品或运输工具进出境手续及相关海关事务的全过程。报关一般包括申报、查验、缴税、放行 4 个环节，见表 5-3-6。

表 5-3-6　报关知识点

报关	具体内容
适用商品	所有进出口商品
报关机构	海关
报关一般流程	申报→查验→缴税→放行

八、投保

如果交易按 CIF 贸易术语成交，卖方一般要在装运前作为投保人向保险公司投保货物运输险，并从保险公司处取得以其自身为被保险人即保险受益人的保险单据，见表 5-3-7。

表 5-3-7　投保知识点

投保	具体内容
投保人	①CIF/CIP/D 组贸易术语→卖方投保→交单时要对保险单做“背书” ②EXW/F 组/CFR/CPT→买方投保→卖方要及时发装运通知以防买方漏保
保险单据日期	不应迟于装运的日期（海运方式下一般为提单日期）

九、装运

在国际贸易磋商和签订合同时，必定对装运期、运输方式、装运港、卸货港、分批装运允许与否、转运允许与否和发送装运通知等装运条款加以明确规定，这是因为国际贸易的物资运输必然要通过国际运输来实现空间上的位移，装运就是实现商品从发货方到收货方的实际操作阶段，是完成货物出口、实现安全收汇的关键操作，也是履行合同的重要步骤。

不同的运输方式和不同的贸易方式，其装运文件要求、装运货物流程都完全不同。

十、制单结汇

现代国际贸易绝大部分采用象征性交货方式，即卖方凭单交货、买方凭单付款的方式。因此，出口货物装运后，出口商应立即正确缮制各种单据，并在规定期限内送交银行办理收汇（见表 5-3-8）。

表 5-3-8　制单结汇知识点

制单结汇	具体内容
制单要求	正确、完整、及时、简明、整洁
制单须避免出现的问题	①出口商提供的是不清洁提单 ②无货物确已装船的证据 ③保险单的日期晚于提单日期 ④迟期装运 ⑤提单上未注明运费是否付讫 ⑥汇票上付款人的名称、地址不详、不符或有错 ⑦信用证逾期 ⑧逾期交单 ⑨在无其他规定的情况下货物短装 ⑩单据种类不全或份数不足 ⑪未按信用证规定在有关单据上签字
我国出口结汇方式	①收妥结汇（“先收后结”） ②出口押汇（“买单结汇”“议付”）

在我国，出口结汇办法主要有两种：

1. 收妥结汇，又称“先收后结”，是指议付银行收到受益人提交的单据，经审核确认与信用证条款的规定相符后，将单据寄给国外付款行索汇，待付款行将外汇划给议付行后议付行再按当日外汇牌价结算成人民币交付给受益人。

2. 出口押汇，又称“买单结汇”“议付”，是指议付行审核单据后确认受益人所交单据符合信用证条款规定期限的情况下，按信用证的条款买入受益人的汇票，按照票面金额扣除从议付日到估计收到票款之日的利息，将净数按议付日人民币市场价折算成人民币付给信用证的受益人，议付银行即可凭汇票向信用证的付款行索取票款。押汇是议付行给予信用证受益人的资金融通，可加速出口商资金周转，有利于扩大出口业务。

十一、出口退税

出口退税指符合国家规定范围的出口货物在报关离境后，由出口经营的主体企业凭有关单证，向主管退税业务的税务机关办理出口货物在生产、加工、出口销货等环节上的增值税、消费税进行免征或退还的做法（见表 5-3-9）。

表 5-3-9　出口退税知识点

出口退税	具体内容
目的	使出口货物以不含税价格进入国际市场，避免出口商品遭到“双重征税”，提升商品出口竞争力
性质	不是出口补贴手段，也不是我国特有的，许多国家都在运用
退税内容	出口货物在国内缴纳的部分或全部增值税和消费税
退税所需单据	“一单两票”，即出口货物报关单（出口退税专用联）、增值税专用发票、出口发票

办理出口退税的重要凭据是“一单两票”，即出口货物报关单（出口退税专用联）、增值税专用发票、出口发票。

任务四　进口合同的履行

在我国进口业务中，较多使用 FOB 价格条件，只有少数使用 CIF 和 CFR 价格条件。如按 FOB 价格条件和信用证支付方式成交，履行这类进口合同的一般程序是：开立和修改信用证、安排运输和办理保险、审单和付款、报关、报验、索赔，仍然以证（开证、改证）、船（租船订舱、投保）、款（审单付款）、货（报检、报关、提货）4 个环节的工作最为重要，只是和出口合同履行顺序略有不同（见图 5-4-1）。

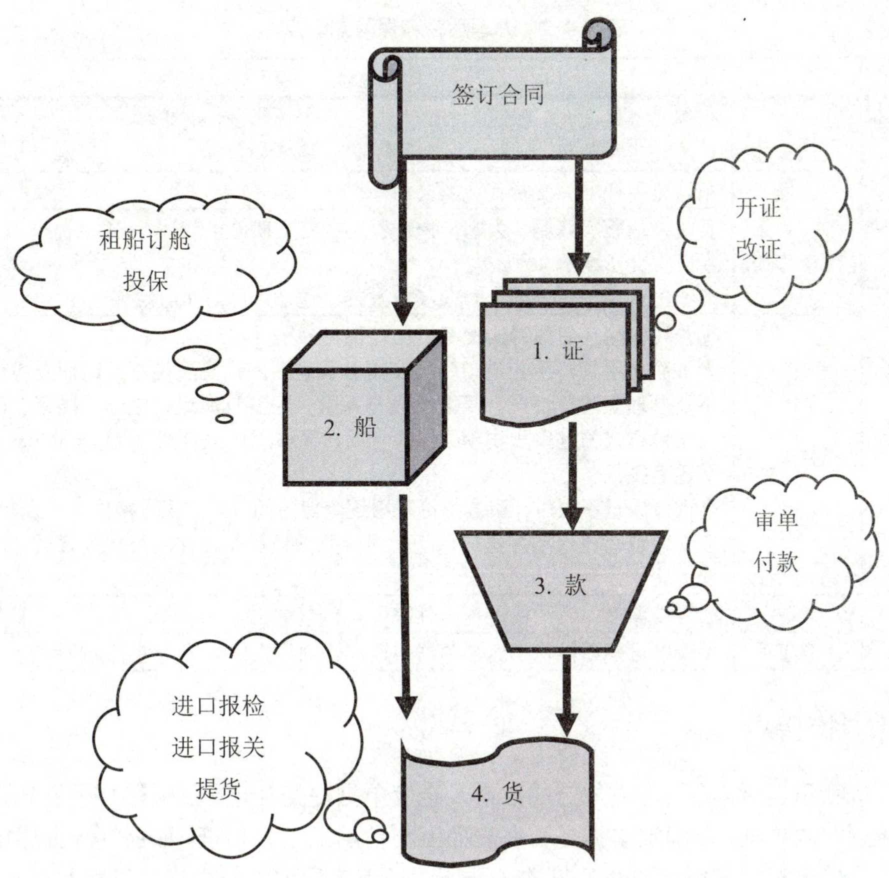

图 5-4-1　信用证支付方式的 FOB 进口合同履行程序

一、开立信用证

进口合同签订后，买方应按照合同规定向银行办理开证手续（见表 5-4-1）。

表 5-4-1　开立信用证流程

开立信用证	具体内容
1.填写开证申请书	开证申请书的内容应与合同条款相一致，例如品质、规格、数量、价格、交货期、装运期、装运条件及所需单据等，要以合同为依据一一列明
2.缴纳开证保证金	一般按照信用证金额比例计算 对于资信良好的开证申请人，银行会按照事先与其签订的授信合同的规定，在其具体申请开证时依比例减免开证保证金，最高全免

二、安排运输和办理保险

按 FOB 术语成交的进口合同，应由买方负责安排运输和办理保险（见表 5-4-2）。

表 5-4-2　办理运输和保险知识点

运输&保险	具体内容	
办理运输	种类	租船（货量大） 订舱（货量小）
	流程	填订舱委托书→交货代或船公司
	注意事项	及时办理租船订舱（大宗货物一般应在交货期前 45 天向运输机构提出；零星货物应在交货期前 30 天提出） 货物出运后，卖方要及时向买方发装运通知，以防买方漏保
办理保险	种类	①预约保险（使用特约费率，比较优惠） 为了简化手续，防止进口货物在国外装运后因信息传递不及时而发生漏保或来不及办理保险等情况，买方事先与保险公司签订海运、空运、陆运、邮运等不同运输方式的进口货物预约保险合同，简称“预保合同”（Open Policy） ②逐笔投保 当进口数量不大时，买方也可采用逐笔保险的方式。买方接到卖方发货通知后，应立即填写投保单并送交保险公司。此项投保单经保险公司签章后，即完成投保手续
	流程	填写投保单→缴纳保险费→领取保险单据
	注意事项	保险单日期不得晚于运输单据日期，否则将来保险公司可能会拒赔

三、审单和付款

卖方在货物出运后，将信用证规定的汇票及全套单据提交开证行。银行必须合理谨慎地审核信用证所规定的单据，以确定单据是否在表面上与信用证条款相符。如银行经上述审核后发现单证相符、单单相符，银行即对外付款。开证行经审单后付款是最终的付款，即无追索权。银行在对外付款的同时，通知买方向开证行付款赎单（见表 5-4-3）。

表 5-4-3　银行审单知识点

银行审单	具体内容
审单原则	单证一致、单单一致
审单时间	开证行收到单据次日起 5 个工作日内
审单内容	（1）信用证规定的单证种类、份数是否齐全，单证是否相符，单单是否相符
	（2）单据上的商品规格、品质、金额、数量是否与信用证规定相符
	（3）审核单据上的装运港、目的港、装运日期等是否与信用证规定相符
	（4）审核付款方式、日期、运费等是否与信用证规定相符
审单结果	（1）单证一致、单单一致→开证行付款（无追索权）
	（2）单证不一致→开证行拒绝接受单据、拒绝付款 有以下 5 种处理方式： 1）开证行可以与进口商（开证申请人）联系，为使交易能够顺利进行，使开证人对不符点予以接受，指示开证行对外付款 2）开证行允许受益人在有效期内更改单据 3）凭国外议付行书面担保后付款，保留追索权 4）改为货到后经检验再付款 5）卖方同意降价后，接受单据（一般是修改后的单据）并支付货款

四、进口报关、报检及索赔

（一）进口报检、报关

货物抵达后，进口商在提取货物之前要向海关办理进口报检和报关手续，之后才可以提货（见表 5-4-4）。

表 5-4-4　进口报检、报关知识点

进口报检报关	具体内容
办理顺序	报检在前、报关在后
报检报关受理机构	海关
进口报检适用商品	①法定检验商品； ②非法定检验但信用证或合同规定需要报检的商品
进口报关	适用商品：所有进口商品
	进口报关流程：申报→查验→缴税→放行
	时限：进口商在货物到达目的港后，应在运输工具进境之日 14 天内向海关申报

（二）进口索赔

进口商提到货物后，如果商品经检验存在品质、数量、包装等不符合合同规定的问题，需要向责任方提出索赔。对外索赔时，买方应加强与海关的配合，认真检验，鉴定货损情况，出具检验检疫证书，并根据有关事实，确定责任归属。进口索赔应根据造成损失的原因，分别向卖方、承运人、保险人（或称保险公司）等有关责任方索赔（见表 5-4-5）。

表 5-4-5　进口索赔对象及要点

索赔对象	具体内容
向卖方索赔	索赔情况：卖方不交货或不按期交货或交货的品质、数量、包装与合同规定不符等
	索赔期限：2 年（买卖合同有约定以合同为准，如无规定，按《公约》的规定，买方应在收到货物起 2 年内向卖方提出索赔）
向承运人索赔	索赔情况：进口的货物，如发生残损或到货数量少于提单所载数量，而运输单据是清洁的
	索赔期限：1 年（运输合同有约定以合同为准，如无规定，按《海牙规则》的规定，索赔最长期限为货物到达目的港后 1 年内）
向保险人索赔	索赔情况：如由于自然灾害、意外事故或运输装卸过程中发生事故等致使货物受损，并属于承保范围内的；或属于承运人的过失造成的货损、货差而承运人不予以赔偿或赔偿金额不足抵补损失的
	索赔期限：2 年（根据中国《海洋运输保险条款》的规定，索赔最长期限为被保险货物在卸货港全部卸离海轮后 2 年）

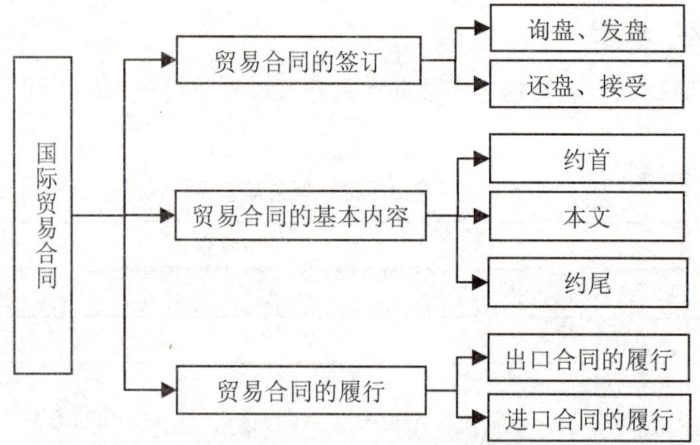

项目测试题

一、单选题

1．以下有关发盘表述错误的是（　　）。

A．畅销货一般发盘的有效期较短

B．滞销货一般发盘的有效期较长

C．市场价格变动剧烈的商品一般发盘的有效期较长

D．贸易术语与运输、保险的逻辑关系要一致

2．交易磋商的两个必要环节是（　　）。

A．询盘、接受　　B．发盘、签约

C．发盘、接受　　D．接受、签约

3．根据《联合国国际货物销售合同公约》规定，下列哪些条件为一项发盘必须具备的基本要素（　　）。

A．货名、品质、数量　　B．货名、数量、价格

C．货名、价格、支付　　D．货名、品质、价格

根据以下资料回答4～6题：

2019年3月1日，我某公司向美商发盘，发盘中除列明各项交易条件外，还规定“PACKING IN SOUND BAGS”。2019年3月3日，美商复电称：“REFER TO YOUR OFFER FIRST ACCEPTANCE，PACKING IN NEW BAGS”。我方公司收到上述来电后，即着手备货。数日后，该商品国际市场价格猛跌，美商来电称：“我对包装条件作了变更，你未确认，合同并未成立”。而我方公司则坚持合同已经成立，于是双方为此发生争执。

4．根据《联合国国际货物销售合同公约》，美商2019年3月3日复电是（　　）。

A．要约邀请　　B．要约

C．对要约的拒绝　　D．接受

5．根据《联合国国际货物销售合同公约》，本案（　　）。

A．合同成立　　B．合同不成立

C．合同是否成立须按法院判决　　D．合同是否成立须由买卖双方协商

6．如你认为合同成立，原因是（　　）。

A．美商已无条件承诺我方要约

B．该商品国际商场价格下跌不能成为合同不成立的理由

C．我方已备好货物

D．美商在承诺时，在非实质方面对我方要约作了变更，我方未予反对，其承诺有效

根据以下资料回答7～9题：

我某工程承包公司于2019年5月3日向意大利商人询问钢材的价格。在询盘中，我工程承包公司声明：要求对方报价是为了计算一项承造大楼的标价和是否参加投标。我工程承包公司如果参加投标须于2019年5月15日向招标人递交投标书，招标人开标日期为2019年5月31日。2019年5月6日，意大利商人向我方发盘报钢材价格，我承包公司据以计算标价，并于2019年5月15日向招标人递交了投标书。由于国际商场钢材价格上涨，2019年5月21日，意大利商人来电要求撤销其5月6日发盘，我工程承包公司当即表示不同意撤销发盘。于是双方为能否撤销发盘发生争执。及至2019年5月31日，招标人开标，我方工程承包公司中标，随即向意大利商人发出接受通知。但意大利商人坚持发盘已于2019年5月21日撤销，合同不能成立。对此，双方争执不下，于是，提交仲裁。

7．我们可以理解为该发盘有效期为（　　）。

A．在合理时间内有效　　B．何时接受均可

C．2019年5月15日　　D．2019年5月30日前

8．根据《联合国国际货物销售合同公约》规定，意大利商人的发盘（　　）。

A．不能撤销。因为工程承包公司已本着对其发盘的信赖，向招标人递交了投标书

B．可以撤销。只要撤销通知到达时，工程承包公司还未发出接受通知即可

C．不能撤销。因为此时钢材国际商场价格已经上涨

D．可以撤销。因为双方还未签约

9．根据《联合国国际货物销售合同公约》规定，如果你是仲裁员，应判（　　）。

A．意大利商人胜诉

B．工程承包公司胜诉

C．在本案中，双方都有责任，各负一半责任

D．在本案中，双方都有责任，意大利商人责任大些，工程承包公司责任小些

10．根据《联合国国际货物销售合同公约》的规定，接受生效采取（　　）。

A．投邮生效原则　　B．签订书面合约原则

C．口头协商原则　　D．到达生效原则

二、多选题

1．在国际贸易中，合同成立的有效条件是（　　）。

A．当事人必须有签订合同的行为能力　　B．合同必须有对价或约因

C．合同的形式和内容必须合法　　D．合同当事人的意思表示必须真实

E．以上都对

2．约首是合同的开头部分，主要包括（　　）。

A．合同名称　　B．合同编号

C．品名条款　　D．合同序言

E．当事人的名称

3．国际货物买卖合同中的商品单价包括（　　）。

A．计价货币　　B．单位价格金额

C．计价单位　　D．佣金率

E．贸易术语

4．根据《联合国国际货物销售合同公约》的规定，构成一项有效发盘的条件是（　　）。

A．向一个或一个以上特定的人提出　　B．发盘中必须明确规定有效期

C．发盘的内容必须十分确定　　D．表明在得到接受时承受约束的意旨

E．必须传达到受盘人

5．下列条款中属于国际货物买卖合同主要条款的是（　　）。

A．品名品质　　B．价格

C．支付　　D．数量

E．交货期

6．根据《联合国国际货物销售合同公约》的规定，构成一项有效接受的条件是（　　）。

A．必须由特定的受盘人作出　　B．可以用口头、书面的方式作出

C．必须与发盘条件相符　　D．必须在发盘规定的有效期内送达发盘人

E．可以用行为的方式作出

7．交易磋商的书面方式包括（　　）。

A．信函　　B．电话

C．面对面　　D．传真

E．电子邮件

8．根据《联合国国际货物销售合同公约》规定，一项发盘只要列明（　　），即可被认为其内容“十分确定”。

A．货名　　B．数量

C．价格　　D．包装

E．交货期

9．一方对另一方的发盘表示接受可以采取的方式有（　　）。

A．书面　　B．行为

C．口头　　　　　　　　　　　　　　　D．缄默

E．声明

10．根据《联合国国际货物销售合同公约》，下列属于非实质性变更的有（　　）。

A．变更货物包装　　　　　　　　　　　B．变更交货地点和时间

C．变更赔偿责任范围　　　　　　　　　D．变更单据的种类或份数

E．要求寄送船样

三、判断题

1．按《联合国国际货物销售合同公约》规定，接受和发盘一样是可以撤销的。（　　）

2．如接受通知送达发盘人时已超过发盘规定的有效期，虽然发盘人立即予以确认，但合同仍不能成立。（　　）

3．书面合同形式既包括合同书、确认书、备忘录，也包括往来数据电文。（　　）

4．国际贸易惯例对买卖合同当事人具有法律约束力。（　　）

5．每笔国际货物买卖的交易磋商都必须有询盘、发盘、还盘、接受 4 个环节。（　　）

6．邀请发盘对发盘人是没有约束力的。（　　）

7．发盘必须明确规定有效期，未明确规定有效期的发盘无效。（　　）

8．接受一旦生效，就不能撤销。（　　）

9．根据《联合国国际货物销售合同公约》，受盘人在对发盘表示接受的同时，对发盘的内容作任何添加或变更，均是对发盘的拒接，并构成还盘。（　　）

10．一项不可撤销的发盘也是可以撤回的，只要撤回的通知在发盘送达受盘人之前或同时送达受盘人即可。（　　）

项目五测试题答案

一、单选题

1～5 C C B D A　　　6～10 A C A B D

二、多选题

1．ABCDE　2．ABDE　3．ABCE　4．ACDE　5．ABCDE

6．ABCDE　7．ADE　8．ABC　9．ABCE　10．ADE

三、判断题

1～5 F F T F F　　　6～10 T F T F T

项目六　进口单证主要业务

学习目标

知识目标	能力目标
◎熟悉进口需要准备的单证	◎能准备进口单证
◎熟悉信用证申请流程	◎能申请信用证
◎熟悉修改信用证流程	◎能修改信用证
◎熟悉进口单证审核要点	◎能审核进口单证

任务一　进口人需准备的单证

进口人需要准备的单证取决于双方在合同中约定的结算方式和贸易术语，包括进口人需要填制的单证以及进口人从出口人那里取得的单据。

一、进口人需要填制的单证

此处以常见的6种贸易术语（FOB、FCA、CFR、CPT、CIF、CIP）为例说明进口人需要填制的单据，进口人除了要填写入境货物报检单、进口报关单及可能填写索赔申请书之外，所需其他单据的不同之处表现在：在T/T结算方式下，进口人需要填写境外汇款申请书；在L/C结算方式下，进口人需要填写开证申请书，当信用证不符合出口商要求时，进口人还需要填写信用证修改申请书；在FOB、FCA、CFR、CPT贸易术语下，进口人还要填写投保申请书。

二、进口人从出口人那里取得的单证

进口人从出口商那里取得的单据包括商业发票、装箱单、汇票、原产地证明书或普惠产地证明书、海运提单、航空运单、保险单、海关发票等。海运方式下，进口商凭海运提单换取提货单，拿提货单会同其他单据向海关办理进口报检和报关手续。在空运方式下，进口商无需换取提货单，直接拿航空公司出具的提货通知单和出口商提供的航空运单，会同其他单据向海关办理进口报检和报关手续。

进口人需提交的单据见表6-1-1。

表 6-1-1　进口人需提交的单据

贸易术语 业务环节	FOB、CFR、CIF	FCA、CPT、CIP
申请信用证（L/C 方式下）	合同、开证申请书	
修改信用证（L/C 方式下）	信用证修改申请书	
投保	FOB、FCA、CFR、CPT 贸易术语下需填写：投保申请书 CIF、CIP 贸易术语下无需填写	
付款（T/T 方式下）	境外汇款申请书	
换提货单	海运提单	无需换提货单
进口报检	入境货物报检单 提货单 外销合同 ★商业发票 ★装箱单 ★原产地证明书/普惠制产地证明书	入境货物报检单 提货通知单+航空运单 外销合同 ★商业发票 ★装箱单 ★原产地证明书/普惠制产地证明书
进口报关	进口报关单 提货单 外销合同 ★商业发票 ★装箱单 ☆海关发票	进口报关单 提货通知单 航空运单 外销合同 ★商业发票 ★装箱单 ☆海关发票
提货	提货单	提货通知单+航空运单
索赔	索赔申请书 保险单	索赔申请书 保险单

任务二　进口人申请信用证

一、进口人申请信用证的流程

买卖合同签订后，进口商应按照合同规定向银行办理开证手续。开立信用证分为 3 个步骤：

①进口商向银行递交进口合同及其所需附件，如进口许可证，填写《开证申请书》，并缴纳开证保证金和开证手续费。开证申请书的内容应与合同条款相一致，例如品质、规格、数量、价格、交货期、装运期、装运条件及所需单据等，要以合同为依据一一列明。开证保证金一般

按照信用证金额的一定比例计算；对于资信良好的开证申请人，银行会按照事先与其签订的授信合同的规定，在其具体申请开证时依比例减免开证保证金，最高可减免100%。进口人在申请开证时，必须按规定支付一定金额的开证手续费。

②开证行开立信用证，并将信用证内容通知到通知行。

③通知行将信用证内容通知给出口商。

可见，开立信用证的过程是如图6-2-1所示逆时针单向联系的。出口商不能在收到进口商发来的信用证后就安排发货，一定要等通知行通知。因为通知行的义务是合理审慎地鉴别信用证的表面真实性并及时、准确地通知受益人（出口商），有利于帮助出口商降低风险。

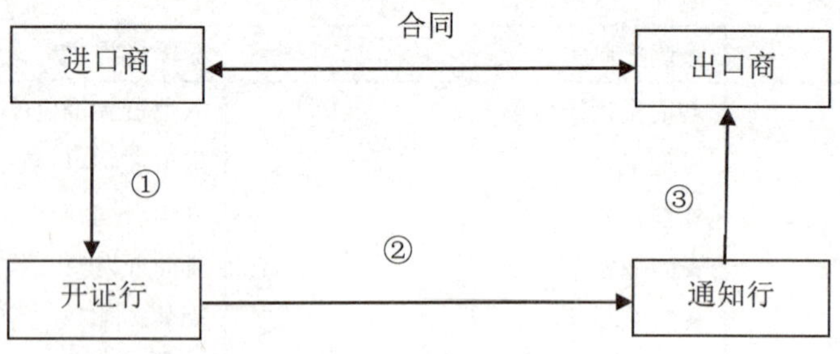

图6-2-1　开立信用证流程

任务三　银行方开立信用证

一、开证行“三查一保”

在进口人申请开证时，银行为减轻自身风险，通常进行“三查一保”（见表6-3-1）。

表6-3-1　开证行的“三查一保”

开立信用证	注意事项
三查	1. 审查开证申请书和开证申请人声明
	2. 审查开证申请人的资信
	3. 审查开证时提交的有效文件
一保	收取开证保证金 分为：免收、全额收取、按比例收取3种

二、开证行开立并通知信用证

开证行在走完“三查一保”流程后，即按《开证申请书》的要求开立信用证，并根据开证申请人指示的传递方式向通知行发出信用证，同时将信用证副本送交开证申请人。

任务四　已开信用证的修改

一、信用证修改流程

《UCP 600》规定，所有的信用证都是不可撤销信用证。不可撤销信用证并不是指在任何情况下都不能修改信用证的内容，而是指，在信用证有效期内，未经信用证有关方的同意，开证申请人不能擅自修改的信用证。出口商在收到了信用证之后，发现信用证的条款不符合合同约定，或者有损自己的利益时，就可以向进口商提出修改信用证的要求。

信用证修改流程与开立信用证流程相似，只是变成了 4 步，多了 1 步，即出口商将信用证修改意见告知进口商。信用证修改流程如下：

①出口商将信用证修改意见告知进口商；

②进口商填写《信用证修改申请书》，连同改证手续费，一起交给开证行；

③开证行首先进行审查，之后修改信用证，并且将信用证修改通知书送到通知行；

④通知行将信用证修改通知书通知到出口商。

与开立信用证流程一样，信用证修改也是按照如图 6-4-1 所示逆时针单向联系的。出口商也不能将信用证修改意见直接告知通知行，应由通知行告知开证行。

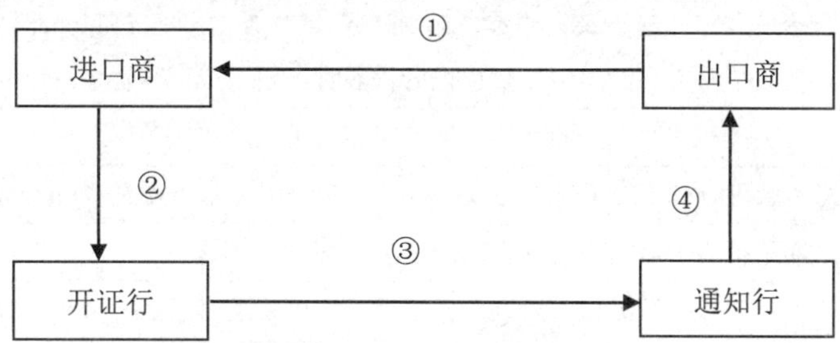

图 6-4-1　信用证修改流程

二、信用证修改注意事项（见表 6-4-1）

表 6-4-1　修改信用证注意事项

修改信用证	注意事项
条件	进出口商协商一致修改信用证，不能仅仅由一方直接要求开证行修改
修改主体	只能由开证行修改
受益人的做法	要么全部接受，要么全部拒绝
原证的效力	在受益人向通知修改的银行表示接受该修改内容之前，原信用证（或包含先前已被接受修改的信用证）的条款和条件对受益人仍然有效

任务五　进口人审核单证

一、以信用证或合同为主要审核依据

进口人在收到出口商交来的单证后，需要以信用证（信用证结算方式）或合同（其他结算方式）为依据认真审核，如果发现单据有问题，进口人有权拒收单据和拒付货款。

二、进口人审单注意事项（见表 6-5-1 至表 6-5-4）

表 6-5-1　提单审核注意事项

序号	提单审核注意事项
1	提单应具备全套可转让提单并注明承运人的具体名称，经承运人或作为承运人代理的具名代理、船长或作为船长的具名代理签署
2	提单上的文字如有更改时，应有提单签署人的签字，或有签发提单公司的签章
3	提单的抬头人（Consignee）如是“To Order”或“To Order of Shipper”，应由出口人（或发货人）做成空白背书；信用证要求记名背书时，要做成记名背书
4	提单的抬头人和被通知人的名称、地址应与信用证规定相符
5	C 组贸易术语应有“Freight Prepaid”字样；F 组贸易术语应有“Freight Collect”字样
6	提单日期不得迟于信用证上规定的最迟装运期
7	提单向指定银行提示的日期原则上不得迟于提单签发日后 21 天，信用证另有规定的服从信用证规定，但无论如何不得晚于信用证的有效期
8	商品栏上不许记载信用证上未列明的商品
9	装运港与卸货港名称应正确
10	提单上不得有任何说明货物瑕疵的不良批注，也就是说，除非信用证特准，提单应为清洁提单
11	除非信用证特许，否则不得货装在舱面，如条款容许货装在舱面时，应投保舱面险
12	提单上所载件数、唛头、号码、重量及船名等应与发票、包装单及重量单上所载完全相同，货物可用总名称描述，但不得与其他单据的货物名称有抵触
13	提单上的发货人原则上应为信用证的受益人，如以第三者为发货人，应以信用证特许为限，或在转让信用证项下
14	提单日期可以早于信用证的开证日期，除非信用证另有规定

表 6-5-2 汇票审核注意事项

序号	汇票审核注意事项
1	汇票一般为正副本两份，要和信用证规定一致
2	汇票的大小写要相符，支取的金额应与信用证规定相符
3	汇票付款人应为开证行
4	出票日期应在信用证有效期之内
5	出票条款要正确，要与信用证规定注明的条款一致
6	出票人、抬头人及付款人的名称、地址要正确无误。出票人通常为出口人，抬头人通常为议付行，付款人为开证行
7	出票人应为信用证受益人或受让人，出票人名称应与信用证所载名称相符，并须经其负责人签章
8	受款人若为出票人指示抬头，则应由出票人背书
9	付款期限是否与信用证规定相符，即期汇票或远期汇票不可弄错

表 6-5-3 商业发票审核注意事项

序号	汇票审核注意事项
1	发票的出票人应是信用证的受益人（可转让信用证除外），与汇票的出票人应为同一人
2	发票的抬头人应是信用证开证申请人
3	发票的出票日期不应迟于汇票的出票日期，亦不应迟于信用证的议付有效期
4	商品名称、数量、规格、单价、包装、价格条款、合同号码等及货物描述必须与信用证的规定相符，单价乘以数量必须与发票总金额相符
5	除非信用证另有规定，发票金额应与汇票金额一致，且不得超过信用证金额
6	信用证所规定的信用证金额、单价及商品的数量（如磅、千克、码等），其前面如有“About”“Circa”或类似意义字样者，容许有不超过 10%的差额
7	除非信用证另有规定，在所支付款项不超过信用证金额的条件下，货物数量准许有 5%的增减幅度。但如信用证规定的数量以包装单位或个数计数，此项增减幅度则不适用
8	信用证上若规定货物的单价并允许分批装运的，分批装运数量和所支取款项应与信用证总数量和总金额为同一比例
9	唛头、号码、货名、货运日期、起运地等应与提单或其他单据相符
10	如信用证中无特殊规定，发票上不得列入仓租、佣金等额外费用，亦不得列入其他与货物无关的费用
11	发票上必须记载出票条款、合同号码及发票日期，份数必须与信用证要求相符，如是影印件或复写件，其中一份必须注明“正本”字样
12	如经过修改更正，应由出票人签章

表 6-5-4　保险单审核注意事项

序号	保险单审核注意事项
1	应由保险公司签发，由其负责人签名
2	种类、正本份数必须与信用证规定相符，全部正本均须提交银行
3	被保险人应与信用证规定相符，通常为信用证受益人
4	除信用证另有规定外，保险单应可转让，并由被保险人背书
5	必须包括信用证规定应投保的险别
6	应就运输合同的全部过程予以投保
7	投保金额应符合信用证规定，投保金额大小写应一致，投保货币应与信用证规定相符
8	装运船名、航次、装运港、起运日期等记载，必须与提单一致
9	应列明投保货物名称、数量、唛头等，并应与提单、发票及其他单据一致
10	应载明赔款地点、支付赔款代理行及支付币别，信用证如无规定，应以货运抵达目的地为赔款地
11	保险单生效日期原则上不得迟于货物单据上的装货、发货、承运日期
12	如信用证允许货物装载舱面，而提单亦已载明“On Deck”的，保险单亦应注明“On Deck”。此时，应加保“Jettison And / Or Washing Overboard”（抛弃和浪击落海）附加险，保险公司才负责赔偿

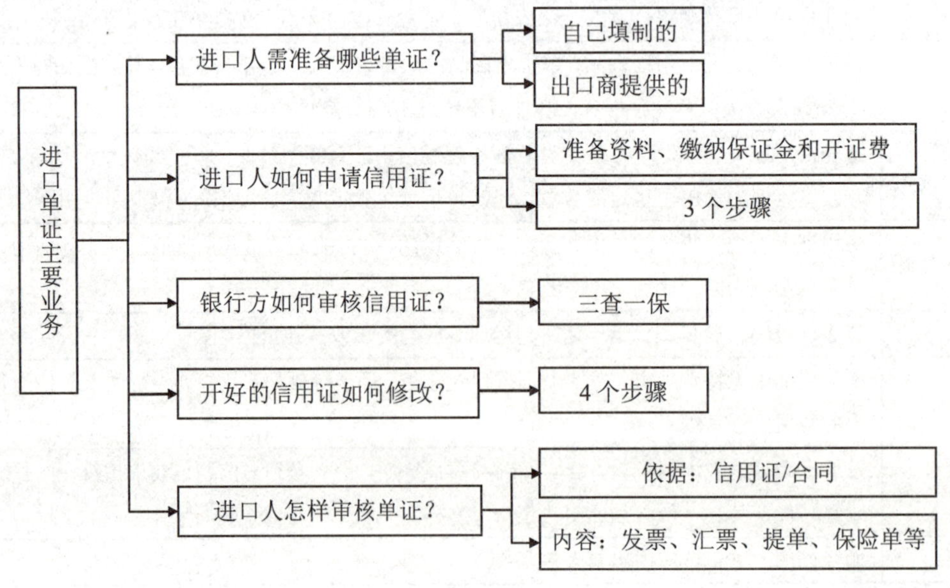

项目测试题

一、单选题

1．进口人申请开立信用证的程序不包括（　　）。

A．填写开证申请书　　B．缴纳开证保证金

C．支付开证手续费　　D．指定通知行

2．某外贸公司与国外一进口商订立销售合同，我方出售长毛绒玩具 10 000 个。合同规定，2020 年 5 月 30 日前开出信用证，6 月 20 日前装船。4 月 28 日买方按期来证，有效期 6 月 30 日。由于卖方按期装船发生困难，故书面向买方申请将装船期延至 7 月 5 日，买方回函表示同意，但未通知开证银行。7 月 3 日货物装船后，卖方 7 月 4 日到银行议付时，遭到拒绝。请问银行是否有权拒绝议付?为什么?（　　）

A．银行有权拒绝议付。因为开证申请人没有通过开证行修改信用证

B．银行无权拒绝议付。因买卖双方只约定改变装船期，未改变信用证条款

C．银行无权拒绝议付。因只要买卖双方同意改变装船期，意味着信用证条款即发生改变

D．银行有权拒绝议付。因为开证行还应接受买卖双方的合同约束

3．信用证支付方式下，银行处理单据时不负责审核（　　）。

A．单据与有关国际惯例是否相符　　B．单据与信用证是否相符

C．单据与国际贸易合同是否相符　　D．单据与单据是否相符

4．根据《UCP 600》规定，如果信用证规定诸如“In Triplicate”“In Three Fold”“In Three Copies”等用语要求提交多份单据，则至少提交（　　）正本，其余使用副本单据来满足。

A．一份　　B．二份　　C．三份　　D．四份

5．根据《UCP 600》规定，银行有权拒付迟于提单发运日之后（　　）个日历日提交的单据。

A．10　　B．14　　C．21　　D．30

6．某公司以 CIF 贸易术语进口一批货物，国外卖方提交的海运提单上有关“运费支付”一项应写成（　　）。

A．Freight Prepaid　　B．Freight as Arranged

C．Freight Collect　　D．Freight Payable at Destination

二、多选题

1．进口商在审核商业发票时应注意的要点有（　　）。

A．发票的出票人应是信用证的受益人（可转让信用证除外），与汇票的出票人应为同一人

B．发票的抬头人应是信用证开证申请人

C．发票的出票日期不应迟于汇票的出票日期，亦不应迟于信用证的议付有效期

D．商品名称、数量、规格、单价、包装、价格条款、合同号码等及货物描述必须与信用证的规定相符，单价乘以数量必须与发票总金额相符

E．除非信用证另有规定，否则发票金额应与汇票金额一致，且不得超过信用证金额

2．审核信用证项下进口货物单据的是（　　）。

A．开证行　　B．代收行

C．开证申请人　　D．汇入行

E．托收行

3．进口人审核提单时，应注意的要点是（　　）。

A．提单应具备全套可转让提单并注明承运人具体名称

B．提单上的文字如有更改时，应有提单签署人的签字或签章

C．提单日期不得迟于信用证上规定的最迟装运期

D．提单向指定银行提示的日期原则上不得迟于提单签发日后 21 天

E．提单日期可以早于信用证的开证日期

4．缮制和审核国际贸易单证的主要依据包括（　　）。

A．买卖合同　　B．信用证

C．有关商品的原始资料　　D．相关国际惯例

E．相关国内管理规定及国外客户要求

5．进口商申请开立信用证的程序包括（　　）。

A．递交有关合同副本及附件　　B．填写开证申请书

C．缴付保证金　　D．支付开证手续费

E．在开证申请书背面签字

6．申请开立信用证的程序有（　　）。

A．递交有关合同的副本及附件　　B．填写开证申请书

C．缴付保证金　　D．支付议付费

E．支付开证手续费

7．下面关于海关发票的描述中，正确的是（　　）。

A．出口商填写的

B．进口商填写

C．出口人向出口地海关报关时提供的单据

D．是进口人向进口地海关报关时提供的单据

E．是进口地海关进行估价定税，征收差别关税或反倾销税的依据

8．关于信用证项下各种单证的出单日期，下列说法正确的是（　　）。

A．汇票的出票日期通常最晚，但不得晚于信用证规定的交单期和有效期

B．商业发票的签发日期一般最早

C．保险单的签发日期一般不得晚于提单日期

D．保险单的签发日期可以晚于提单日期，如果保险公司在保险单上注明："保险责任最迟至货物装船或发运和接受监督之日生效"

E．单据的出单日期可以早于信用证的开立日期，但不得晚于该单据的提交日期

三、判断题

1．买卖合同是买方申请开立信用证的基础。在非信用证支付方式下，买卖合同是出口商凭以制单的依据。（　）

2．修改信用证时，可不必经开证行而直接由申请人修改后交给受益人。（　）

3．MT700 是 SWIFT 方式下开证的格式，MT707 是 SWIFT 方式下修改信用证的格式。（　）

4．进口人在申请开证时，不需要支付开证手续费。（　）

5．审核提单时应注意海运提单一般为“备运提单”提单，而多式联运提单属于“已装船”提单。（　）

6．信用证中注明“Invoice in three copies”，受益人向银行交单时，提交了三张副本发票，此做法违反了信用证规定。（　）

项目六测试题答案

一、单选题

1～5 D A C A C　　6 A

二、多选题

1．ABCDE　　2．AC　　3．CD　　4．ABCDE　　5．ABCDE

6．ABCE　　7．ADE　　8．ABCDE

三、判断题

1～5 T F T F F　　6 T

项目七　官方出口单证业务

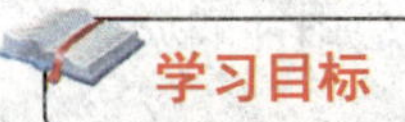

知识目标	能力目标
◎了解许可证申领手续及填制方法	◎能按要求申领许可证、填制许可证
◎熟悉常见产地证书种类	◎能填制常见产地证书
◎熟悉检验检疫证书种类及内容	◎掌握检验检疫证书种类及内容
◎熟悉出口业务单据审核工作	◎学会审核出口业务单据

任务一　出口许可证的申请与单证样例

一、出口许可证概述

国家对外经贸行政管理部门代表国家统一签发的批准某项商品出口的，具有法律效力的证明文件，也是海关查验放行出口货物和银行办理结汇的依据。

表 7-1-1　出口许可证监管的主要商品和监管目的

实施出口许可证管理的主要商品	监管目的
1）关系国计民生的大宗资源性出口商品 2）在我国总出口中占有重要地位的大宗传统出口商品 3）我国在国际市场或某一市场占主导地位的重要商品 4）国外对我国有配额或要求我国主动限制出口数量的商品 5）出口额大且易于引起经营秩序混乱的商品 6）重要的名、特、优出口商品 7）特殊要求的出口商品	1）保证外汇收入 2）防止低价商品的过度出口 3）不超过进口国规定进口配额

办理申领出口许可证的基本程序如图 7-1-1 所示。

申请 → 审核、填表 → 输入电脑 → 发证

图 7-1-1　办理申领出口许可证的基本程序

1. 申请

申请的内容：出口商品（货物）名称、规格、输往别国地区、数量、单价、总金额、交货期、支付方式（即出口收汇方式）等项目。

表 7-1-2　申请出口许可证的内容

须提供的有关证件或材料（复印件）
1）外贸公司凭合同正本（或复印件） 2）非外贸单位凭主管部门（厅、局级）的批准件 3）文物，凭文物主管部门的批准件 4）书刊，凭出版主管部门的批准件 5）名人字画（只限近代、现代），凭文化部的批准件 6）黄金白银（不含饰品），凭中国人民银行总行的批准件 7）专利、诀窍、传统技艺，凭国家专利局或主管部门的批准件

居民或村民，凭街道办事处或村民委员会出具说明情况的证明函和购货发票办理有关手续方可出境。

属于下列情况的，还须提供有关证件或材料：

表 7-1-3　申请出口许可证有关证件或材料

第一次申领出口许可证的企业	须提供的有关证件或材料（复印件）
外贸企业	1）主管部门批准成立公司（企业）的批文 2）公司（企业）章程 3）营业执照 4）出口商品经营目录
外商投资企业	1）有关部门关于项目合同的批件 2）营业执照 3）经国家商务部认可的年度出口计划

2. 审核、填表

发证机关收到上述有关申请材料后进行审核。经同意后由领证人按规定要求填写《中华人民共和国出口许可证申请表》。

3. 输入电脑

申请单位加盖公章后送交发证机关，经审核符合的，发证机关将申请表各项内容输入电脑。

4. 发证

发证机关在申请表送交后的 3 个工作日内，签发《中华人民共和国出口许可证》，一式四联，将第一、二、三联交领证人，凭以向海关办理货物出口报关和银行结汇手续。

二、出口许可证申请表

（一）出口许可证申请表样本（见表 7-1-4）

表 7-1-4 出口许可证申请表样本

中华人民共和国出口许可证申请表

<table>
<tr><td colspan="3">1.出口商： 代码：
领证人姓名： 电话：</td><td colspan="3">3.出口许可证号：</td></tr>
<tr><td colspan="3">2.发货人： 代码：</td><td colspan="3">4.出口许可证有效截至日期：
年 月 日</td></tr>
<tr><td colspan="3">5.贸易方式：</td><td colspan="3">8.进口国（地区）：</td></tr>
<tr><td colspan="3">6.合同号：</td><td colspan="3">9.付款方式：</td></tr>
<tr><td colspan="3">7.报关口岸：</td><td colspan="3">10.运输方式：</td></tr>
<tr><td colspan="6">11.商品名称： 商品编码：</td></tr>
<tr><td>12.规格、等级</td><td>13.单位</td><td>14.数量</td><td>15.单价（币种）</td><td>16.总值（币种）</td><td>17.总值折美元</td></tr>
<tr><td></td><td></td><td></td><td></td><td></td><td></td></tr>
<tr><td></td><td></td><td></td><td></td><td></td><td></td></tr>
<tr><td></td><td></td><td></td><td></td><td></td><td></td></tr>
<tr><td></td><td></td><td></td><td></td><td></td><td></td></tr>
<tr><td>18.总计</td><td></td><td></td><td></td><td></td><td></td></tr>
<tr><td colspan="3" rowspan="2">19.备注
申请单位盖章
申领日期：</td><td colspan="3">20.签章机构审批（初审）：
经办人：</td></tr>
<tr><td colspan="3">终审：</td></tr>
</table>

（二）出口许可证申请表缮制要求

1．出口商（业务类型及填写方式见表 7-1-5）

表 7-1-5 出口商业务类型及填写方式

业务类型	填写方式
1．配额管理	1）出口配额指标单位的外贸企业全称
2．一般许可证	2）出口经营权的各类外贸企业的全称
3．还货、补偿贸易项目	3）出口经营权的代理公司全称
4．非外贸单位经批准出运货物	4）单位名称
5．企业编码	5）授权的发证机关编定的代码

2．发货人

（1）配额招标商品（包括有偿和无偿招标）的发货人与出口商必须一致。

（2）其他出口配额管理商品的发货人原则上应与出口商一致，但与出口商有隶属关系的可以不一致。

（3）还货出口，补偿贸易出口和外商投资企业委托代理出口时，发货人与出口商可以不一致。

3．出口许可证号

由发证机关编排。

4．出口许可证有效截止日期（见表 7-1-6）

表 7-1-6 出口许可证有效截止日期

类型	有效截至日期
实行“一批一证”制的商品	1）自发证之日起最长为 3 个月 2）供港澳（不包括转口）鲜活冷冻商品的许可证有效期为 1 个月
不实行“一批一证”制的商品	自发证之日起最长为 6 个月
许可证证面有效期如需跨年度的	可在当年将许可证日期填到次年，最迟至 2 月底

5．贸易方式

（1）此栏内容有：一般贸易、易货贸易、补偿贸易、进料加工、来料加工、外商投资企业出口、边境贸易、出料加工、转口贸易、期货贸易，承包工程、归还货款出口、国际展销、协定贸易、其他贸易。

（2）进料加工复出口，此栏填写进料加工。

（3）外商投资企业进料加工复出口时，贸易方式填写外商投资企业出口。

（4）非外贸单位出运展卖品和样品每批价值在 500 元以上的，此栏填写“国际展览”。

（5）各类外贸企业出运展卖品，此栏填写“国际展览”，出运样品填写“一般贸易”。

6. 合同号

（1）合同号指申领许可证、报关及结汇时所用出口合同的编码。

（2）原油、成品油及非贸易项下出口，可不填写合同号。

（3）展品出运时，此栏应填写外经贸部批准办展的文件号。

7. 报关口岸

报关口岸指出运口岸，此栏允许填写三个口岸，但仅能在一个口岸报关。

8. 进口国（地区）

进口国（地区）指最终目的地，即合同目的地，不允许使用地域名（如欧洲等）。

9. 支付方式

此栏的内容有信用证、托收、汇付、本票、现金、记账和免费等。

10. 运输方式

运输方式可填写海上运输、铁路运输、公路运输、航空运输、邮政运输、固定运输。

11. 商品名称和编码

按外经贸部发布的出口许可证管理商品目录的标准名称填写。

12. 规格等级

（1）规格等级栏，用于对所出商品作具体说明，包括具体品种、规格（如：水泥标号、钢材品种等），等级（如兔毛等级）。同一编码商品规格型号超过四种时，应另行填写出口许可证申请表。“劳务出口物资”也应按此填写。

（2）出运货物必须与此栏说明的品种、规格或等级相一致。

13. 单位

单位指计量单位。非贸易项下的出口商品，此栏以“批”为计量单位，具体单位在备注栏中说明。

14. 数量、单价及总值

（1）数量表示该证允许出口商品的多少。此数值允许保留一位小数，凡倍数超出的，一律以四舍五入进位。计量单位为“批”的，此栏均为 1。

（2）单价是指与计量单位相一致的单位价格，计量单位为“批”的，此栏则为总金额。

15. 备注

填写以上各栏未尽事宜。

任务二　原产地证书的申请与单证样例

一、原产地证书概述

原产地证书是由出口国政府有关机构签发的一种证明货物原产地或制造地的法律文件，其包括普惠制原产地证明书、一般原产地证明书和专业性原产地证明书 3 种，见表 7-2-1。

表 7-2-1　3 种原产地证书

类型	说明
普惠制原产地证明书	发达国家对发展中国家出口的制成品和半制成品给予普遍、非歧视性，非互惠的关税优惠待遇
一般原产地证明书	证明中国出口货物符合我国出口货物原产地规则，货物确系中国原产地的证明文件，是过关、结汇进行贸易统计的重要文件
专业性原产地证明书	澳大利亚、新西兰、挪威、瑞典、瑞士、芬兰、奥地利、加拿大、日本、波兰、俄罗斯以及欧洲共同体等国家和国际组织宣布给予我国普惠制待遇

（1）办理时，首先由出口企业向商检机构办理注册登记手续。

1）申请单位应如实填写普惠制或一般原产地证书注册登记表，并提供审批机构的批件、营业执照、协议书及其他有关文件，对于来料加工和含有进口成分的产品还必须提供《来料加工清单》和《含进口成分商成本商品明细表》；

2）经商检机构下厂调查落实审核后，如符合签证要求，就可以申请签证；

3）申请时填写普惠制产地证申请或一般地证明书申请单和一式三份的格式 A（Form A）原产地证书或一般原产地证明书，盖章签字，并附交正式商业发票、提单、信用证和买卖合同 。

（2）出口公司提供格式 A 原产地证书或一般原产地证书，声明该产品确系本国出产或制造，然后由受惠国的官方机构（商检机构）出具证明，证明出口公司的证明是正确的，符合给惠国的原产地标准或我国出口货物的原产地规则，即可出口。

（3）格式 A 原产地证书必须由商检机构按规定印制，证书不得涂改和伪造。目前，我国政府已征得给惠国同意，只用英文签证，如有特殊要求也可用法文签证。

（4）申请格式 A 原产地证书至少应在货物装运前 3 天提交。

（5）原产地证书必须打字整洁，项目齐全，不得涂改。出口商和商检机构必须加盖公章，签署人亲笔签名。证书的正本和第一副本必须随函附交进口商。

（6）接受产地证申请后，签发时间为 2 个工作日内；特殊情况，可以签发急件。

二、产地证书的申领

申请人需提交资料见表 7-2-2。

表 7-2-2　申请人需提交资料

资料类型
1）《普惠制原产地证明书申请书》或《一般原产地证明书申请书》一份，加盖申请单位公章
2）缮制完整的《普惠制原产地证书》或《一般原产地书》一套，证书需签字、盖章。签字人员应是取得产地证申领资格的人员
3）正式出口商业发票副本一份且盖章，并应注明包装、数量、毛重，否则还需另附装箱单
4）含有进口成分的商品，需提供《含进口成分商品成本明细单》
5）后发证书的，需提供提单
6）如有必要，还需提供合同、信用证等其他有关的单据

三、一般原产地证书样本（见表 7-2-3）

表 7-2-3　一般原产地证书样本

<table>
<tr><td colspan="2">1．Exporter （full name and address，country）</td><td colspan="3" rowspan="2">Certificate No.500511266
CERTIFICATE OF ORIGIN OF
THE PEOPLE'S REPUBLIC OF CHINA</td></tr>
<tr><td colspan="2">2．Consignee （full name，address，country）</td></tr>
<tr><td colspan="2">3．Means of transport and route</td><td colspan="3" rowspan="2">5．For certifying authority use only</td></tr>
<tr><td colspan="2">4．Country and region of destination</td></tr>
<tr><td>6. Marks and numbers of packages</td><td>7．Description for goods，number and kind of package</td><td>8．H.S.Code</td><td>9．quantity or weight</td><td>10．Number and date of invoices</td></tr>
<tr><td colspan="2">11．Declaration by the exporter
The undersigned hereby declares that the above details and statements are correct，that all the goods were produced in China and that they comply with the Rules of origin of the People's Republic of China

Place and date，Signature and stamp of Authorized signatory</td><td colspan="3">12．Certification
It is hereby certified that the declaration by the exporter is correct

Place and date，signature and stamp of Certifying authority</td></tr>
</table>

（一）一般原产地证书缮制要求

（1）出口方（Exporter）：此栏填写出口人的名称和详细地址。

（2）收货人（Consignee）：填写最终收货人的名称、地址和国家（地区）。通常是合同的买方或信用证上规定的提单通知人。填写本栏目时应注意以下问题：

1）如需要填写转口商的名字时，可在收货人后面加英文“Via”加上转口商的名称、地址和国家。

2）如信用证规定收货人一栏留空，或者到欧盟的，此栏应填写“To whom it may concern”或“To order”，但不得留空。

（3）运输方式和路线（Means of Transport and Route）：一般应填装运港（地）、目的港（地）及运输方式（如海运、陆运、空运、陆空运等），如 From Shanghai To Hamburg By SeA．系转运商品还应加上转运港，如 Via HongKong.

（4）目的地国家（地区）（Country/Region of Destination）：填写目的地国家（地区）。指货物最终目的国，一般应与最终收货人或最终目的港国别一致，不能填写中间商国家名字。

（5）签证机构用栏（For Certifying Authority Use Only）：由签证机构在签证后发证书，补发证书或加注其他声明时使用。证书申领单位应将此栏留空，一般情况下该栏不填。

（6）运输标志（Marks and Numbers）：根据实际情况，如实缮制。

（7）商品名称、包装数量及种类（Number and kind of packages；Description of goods）填写如下：“One Hundred（100）Cartons of Women' s Shirts”，同时用英文表述和阿拉伯数字。

（8）商品编码（HS. Code）：此栏要求填写商品的 H.S.编码。若同一份证书包含有几种商品，则应将相应的 H.S.编码全部填写，此栏不得留空。

（9）数量或重量（Quantity or Weight）：此栏应以商品的正常计算单位填，如“只”“件”“双”“台”“打”等。如“200Doz”或“500Kgs”。以重量计算的则填毛重或净重，只有净重的，填净重亦可，但要标上“N.W.（Net Weight）”。

（10）发票号码及日期（Number and Date of Invoice）：应按照商业发票填写。该栏期应早于或同于实际出口日期，此栏不得留空。

（11）出口方声明（Declaration by the Exporter）：填写出口人的名称、申报地点及日期。由已在签证机构注册的人员签名并加盖公司印章，公司印章应为中英文对照的签证章，盖章避免覆盖手签人姓名，并标上申报地点、日期，如：Qingdao Shandong May23，2018。此栏不得早于发票日期，也不应晚于提单的签发日期。

（12）签证机构证明（Certification）：签证当局的证明。此栏填检验检疫局的签证地点、日期，如：Qingdao Shandong May24，2018。检验检疫局签证人员经审查后在此栏手签并加盖签证章，印章不得与签字重叠。

此栏目日期不得早于第 10 栏的发票日期和第 11 栏的申报日期，但应早于货物的出运日期。

四、普惠制产地证书样本（见表 7-2-4）

表 7-2-4　普惠制产地证书样本

<table>
<tr><td colspan="3">1．Goods consigned from （Exporter's full name and address，country）</td><td colspan="3" rowspan="2">Reference No.T200510819
GENERALIZED SYSTEM OF PREFERENCES
CERTIFICATE OF ORIGIN
（Combined declaration and certificate）
FORM A
Issued in THE PEOPLE'S REPUBLIC OF CHINA
（Country）
See Notes. Overleaf</td></tr>
<tr><td colspan="3">2．Goods consigned to（Consignee's full name and address，country）</td></tr>
<tr><td colspan="3">3．Means of transport and route（as for as known）</td><td colspan="3">4．For certifying authority use only</td></tr>
<tr><td>5．Item number</td><td>6.Marls and numbers of packages</td><td>7．Number and kind of packages；description of goods</td><td>8．Origin criterion （see Notes overleaf）</td><td>9．Gross Weight or other quantity</td><td>10．Number and date of invoices</td></tr>
<tr><td colspan="3">11．Certification
It is hereby certified that the declaration by the exporter is correct.

CIQ

Place and date，signature and stamp of Certifying authority</td><td colspan="3">12．Declaration by the exporter
The undersigned hereby declares that the above Details and statements are correct，that all the Goods were produced in CHINA and that they Comply with the origin requirements
specified for those goods in the Generalized System of
（importing country）

Place and date，Signature and stamp of Authorized signatory</td></tr>
</table>

（一）普惠制产地证书缮制要求

各种 FORM A 产地证书的右上角为标题栏，通常显示证书号和证书名称，其中各栏的填写方式如下：

（1）出口商名称、地址（Exporter's name，Address，Country）：通常填写包括街道名、门牌号码等在内的出口商名称、地址，并与 L/C 保持一致。注意其中的地名采用汉语拼音。此栏是带有强制性的，应填明在中国境内的出口商详细地址，包括街道名、门牌号码等。出口商必须是已在出入境检验检疫机构办理产地证注册的企业，且公司英文名称应与检验检疫局注册备案的一致。此栏切勿填写香港、澳门、台湾等中间商的名称、地址（包括国别）。

（2）收货人的名称、地址和国别（Consignee' s name，address and country）填写以 L/C 上规定的提单通知人或特别声明的收货人的名称、地址和国别。此栏应填写进口商合法的全称、地址（包括国别）。此栏不可填中间转口商的名称。如果 L/C 要求所有单据收货人留空，此栏应填写：To Order 或 To Whom It May Concern；如果 L/C 已经转让，以第一受益人作为收货人产地证也可接受。

（3）运输方式及路线（已知）[Means of transport and route （as far as known）]：一般应按"From 装货港/地 To 到货港/地 By 运输方式"的顺序填列。此栏应填写运输方式和路线，也可说明离港日期、运输工具号。如果货物需要转运，应接着显示"VIA 转运地"如果进口国为内陆国，应显示"Intransit to 内陆国名称"。

（4）目的地国家或地区（Country\region of destination）：应填写货物最终运抵国，一般与最终收货人或最终目的港国别一致。

（5）官方使用栏（For official use only）：此栏正常情况下保持空白，在因证书遗失、被盗或损毁而签发"后发"证书、重发证书、"复本"证书或加注其他声明时由签证机构填写相应内容。

（6）唛头及包装号（Marks and Numbers）：所填的唛头应与货物实际及发票上的唛头一致，产品制造地必须显示为中国，不能出现"香港、澳门、台湾原产地"等中国内地以外其他产地制造字样；如货物无唛头应填"N/M"或"NO MARK"；如唛头过多、过长，可填打在第 7、8、9、10 栏终止符号以下的空白处，如还不够，此栏填打"SEE THE ATTACHMENT"，另用与证书同样大小的附页填打所有唛头，在右上角打上证书号，并由申请单位和签证机构授权签字人分别在附页末页的右下角和左下角手签、盖印，附页手签的笔迹、地点、日期均与证书第 11、12 栏相一致（注意：此栏不可简单地填写"As Per invoice No.…"等）。

（7）包装数量及种类、商品描述（Description of goods，number and kind of packages）：包装数量及种类通常使用英文和阿拉伯数字（用括号同时显示）+商品的具体名称。注意商品名称描述必须详细，不能过于笼统，以便查验货物的海关官员可以识别，并使其能与发票上的货名及 H.S.编码的货名对应。一般不填货物的商标、牌名及货号。名称填列完毕应另起行填写终止符"**************"或"\"截止线，以防伪造内容的加填。如信用证要求填具合同、信用证号码或证明等，可加填在此栏空白处，如是散装，在商品名称后加注"In Bulk"，如证书有一页以上，在此栏须注明"To Be Continued"。

（8）HS 编码（HS code）：应填写第 7 栏中的货物名称相对应的协调制度编码。

（9）毛重或其他数量（Gross weight，Quantity）：应填写千克数，其他按惯例能准确表明数量的计量单位，如体积、件数等也可用于该栏。只有净重的，填净重，但要标上"N.W.（NET WEIGHT）"。

（10）发票号、发票日期（Number and Date Of Invoice）：填写的发票号必须与递交给检验检疫机构所附上的发票号、发票日期一致，并且此栏不得留空。为避免误解，月份一般用英文缩写“JAN.”“FEB.”“MAR.”等表示，发票日期年份要填全，如“2018”不能为“18”。发票号太长需换行打印，应使用折行符“－”。发票日期不能迟于提单日期和申报日期。

（11）出口商声明（Declaration By The Exporter）：生产国的横线上应填上“CHINA”，申请单位的申报员应在此栏签字，加盖公章，填上申报地点、时间，印章应清晰。

注意：申报日期不要填法定休息日，日期不得早于发票日期，一般也不要迟于提单日期。

（12）签证当局证明（Certification）：必须由签证机构经授权的签证人员签名、签署日期并加盖签证印章，并应填写签证机构的电话号码、传真号码及地址。此栏填的签证地址和日期，一般情况下与出口商申报地址、日期一致，签证机构授权签证人员在此栏手签，并加盖签证当局印章。

（二）根据有关信用证条款和参考资料缮制普惠制产地证（见表 7-2-5）

1．有关信用证资料

APPLICANT：F.L. SMIDTH&CO.

A/S 77，VIGERSLEV ALLE，DK-2600 VALBY COPENHAGEN DENMARK

Fax：（01）20 11 90

BENEFICIARY：GOLDEN SEA TRADING CORP.

8TH FLOOR，JIN DU BUILDING，277WU XING ROAD，SHANGHAI，CHINA

LOADING IN CHARGE：SHANGHAI

FOR TRANSPORT TO：COPENHAGEN

LATEST DATE OF SHIPMNET：MAY 31，2019

DESCRIPTION OF GOODSA：“LOWER” BRAND BICYCLE AS PER S/C NO FLS9711

600 SETS YE803 24’ USD66.00/SET

500 SETS TE600 26’ USD71.00/SET

CIF COPENHAGEN

DOCUMENTS REQUIRED：

+GSP CERTIFICATE OF ORIGIN FORMA，CERTIFYING GOODS OF ORIGIN IN CHINA，ISSUED BY COMPETENT AUTHORITIES

2．补充资料

发票号码：AC20190325

发票日期：2019.04.19

提单日期：2019.5.20

总毛重：8250KGS

FORM A 号码：GZ6/56300/0012（该产品不含进口成分）

唛头：YE COPENHAGEN NOS.1-600

TE COPENHAGEN NOS.1-600 Copy

表 7-2-5　普惠制产地证

<table>
<tr>
<td colspan="3">1． Goods consigned from （Exporter's business name，address，county）
GOLDEN SEA TRADING CORP.
8TH FLOOR，JIN DU BUILDING，277WU XING ROAD，SHANGHAI，CHINA</td>
<td colspan="3" rowspan="2">Reference No. GZ6/56300/0012

GENERALIZED SYSTEM OF PREFERENCES
CERTIFICATE OF ORIGIN
（Combined declaration and certificate）
FORM A
Issued in THE PEOPLE'S REPUBLIC OF CHINA
（Country）

See Notes. Overleaf</td>
</tr>
<tr>
<td colspan="3">2． Goods consigned to （Consignee's name，address，country）
F.L.SMIDTH&CO.A/S
77，VIGERSLEV ALLE，DK-2600 VALBY
COPENHAGEN DENMARK Fax：（01）20 11 90</td>
</tr>
<tr>
<td colspan="3">3． Means of transport and route （as for as known）
ON/AFTER MAY 20，2019
FROM SHANGHAI TO COPENHAGEN BY VESSEL</td>
<td colspan="3">4． For official use</td>
</tr>
<tr>
<td>5． Item number
1

2</td>
<td>6. Marls and numbers of packages
YE
COPENHAGEN
NOS.1-600
TE
COPENHAGEN
NOS.1-600</td>
<td>7． Number and kind of packages；description of goods
FIVE HUNDRED AND FIFTY（550）CARTONS OF " FLOWER " BRAND BICYCLE （YE803 24'）
****
**************</td>
<td>8． Origin criterion （ see Notes overleaf）
"P"</td>
<td>9． Gross Weight or other quantity
8250KGS</td>
<td>10． Number and date of invoices
AC20010325
APR.19，2019</td>
</tr>
<tr>
<td colspan="3">11． Certification
It is hereby certified that the declaration by the exporter is correct.

SHANGHAI，APR.21，2019
....
....
Place and date，signature and stamp of certifying authority</td>
<td colspan="3">12． Declaration by the exporter
The undersigned hereby declares that the above details and statements are correct；that all the Goods were produced in
.........CHINA........................... （country）
and that they comply with the origin requirements specified for those goods in the Generalized System of Preference for goods exported to
.........DENMARK............ （Importing country）
...SHANGHAI，APR.19，2019.........
Place and date，signature of authorized signatory</td>
</tr>
</table>

任务三 检验检疫证的申请与单证样例

一、出口商品检验检疫概述

（一）出口商品检验检疫定义

出口商品检验检疫机构依照相应的法律、法规或出口合同的规定，对商品的质量、数量、包装、卫生、安全及装运条件进行检验并出具相应的检验证书的一系列活动。

（二）检验检疫机构

1．检验检疫机构的分类（见表 7-3-1）

表 7-3-1 检验检疫机构的分类

申请	性质	举例
官方	由国家或地方政府投资设立	中华人民共和国质量监督检验检疫总局
半官方	由国家批准设立的公证检验机构	中国商品检验总公司
非官方	民间的检验机构	上海化工研究院检测中心

2．检验检疫机构的基本任务（见表 7-3-2）

表 7-3-2 检验检疫机构的基本任务

基本任务	检验范围
法定检验	1）对列入《实施检验检疫的进出口商品目录》的进出口商品进行检验 2）对出口危险品的包装容器实施性能鉴定和使用鉴定 3）对出口容易腐烂变质食品、冷冻品的船舱和集装箱等实施适载检验和鉴定 4）对其他法律法规规定的须经商检机构检验的进出口商品进行检验 5）对出口食品进行卫生检验 6）对国际公约规定的进出口商品实施检验检疫
公证鉴定	1）对进出口商品进行重量鉴定 2）货载衡量鉴定 3）商品的残损鉴定 4）货物短缺鉴定及船舱检验等
监督管理	对法定检验以外的进出口商品的检验检疫工作实施监督管理

（三）报检形式的分类（见表 7-3-3）

表 7-3-3 报检形式的分类

<table>
<tr><th>报检形式</th><th>报检单位</th><th>注册单位</th><th>要求</th></tr>
<tr><td>自理报检</td><td>经所在地出入境检验检疫机构注册登记并取得报检单位代码</td><td rowspan="2">境内企业</td><td rowspan="2">报检员资格证书</td></tr>
<tr><td>代理报检</td><td>经国家质检总局注册登记，受进出口货物收发货人的委托</td></tr>
</table>

（四）报检时限（见表 7-3-4）

表 7-3-4 报检时限

<table>
<tr><th>类型</th><th>报检时限</th></tr>
<tr><td>出境快件</td><td>在其运转工具离境 4 小时前</td></tr>
<tr><td>输入植物、种子、种苗及其他繁殖材料</td><td>在入境前 7 天报检</td></tr>
<tr><td>出境动物产品及其他检疫物</td><td>在出境前 7 天报检；需做熏蒸消毒处理的，应在 15 天前报检</td></tr>
<tr><td>出境货物</td><td>出口报关或装运前 7 天报检（个别检验检疫周期较长的货物，应留有相应的检验检疫时间。）</td></tr>
<tr><td>出口玩具</td><td>在货物装运前 7 天向检验检疫机构报检</td></tr>
<tr><td>输入其他动物</td><td>在入境前 15 天报检</td></tr>
<tr><td>入境货物需对外索赔出证的</td><td>在索赔有效期前不少于 20 天内向到货口岸或货物到达地检验检疫机构报检</td></tr>
<tr><td>输入微生物、人体组织、生物制品、血液及其制品或种畜、禽及其精液、胚胎、精卵</td><td>在入境前 30 天报检</td></tr>
<tr><td>出境观赏动物</td><td>在动物出境前 30 天持贸易合同或演出合约、产地检疫证书、国家濒危物种进出口管理办公室出具的许可证、信用证到出境检验检疫机构报检</td></tr>
<tr><td>需隔离检疫的出境动物</td><td>出境前 60 天预报，隔离前 7 天报检</td></tr>
<tr><td colspan="2">注：报检后 30 天内未联系事宜的作自动撤销报检处理</td></tr>
</table>

（五）报检程序

（1）出境货物检验检疫的程序：先检验检疫，后放行通关。即：报检—受理报检并计费—实施检验检疫—产地和报关地一致的出具《出境货物通关单》，不一致的出具《出境货物换证凭单》，由报关地检验检疫机构换发《出境货物通关单》。

（2）出境货物检验检疫应提供的单据：

1）填写《出境货物报检单》。

2）外贸合同或销售确认书或订单、信用证、有关函电。

3）生产经营部门出具的厂检结果单原件。

4）检验检疫机构签发的《出境货物运输包装性能检验结果单》（正本）。

5）凭样品成交的，须提供样品。

6）经预检的货物，在向检验检疫机构办理换证放行手续时，应提供该检验检疫机构签发的《出境货物换证凭单》（正本）。

7）产地与报关地不一致的出境货物，在向报关地检验检疫机构申请《出境货物通关单》时，应提交产地检验检疫机构签发的《出境货物换证凭单》（正本）。

8）按照国家法律、行政法规的规定实行卫生注册和质量许可的出境货物，必须提供经检验检疫机构批准的注册编号或许可证编号。

9）出口危险货物时，必须提供《出境货物运输包装性能检验结果单》正本和《出境危险货物运输包装使用鉴定结果单》（正本）。

10）出境特殊物品的，根据法律法规规定应提供有关审批文件。

（六）报检工作的有关规定

报检工作的有关规定：

（1）出入境货物检验检疫实行“一次报检、一次抽（采）样、一次检验检疫、一次卫生除害处理、一次收费、一次发证放行”的工作模式和先报检后报关的工作程序。对于一次报检的一批货物（包括货物、入境集装箱、植物性包装材料检疫等），报检人应填写《入境货物报检单》或《出境货物报检单》。

（2）报检单制单要求：报检单统一要求预录入，并加盖报检单位公章或已向检验检疫机构备案的报检专用章。报检单录入必须如实、准确、完整。

（3）报检人员报检前，应认真审核预录入报检单，其申报内容必须与报检随附单证一致，并在“报检人声明栏”签名。报检员对申报内容的真实性、准确性负责。

二、报检单样本（见表 7-3-5）

表 7-3-5 报检单样本

中华人民共和国出入境检验检疫出境货物报检单

报检单位（加盖公章）：◊◊◊			*编 号		
报检单位登记号：◊◊◊		联系人：◊◊◊	电话：◊◊◊	报检日期： 年 月 日	
发货人	（中文）				
	（外文）				
收货人	（中文）				
	（外文）				
货物名称（中/外文）	H.S.编码	产地	数/重量	货物总值	包装种类及数量
运输工具名号码		贸易方式		货物存放地点	
合同号		信用证号		用途	
发货日期		输往国家（地区）		许可证/审批号	◊◊◊
启运地		到达口岸		生产单位注册号	◊◊◊
集装箱规格、数量及号码					

续表

<table>
<tr><td colspan="2">合同、信用证订立的检验检疫条款或特殊要求</td><td>标记及号码</td><td colspan="3">随附单据（划“√”或补填）</td></tr>
<tr><td colspan="2"></td><td></td><td colspan="2">√□合同
√□信用证
√□发票
□换证凭单
√□装箱单
□厂检单</td><td>□包装性能结果单
□许可/审批文件</td></tr>
<tr><td colspan="4">需要证单名称（划“√”或补填）</td><td colspan="2">*检验检疫费</td></tr>
<tr><td rowspan="3">□品质证书　_正_副
□重量证书　_正_副
□数量证书　_正_副
□兽医卫生证书　_正_副
□健康证书　_正_副
□卫生证书　_正_副
□动物卫生证书　_正_副</td><td colspan="3" rowspan="3">□植物检疫证书　_正_副
□熏蒸/消毒证书　_正_副
□出境货物换证凭单
√□出境货物通关单</td><td>总金额（人民币元）</td><td></td></tr>
<tr><td>计费人</td><td></td></tr>
<tr><td>收费人</td><td></td></tr>
<tr><td colspan="4">报检人郑重声明：
1．本人被授权报检。
2．上列填写内容正确属实，货物无伪造或冒用他人的厂名、标志、认证标志，并承担货物质量责任。
签名：◊◊◊</td><td colspan="2">领取证单
日期

签名</td></tr>
<tr><td colspan="4">注：有“*”号栏由出入境检验检疫机关填写</td><td colspan="2">◆国家出入境检验检疫局制【1-1（2000.1.1）】</td></tr>
</table>

（一）报检单填制总体要求

报检单填制总体要求如下：

（1）同一合同、同一商业发票、同一提单填写一份报检单。如果同一货运单中既有动物产品，又有植物产品，需按动物类和植物类分开报检。

（2）书写工整，字迹清晰，不得随意涂改，项目填写齐全；对栏目内容确实无法填写的，应注明“无”或“/”；任何人不得擅自涂改已受理报检的单据。

（3）详细列明联系人、电话号码，加盖报检单位公章；报检日期按检验检疫机构受理报检日期填写。

（二）出境货物报检单缮制要求

（1）发货人：填外销合同的卖方或信用证上的受益人：提供购销合同申请预先报检的填购销合同的买方。

（2）收货人：填外销合同中的买方或信用证上的开证申请人。

（3）货物名称：商品的名称、规格、牌号、货号应与合同、信用证一致，合同与信用证不一致时，以信用证为准；此栏加填生产批号。

（4）H.S.编码（海关编码）：出境货物的商品编码，应与最新《海关统计商品目录》所列编码相符。

（5）产地：货物的实际产地（例如：产地是南昌的货物不能直接填写南昌而应填江西南昌市），该栏是检验检疫机构受理报检时坚持产地检验检疫的重要依据之一。

（6）数/重量：实际报检数/重量，所填数/重量应符合合同或信用证要求，并在其规定的溢短量幅度之内；注明货物的标准计量单位，按重量计价的还应填写毛/净重和皮重。

（7）货物总值：按出口合同/商业发票所列货物总值、出口经营单位收购时的人民币总值填写；进料加工、来料加工、来件装配产品，应按“成本价+加工费”计算货物总值（商品实际总价值），而不能只填写加工费。

（8）包装种类及数量：填货物的外包装种类和包装件数，木质包装应注明木质种类（如松木、杉木、杂木等），所填外包装种类应与合同或信用证中包装条款要求一致；“裸装”或“散装”货物应注明“裸装”或“散装”；此栏加填包装性能合格单号或包装容器编号。

（9）运输工具名称号码：填报关后的运输工具及号码。

（10）贸易方式：包括“一般贸易”“三来一补”“易货贸易”“边境贸易”“无偿援助”“其他贸易”。

（11）货物存放地点：报检时货物具体的堆存或仓储地点，便于安排检验检疫，用途为填本批货物。

（12）合同号：填写所报货物的合同号码。信用证号：信用证结汇的填写信用证号码，非信用证结汇的应在该栏注明结汇方式。

（13）发货日期：填货物的启运日期，发货日期应在合同或信用证所列最迟装运、结汇有效期之前，受理报检日期之后。

（14）启运地：填货物的报关地：该栏是报检人要求出具“出境货物换证凭单”或“出境货物通关单”的重要依据之一。

（15）输往国家（地区）：货物的最终销售或“买断”国家（地区）。到达口岸：货物到达国家（地区）口岸。

（16）许可证/审批号：属质量许可证管理范围内的出口商品，填写其生产企业或商品经检验检疫机构考核取得的出口商品质量许可证号；需经审批的出境货物填写审批号。生产单位注册号：属卫生注册登记管理范围内的出口食品和动植物及其产品，填写其生产厂、冷库、仓库经检验检疫机构考核取得的检疫卫生注册证书、检疫卫生登记证书或检疫注册登记证书编号。

（17）集装箱规格、数量及号码：集装箱装运的出境货物，需填写装运货物的集装箱规格、集装箱数量和集装箱号码（报检出境运输工具、集装箱时该项必须填写）。

（18）合同、信用证订立的检验检疫条款或特殊要求：

1）《检验检疫商品目录》内商品，合同、信用证或货物输往国无要求出证的，只需申请出具“出境货物换证凭单”或“出境货物通关单”。

2）合同或信用证有要求的，应与合同或信用证一致，并且注明是单独出证或合并出证，是分批还是并批；若对检验检疫、签证有特殊要求的，必须详细列明，并注明证书英文名称。

3）货物输往国对检验检疫、签证有特殊要求的，在此栏详细列明。

（19）标记及号码：即实际货物运输包装上的标记（唛头），要求在内容和形式上应与合同或信用证、出厂检验合格单等单据中所列完全一致，此项不能空缺，无唛或散装（裸装）货物填 N/M。

（20）随附单据：提供何种单据在方框内画“√”，未列明的，在空白处填写，并画“√”。需要证单名称：基本同上。

（21）报检人郑重声明：本栏由经检验检疫机构培训合格后的报检员手签。

三、检验检疫证书

检验检疫证书是由政府机构或公证机构对进出口商品检验检疫或鉴定后，根据检验检疫或鉴定结果出具并签署的书面声明，证明货物以检验达标并评述检验检疫或鉴定结果的书面单证。

（一）检验检疫证书的作用（见表 7-3-6）

表 7-3-6 检验检疫证书的作用

检验检疫证书作用
1）出口货物报关验放和进口货物清关及结汇的单据之一
2）一些国家海关征收关税的重要依据
3）计算价格、运费的依据
4）证明履约情况的依据，便于买卖双方交接货物及索赔、理赔的依据

（二）检验检疫证书的种类（见表 7-3-7）

表 7-3-7 检验检疫证书的种类

种类	作用
品质检验证书（Inspection Certificate of Quality）	证明商品的品质、规格、等级、成分、性能等实际情况，便于交接货物
重量/数量检验证书（Inspection Certificate of Weight/Quantity）	证明商品的数量、重量等情况的证书，是出口商品交货结汇、签发提单和进口商品结算索赔的有效凭证。出口商品的重量证书，也是国外报关征税和计算运费、装卸费用的证件
兽医检验证书（Veterinary Inspection Certificate）	证明出口动物产品或食品经过检疫合格的证件，适用于冻畜肉、冻禽、冻畜罐头、冻兔、皮张、毛类、绒类、猪鬃、肠衣等出口商品，是对外交货、银行结汇和进口国通关输入的重要证件
卫生健康检验证书（Inspection Certificate of Santitary of Certificate of Health）	证明可供人类食用的出口动物产品、食品等经过卫生检验或检疫合格的证件，适用于肠衣、罐头、冻鱼、冻虾、食品、蛋品、乳制品、蜂蜜等，是对外交货、银行结汇和通关验放的有效证件
消毒检验证书（Inspection Certificate of Disinfection）	证明出口动物产品经过消毒处理、保证安全卫生的证件，适用于猪鬃、马尾、皮张、山羊毛、羽毛、人发等商品，是对外交货、银行结汇和国外通关验放的有效证件
船舱检验证书（Inspection Certificate of Hold）	证明承运出口商品的船舱清洁、密固、冷藏效能及其他技术条件是否符合保护承载商品的质量和数量完整与安全的要求的证件，可作为承运人履行租船契约适载义务，对外贸易关系方进行货物交接和处理货损事故的依据
温度检验证书（Inspection Certificate of Temperature）	证明出口冷冻商品温度的证书
熏蒸证书（Fumigation Certificate）	证明出口粮谷、油籽、豆类、皮张等商品，以及包装用木材与植物性填充物等，已经过熏蒸灭虫的证书
植物检疫证书（Plant Quarantine Certificate）	证明植物基本不带有害物，符合输入国或地区的要求

任务四　出口业务单据的审核工作

一、出口退税单证概述

出口退税是一种国际惯例，是一个国家或地区对已报送离境的部分出口货物，由税务机关将其在出口前的生产和流通的各环节已经缴纳的国内增值税、消费税等间接税的税款退还给出口企业的税收制度。

自 2014 年 1 月 1 日起，出口退税申报调整的主要内容为：由以前的单证不齐即可申报改为纸质单证齐全，同时还要信息齐全方可申报。同时《国家税务总局关于出口货物劳务增值税和消费税有关问题的公告》对退免税认定、进料加工、生产企业视同自产、出口海关特殊监管区域、代理出口、出口转内销等几个方面做了相关补充规定，这使出口退税的管理体系得到进一步完善。

二、出口退税的一般程序

（一）退税资格的认定

企业在获得出口经营权和工商登记证明后，应在 30 日内持已办理备案登记并加盖备案登记专用章的《对外贸易经营者备案登记表》、工商营业执照及其复印件、国税税务登记证副本及其复印件、银行开户证明、一般纳税人资格证书及其复印件和海关进出口企业代码等文件，填写由主管出口退税的税务机关统一印制的《出口货物退税认定表》，到所在地主管出口退税的税务机关办理出口货物退税认定手续。

（二）出口退税附送材料（见表 7-4-1）

表 7-4-1　出口退税附送材料

类型	退税附送材料
一般出口企业	1．出口货物报关单（出口退税专用联） 2．出口收汇核销单（出口退税专用联一俗称核销单“小联”） 3．结汇水单或远期收汇证明 4．增值税专用发票及专用缴款书（或完税分割单） 5．海关完税凭证 6．外销发票及销售明细账
进料加工贸易出口企业	除上述材料外还必须提供《进料加工手册》复印件及《进料加工贸易申请表》
代理出口的企业	除上述材料外还必须提供代理出口协议及《代理出口货物证明》等

（三）填报退税申报资料时的具体要求（见表 7-4-2）

表 7-4-2　填报退税申报资料时的具体要求

退税申报资料
1．以账上销售的顺序逐月按同类产品归集填报一式四份的《出口退税申报表》
2．根据购进出口货物增值税专用发票抵扣联和专用缴款书的装订顺序，填报一式四份的《出口退税进货凭证登录表》
3．根据发票、报关单、收汇核销单、远期收汇证明单、代理出口证明单等，填报《出口发票、出口报关单登录表》一式四份
4．根据消费税出口专用缴款书，填报《出口退税进货凭证登录表》
5．根据每次申报报送的资料汇总填报《出口货物退税单证汇总表》
6．由于申报退税的所有单证必须是合法有效，各种单证与填报的登录表、申报表等内容必须一致

（四）办理退税的时限（见表 7-4-3）

出口产品退税义务发生后，还需要经过单证审核、记账、结账、申报等一系列手续。

表 7-4-3　办理退税的时限

退税时限
1．企业购货后应在开立增值税专用发票或普通发票之日起 30 天内办理认证手续
2．企业在货物报关出口之日起 90 天内办理出口退税申报手续
3．除远期收汇外，企业应在货物报关出口之日起 180 天内向所在地主管退税部门提供出口收汇核销单
4．企业出口货物纸质退税凭证丢失或内容填写有误、按有关规定可以补办或更改的，可在申报期限内向退税部门提出延期办理出口货物退税申报的申请，经批准后可延期 3 个月申报，主管出口退税业务的税务机关在年终后 3 个月内应对出口企业的退税进行一次全面清算，多退的收回，少退的补足。清算后，税务机关不再受理上年的税款的退税申请

复习导图

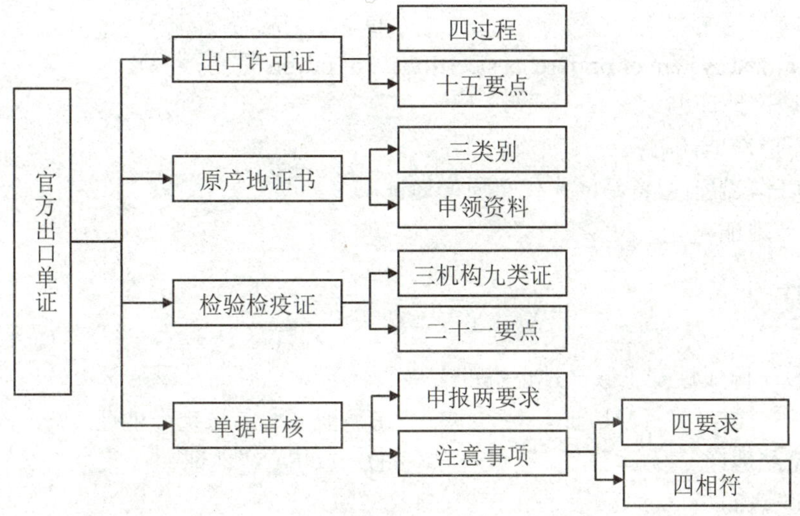

项目测试题

一、单选题

1．普惠制原产地证明书（FORM A）中的原产地标准栏目，如果出口商品为完全原产品，不含有任何进口成分，出口到所有给惠国，正确填写代码是（　　）。

A．“W”　　B．“F”　　C．“Y”　　D．“P”

2．德国某公司受联合国世界卫生组织委托，将数台德国产医疗设备运至我国。我在进口报关单起运国和原产国栏目分别填报（　　）。

A．联合国，德国　　B．德国，德国　　C．德国，联合国　　D．联合国，联合国

3．下列无资格签发检验证书的机构是（　　）。

A．中国出入境检验检疫局　　B．出口国商检局

C．SGS　　D．外汇管理局

4．根据联合国设计推荐使用的国际标准化货币代码，中国、美国、欧盟货币的正确表述是（　　）。

A．RMB/USD/EUR　　B．CNY/USD/UER

C．CNY/USD/EUR　　D．CNY/UDS/EUR

5．CEPA 原产地证书是指（　　）。

A．中国－东盟自贸区优惠原产地证书　　B．中国－巴基斯坦自贸区原产地证书

C．中国－智利自贸区原产地证书　　D．大陆－港澳更紧密经贸关系原产地证书

6．如果合同和信用证没有特殊规定，一般原产地证书由（　　）出具。

A．外汇管理局　　B．检验检疫局

C．工商局　　D．海关总署

7．Generalized system of preferences certificate of origin 是（　　）。

A．一般原产地证书

B．ECFA 原产地证书

C．《中国－东盟自由贸易区》优惠原产地证书

D．GSP 产地证

二、多选题

1．下列属于区域性互惠原产地证书的有（　　）。

A．中国－东盟自贸区产地证　　B．亚太贸易协定产地证

C．CEPA 产地证　　D．ECFA 产地证

E．GSP 产地证

2．缮制和审核国际贸易单证的主要依据包括（　　）。

A．买卖合同　　B．信用证

C．有关商品的原始资料　　D．相关国际惯例

E．相关国内管理规定及国外客户要求

3．下列证书中属于区域性互惠原产地证书的有（　　）。

A．中国－东盟自贸区产地证　　B．亚太贸易协定产地证

C．CEPA 产地证　　D．ECFA 产地证

E．GSP 产地证

4．进口商对于信用证项下单据不符的处理方式通常有（　　）。

A．接受不符点，对外付款　　B．允许受益人在有效期内更改单据

C．同意降价后接受单据并付款　　D．改为货到后经检验再付款

E．凭国外议付行书面担保后付款，保留追索权

三、判断题

1．出口商品检验证书的出证日期和保险单的出单日期均不得迟于提单日期。（　　）

2．一般原产地证书就是 GSP 证书。（　　）

3．原产地证明必须显示发货人或出口商的名称。（　　）

4．根据我国检验检疫的有关规定，出口商应最迟于货物出口前 3 天向签证机构申请办理普惠制产地证书。（　　）

5．法定检验是指由我国检验检疫机构依法对规定的进出口商品和有关检验检疫事项进行的强制性检验。（　　）

6．普惠制产地证中原产地标准一栏如填写“P”，表示完全原产品。（　　）

项目七参考答案：

一、单选题

1～5 D B D C D　　6-7 B D

二、多选题

1．ABCD　　2．ABCDE　　3．ABCD　　4．ABCDE

三、判断题

1～5 T F T F T　　6 T

项目八　单证相关计算业务

知识目标	能力目标
◎熟悉佣金和折扣的计算公式	◎能计算佣金、含佣价、折扣、净价
◎熟悉常见贸易术语的价格换算公式	◎能计算运费
◎熟悉运费、保险费的计算公式	◎能计算保险费
◎了解购汇价格和结汇价格的区别	◎能计算银行费用

任务一　佣金的计算

一、佣金的计算

佣金是中间商因介绍生意而收取的报酬，佣金的计算方式取决于支付方式，共分为 4 大类，见表 8-1-1。

二、含佣价和净价之间的换算

在实际业务中，经常会遇到外商要求我方在报净价的基础上，改报含佣价。

含佣价=净价÷（1-佣金率）

例如，我方对外报价 CIF London GBP 100/DOZ，对方要求改报为 CIFC5 价格。我方在保证原收益不变的条件下，求得应报含佣价=100÷（1-5%）=105.26 英镑。

在此处容易出现的错误是，认为含佣价=100×（1+5%）=105 英镑。通过与正确含佣价 105.26 英镑比较可知，以这种方法计算出来的含佣价偏低，原因在于错误地认为佣金=净价×佣金率，而佣金=含佣价×佣金率，因为净价低于含佣价，所以计算出来的含佣价 105 英镑低于正确的含佣价 105.26 英镑。不过这种方法可以粗略的估算含佣价的范围，即含佣价应大于 105 英镑。

表 8-1-1 佣金的计算

<table>
<tr><th>佣金的支付方式</th><th>佣金的计算方法</th><th>举例</th></tr>
<tr><td>1．按成交价的百分率（最常见）</td><td>佣金=成交价×佣金率</td><td>某商品成交价为 20 000 美元，佣金率为 1.5%，则，佣金=20 000×1.5%=300 美元</td></tr>
<tr><td>2．按成交数量</td><td>佣金=交货数量×单位数量佣金额</td><td>某商品共 5 000 件，每件付给佣金 10 美分，则，佣金=5 000×0.10=500 美元</td></tr>
<tr><td>3. 按 FOB 或 FCA 价的净价</td><td>第 1 步：将其他价格换算为FOB或FCA价格
第 2 步：FOB 或 FCA 价×佣金率</td><td>某公司出口一批货物，采用 CIF 条件成交，出口金额为 70 万美元，运费占发票金额的 20%，保险费占发票金额的 3%，佣金率为 4%，则，以 FOB 净价为基数的佣金=70×（1-20%-3%）×4%=2.156 万美元</td></tr>
<tr><td rowspan="2">4．按累进佣金</td><td>全额累进佣金=推销金额×所属佣金等级对应的佣金率</td><td>某代理协议，佣金一年累计结付，按全额累进方法结算，推销额和佣金率如下：
<table><tr><th>等级</th><th>推销额</th><th>佣金率</th></tr><tr><td>A 级</td><td>100 万以下</td><td>1%</td></tr><tr><td>B 级</td><td>100 万～200 万元以下</td><td>1.50%</td></tr><tr><td>C 级</td><td>200 万～300 万元以下</td><td>2%</td></tr><tr><td>D 级</td><td>300 万及 300 万元以上</td><td>2.50%</td></tr></table>年末结算，某销售商实际推销额为 240 万元，按 C 级“2%”计算佣金，即：240 万元×2%=4.8 万元。那么，该销售商应得佣金 4.8 万元</td></tr>
<tr><td>超额累进佣金=不同等级的佣金之和</td><td>某代理协议，佣金一年累计结付，按超额累进方法结算，推销额和佣金率如下：
等级 推销额 佣金率
A 级 100 万元以下 1%
B 级 100 万～200 万元 2%
C 级 200 万～300 万元 3%
D 级 300 万元以上 4%
年末结算，实际推销额为 250 万元，累进佣金应按以下计算：
A 级佣金：100×1%=1 万元；
B 级佣金：（200-100）×2%=2 万元
C 级佣金：（250-200）×3%=1.50 万元；
总佣金额=A+B+C=4.5 万元</td></tr>
</table>

任务二　折扣的计算

折扣是卖方给予买方在价格上的一定比例的减让，习惯上以百分率表示。计算公式为：

原价×（1-折扣率）=折实售价

原价×折扣率=折扣金额

例如，某商品出口价格为CIF中国香港每吨2 500元，折扣为2%，可写成CIF HONGKONG，CHINA USD2 500 Per M/T less 2% Discount。则，

商品折实售价=2 500×（1-2%）=2 450（美元/公吨）

折扣额=2 500×2%=50（美元/公吨）

需要注意的是此处的折扣与日常生活表达的区别。上面所说的2%折扣就是日常生活中表达的“98折”，而不是“0.2折”。如果出口商想给予进口商“9折”优惠，不能在价格条款中写“90% discount”或“90% off”，而应该写为“10% discount”或“10% off”。

任务三　运费的计算

一、班轮运费的计算

海运运价大体可分租船运价和班轮运价两大类。租船运价的高低取决于当时国际租船市场上的船、货供求情况，由船租双方在租船合同中确定，它的波动幅度较大，在现实中，只适宜于大宗商品的出口，诸如大米、砂糖、钢材、矿砂、饲料等出口货物；班轮运价则比较固定，由班轮公司以运价表的形式公布。班轮运价通常包括货物从起运港至目的港的运费和装卸费用。通常零星杂货和集装箱整箱货、拼箱货的出口均按班轮运价支付运费。

（一）班轮运费的计算标准

班轮运费包括基本运费和附加运费两个部分（见表8-3-1）。

1．基本运费的计算标准

基本运费的计算标准，主要有以下6种：

（1）重量法：按照货物毛重计算的称为重量法。费率表上标注“W”（Weight），以每公吨或每长吨（即重量吨）作为运费计算单位，重量吨四舍五入到小数点后三位。

表 8-3-1　班轮运费的计算

<table>
<tr><th>分类</th><th colspan="4">班轮运费计算公式</th><th>适用范围</th></tr>
<tr><td>整箱货</td><td colspan="4">班轮运费=包箱费×集装箱的数量</td><td>装入整个集装箱的货物</td></tr>
<tr><td rowspan="10">件杂货</td><td rowspan="10">班轮运费=
基本运费+
附加运费</td><td rowspan="9">基本运费
（6 种方法）</td><td>1．重量法（W）</td><td>按重量（公吨）计算</td><td>重量大的货物：重金属、建筑材料、矿产品等</td></tr>
<tr><td>2．体积法（M）</td><td>按体积（立方米）计算</td><td>轻泡货物：纺织品、日用百货等</td></tr>
<tr><td>3．从价法（A．V.）</td><td>按价格计算</td><td>贵重物品：黄金、白银、宝石等</td></tr>
<tr><td colspan="2">4．选择法（3 种）</td><td rowspan="4">一般货物</td></tr>
<tr><td>①W/M</td><td>①二选一（选大的）</td></tr>
<tr><td>②W/M or A．V.</td><td>②三选一（选大的）</td></tr>
<tr><td>③W/M plus A．V.</td><td>③二选一（选大的），再加上根据价格计算的运费</td></tr>
<tr><td>5．按件法</td><td>按件数计算</td><td>包装、数量、重量、体积固定的货物，如汽车、活牲畜等</td></tr>
<tr><td>6．议价法</td><td>临时议价</td><td>大宗低值货物，如粮食、煤炭、矿砂等</td></tr>
<tr><td>附加运费</td><td colspan="2">燃油附加费、货币贬值附加费、港口拥挤附加费、转船附加费、直航附加费、港口附加费、超重附加费、超长附加费、选港附加费、更改卸港附加费</td><td>所有货物</td></tr>
</table>

（2）体积法：按照货物体积计算的称为体积法。费率表上标注“M”（Measurement），以每立方米（m^3）作为运费计算单位；立方米四舍五入到小数点后三位。其计算公式为：

长（m）×宽（m）×高（m）×包装件数=体积（m^3）

例如，食品罐头一批共 150 箱，每箱体积为 40cm×30cm×32cm，该批罐头的体积为：0.4×0.3×0.32×150=5.76m^3。

（3）从价法：按照货物的 FOB 价值计算运费的方法称为从价法。费率表上标注“A. V.”（Ad Val.或 Ad valorem）。

（4）选择法：有以下 3 种选择方法：

1）W/M 表示在重量法和体积法两者中选择高者。

2）W/M or A．V.表示在重量法、体积法、从价法两者中选择高者。

3）W/M plus A．V.表示在重量法和体积法两者中选择高者，然后加上价格法计算的运费。

（5）按件法：有些货物无法衡量其重量或测其体积，又非贵重物品，如活牲畜、汽车等，均按件（只、头、辆）为单位计算运费。

（6）议价法：对于大宗商品，按照以上 5 种方法计算出的运费较高，此时托运人和承运人之间临时议价，确定运费。

在以上 6 种方法中，食品、纺织品、土畜产出口多以体积法为计算标准，也有一小部分按重量或重量/体积选择法为计算标准。

2．班轮运费的附加费

班轮运输运价表中的运价是基本费率，一般不常变动。由于构成运费的各种因素经常发生变化，船公司采取征收各种附加费的办法以维持其运营成本，附加费率视客观情况随时浮动。

附加费主要也有以下 6 种：

（1）燃油附加费（Bunker Adjustment Factor）：简称 BAF 或 FAF（Fuel Adjustment Factor），是因油价上涨，船公司营运成本增加，为转嫁额外负担而加收的费用。燃油附加费有的航线按基本费率的百分比加收，有的航线按运费吨加收一定金额。

（2）货币贬值附加费（Currency Adjustment Factor）：简称 CAF，是由于船方实际收到的运费低于货币贬值前应收的等额价值，使纯收入降低，船方为弥补这部分损失而加收的费用。

（3）港口拥挤附加费（Port Congestion Surcharge）：由于装卸港港口拥挤堵塞，抵港船舶不能很快进行装卸作业，造成船舶延长停泊，增加了船期成本；船公司视港口情况的好坏在不同时期按基本费率加收不同百分比的费用。

（4）转船附加费（Transshipment Surcharge）：运往非基本港口的货物，在运输途中经转船后再运至目的港，因此而加收的费用。

（5）直航附加费（D/A Direct Additional）：非基本港货物每港每航次货量达到或超过 1 000 运费吨时，不论船舶是否直航，均按直航计收运费，另加收直航附加费，不再加收转船附加费。

（6）港口附加费（Port Surcharge）：由于卸货港港口费用太高或港口卸货效率低、速度慢，影响船期所造成的损失而向货主加收的费用。

此外，还有超重附加费（Heavy-Lift Additional，比如规定每件货物的毛重超过 5 公吨者为超重货）、超长附加费（Long Length Additional，每件货物长度超过 9 米时为超长货）、洗舱费（Cleaning Charge，主要适用于散装油舱）、熏蒸费（Fumigation Charge）、选港附加费（Optional Charge）、更改卸港附加费（Alteration Charge）等。

（二）班轮运费计算实例

【例 8-3-1】 自上海装运食品罐头一批，1 000 箱计 38 立方米，目的港为中国香港，假设按照体积计算运费，该货的基本运价为 USD17.80，则：运费=USD 17.80×38=USD 676.40。

解析：此题运用件杂货按照体积计算运费的方法。

【例 8-3-2】 出口棉织品一批，计 100 箱，每箱重 50 千克，每箱体积为 0.060 立方米，由天津装船去伦敦/鹿特丹/汉堡港口。经查询，该货为 12 级，计费标准为 W/M，基本费率为 100 美元/运费吨，另有燃油附加费 20%，选港附加费每运费吨 15 美元，港口附加费 10%。求该批货物的运费。

因为 W=100×0.05=5 公吨=5 运费吨　　M=100×0.06=6 立方米=6 运费吨　　M＞W

所以，以 M（体积吨）作为运费吨的计算标准。

运费=基本运费+附加运费=100×6×（1+20%+10%）+15×6=780+90=870 美元

该批货物的运费为 870 美元。

解析：此题运用件杂货按照选择法计算运费的方法，需要注意的是重量要换算为公吨，1 公吨=1 运费吨；体积要换算为立方米，1 立方米=1 运费吨。

【例 8-3-3】 远班轮直挂的以 CY/CY 为交货条件的，按 1～7 级、8～10 级、11～15 级、16～20 级 4 个级别计收包箱费。已知 10 个 20GP 集装箱装运罐头 500 箱，总毛重 180 000 千克，总尺码 255 立方米，目的港为阿联酋的迪拜（DUBAI），经查询中远运价表，显示该港的运价为 USD 1 960。则运费合计为：运费=USD 1960×10=USD 19 600。

解析：此题运用整箱货计算运费的方式，只需要知道运费计费标准和集装箱数量。

【例 8-3-4】 已知以 3 个 20GP 集装箱装运罐头 2 430 箱，毛重 54 000 千克，尺码 74.5 立方米，目的港为瑞典的哥德堡港（GOTHENBURG）。经查询中远运价表，该港口为非基本港，应附加转船费，一个 20GP 柜的基本运价为 USD 1 850，转船费为 USD 685。则，运费=（USD 1 850+USD 685）×3=USD 7 605。

解析：此题也是运用整箱货计算运费的方式，只需要知道运费计费标准和集装箱数量，与上题不同的是，此题还要按照集装箱数量收取转船附加费。

（三）选择航线时应注意的事项

首先，要核对出口货物的目的港是否为国内航线的基本港。如果是的话，则应尽早安排订舱。

其次，必要时可选择转船运输。以 1 个 20GP 集装箱为例，从上海装中远直达船比经中国香港转运的运费贵 542 美元，转船运输更具备成本优势。

最后，要掌握各班轮公司的基本挂靠港及其运费费率，加以比较，择优选用。总之，我们对运价要加强核算，通过收集积累资料，充分利用运价最合理、运输最安全的船只，以提高出口单位的经济效益。

二、航空运费的计算

（一）计费重量

飞机装载的货物受舱门、地板承受力和货舱容积的限制。每票货物的航空运费根据其适用运价和货物的计费重量计算而得。即：

航空运费=运价×计费重量

（1）计费重量。计费重量是指用以计算货物航空运费的重量。货物的计费重量在货物总的实际毛重与总的体积重量中择高计算，用公式表示为：计费重量=max（实际重量，体积重量）。

如果实际重量＞体积重量，计费重量为实际重量；

如果体积重量＞实际重量，计费重量为体积重量。

1）实际重量，指货物的实际毛重，单位为千克。

2）体积重量。根据国际航协的规定，将货物的体积按一定比例折合成的重量，称为体积重量。计算时以 0.006 立方米作为 1 千克，相关计算公式为：

体积重量（千克）=货物体积（立方米）÷0.006（立方米/千克）

一般来说，对高密度货物（俗称重货），计费重量为实际毛重；对低密度货物（俗称轻泡货），计费重量为体积重量；如果按较高重量分界点的重量和适用运价计算的运费更为合理，则较高重量点的重量也可称为计费重量。

（3）普通货物航空运费的计算方法。不同航空公司空运运费的计算方法有所差别。国际航空运价主要有普通货物运价、等级货物运价、指定货物运价和集装箱货物运价 4 类。国际贸运业务以普货运输为主，为简单起见，这里主要介绍普通货物航空运费的计算原则。

第一步，先求出货物的体积，除以 0.006 折合成体积重量；

第二步，体积重量与实际毛重比较，择其高者作为计费重量；

第三步，计算航空运费=计费重量×运价

第四步，按较高重量分界点的较低运价计算运费，比较后选取运费较低者。

【例 8-3-5】 某企业出口货物一批，毛重 2 300 千克，体积为 16.7 立方米，自上海空运至日本东京，运价每千克人民币 13.58 元（100 千克起算），试计算空运运费。

1）体积重量=16.7 立方米÷0.006 立方米/千克=2 783.33 千克

2）因为体积重量 2 783.33 千克大于实际毛重 2 300 千克，所以按体积重量计算，即计费重量为 2 783.33 千克。

3）航空运费=2 783.33 千克×13.58 元/千克=37 797.62 元

所以，航空运费为人民币 37 797.62 元

（二）级差掌握

航空运费按计费重量大小，分为若干个重量等级分界点运价。例如：

代号“M”（Minimum Charge，起码运费）表示一票货物自始发地机场至目的地机场航空运费的最低限额。货物按其适用的航空运价与其计费重量计算所得的航空运费，应不低于该最低运价。

代号“N”（Normal General Cargo Rate）表示 45 千克以下的普通货物运价。

代号“Q”一般进一步分为“Q45”“Q100”“Q300”“Q500”…这里“Q45”表示 45 千克或 45 千克以上的普通货物运价，“Q100”表示 100 千克或 100 千克以上的普通货物运价，以此类推。计费重量越大，运价越低。

不同地区，重量分界点划分不同，分界点运价也不同。例如，运往日本东京（TYO）的货物，按现行运价本，分 3 个等级，即 M230.00 元、N30.22 元、Q45 22.71 元；运往美国西雅图（SEA）的运价有 6 个级次，即 M420.00 元、N51.58 元、Q45 38.70 元、Q100 36.13 元、Q300 33.54 元、Q500 3.97 元。

由于级次越高，费率越低，在某种情况下，需要进一步按较高重量分界点的较低运价计算运费，然后与按实际计费重量计算的运费相比较，一般航空公司同意从两者中择低计收运费。

例如，有40千克重的一批货物运往日本，按N级运价计算，每千克CNY26.11元，其运费为CNY1 044.40元；按45千克重、每千克CNY19.61元计算，运费CNY882.45元。显然45千克运费CNY882.45低于40千克运费CNY104.44，在该情况下，航空公司可同意按45千克托运和计收运费。

（三）拼装或混载货物

航空运输以一张运单作为计算运费单位，如果有3批各为35千克计费重量的货物，运往西雅图，分制3张运单，则每批都按N级运价51.58元计费。若把这3批货物合在一起，做成一张运单，则按100千克以上运价36.13元计费。但一张运单只能是一个收货人，因此，有些空运代理把收集起来运往同一目的地不同收货人的多批货物，用一张运单运送给目的地的货运代理，货运抵达目的地后由代理按不同货物标记，分交不同的收货人，这样，运输代理就可从运价级差中获利。

三、铁路运费的计算

铁路运费的计算如表8-3-2所示。

表8-3-2　铁路运费的计算

分类	铁路运费计算注意事项
国际联运	（1）发送路和到达路的铁路运输费用，按发送国和到达国国内铁路运价规则计收 （2）过境路的铁路运输费用，按“国际铁路货物联运协定统一过境运价规程”（简称“统一运价”）的有关规定计收 （3）未参加国际货协铁路的运送费用，按这些铁路所参加的另一种联运协定（如国际货约）的规定计收
内地（对中国香港）联运	内地（对中国香港）联运的费用计算分为以下4种： （1）内地段铁路运费的计算 （2）深圳过轨租车费 （3）深圳口岸劳务费、中转费、调车费、租车费、装卸费、口岸代理劳务费等 以上3项均以人民币支付 （4）港段运杂费（以港币支付） 1）港段运费。铁路运费按不同商品归纳为5大类，每一大类再按整车或零担定出不同费率，即为运价率，再根据计费重量（整车按车辆标记载重计算）确定运费。其计算公式为： 运价率×计费重量=港段运费总额 2）港段终点卸货费。按每车收若干港元计算，但活畜禽类商品免收 3）港段调车费。按每车若干港元计收 4）港段卸车费。分一般杂货、重货、机器三大类定费率，各按货物实重吨若干港元计收 5）港段劳务费。按每车若干港元计收

任务四　保费的计算

一、投保金额的确定

投保金额也称为保险金额，指发生保险事故后保险公司赔偿的最高金额。根据国际惯例，保险金额是发票金额的110%。国际商会《2020年国际贸易术语解释通则》明确规定在CIF或CIP贸易术语下，“最低保险金额须为合同规定的价款加10%（即110%）。”这里的10%为保险加成率，加成的目的是一旦货物失事，加保部分的赔款可弥补该批货物进口商经营管理费用或预期利润的损失。10%为加一成，实践中也可能为加两成或三成，主要取决于投保人的支付能力及保险公司的意愿。

二、保险费的计算

保险费率根据不同商品、不同目的地、不同运输方式、不同险别分别制定，计算时可参阅保险公司提供的费率表。保险费的高低取决于投保金额和保险费率，具体公式为：

保险费=投保金额×保险费率= CIF/CIP价×（1+投保加成率）×保险费率

实践中，保险费的计算分为一般保险费、含折扣价保险费和超成保险费等3种情况（见表8-4-1）。

表8-4-1　保险费的计算

分类	计算公式及举例
一般保险费	一般保险费= CIF/CIP价×（1+保险加成率）×保险费率 【例8-4-1】某批出口货物，发票总金额为CIF12 000美元，信用证规定按发票金额110%投保一切险和战争险，两种险的费率合计为0.6%，其保险费应为： 12 000×110%×0.6%=79.20美元
含折扣价保险费	当合同价格包含折扣时，除非合同规定或信用证订明，保险金额应以扣除折扣后的净价为基数，计算公式为： 保险费= CIF/CIP价×（1−折扣率）×（1+保险加成率）×保险费率 【例8-4-2】假设例1中的CIF12 000美元含折扣5%，则投保金额的基数和保险费应为： 投保金额的基数=12 000×（1−5%）=11 400美元 保险费=11 400×110%×0.6%=75.24美元 可见，如果商品价格包含折扣，那么投保金额降低了，保险费率也会相应下降
超成保险费	保险金额通常按发票金额加成10%，但有时客户提出，加成率要超过10%，这就增加了出口商的费用支出，如买卖合同未作规定，其超额的保险费应由客户负担，超成保险费的计算公式为： 超成保险费=CIF/CIP价×超成率×保险费率 【例8-4-3】发票金额12 000美元，客户信用证要求按130%投保，保险费率为0.6%，超成保险费=12 000×（130%−110%）×0.6%=14.40美元

三、与保险有关的价格换算

从贸易术语部分知识可知，包含保险费的贸易术语有 CIF 和 CIP，因此，与保险有关的价格计算指由 CFR（CPT）报价计算 CIF（CIP）报价，以及由 CIF（CIP）报价计算 CFR（CPT）报价，具体报价及举例见下表。有些同学已经发现本教材的价格换算考虑到了预期利润率，而有些教材的价格换算未体现预期利润率，并不是其他教材没有考虑预期利润率，而是因为不同价格下的预期利润总额是不变的，不会与报价保持固定的比率关系（见表 8-4-2）。

表 8-4-2　与保险有关的价格换算

分类	计算公式及举例
CFR（CPT）→ CIF（CIP）	CIF 报价=CFR 成本价/[1-（投保加成率）×保险费率-预期利润率]=CFR 报价×（1-预期利润率）÷[1-（投保加成率）×保险费率-预期利润率] CIP 报价= CPT 报价×（1-预期利润率）÷[1-（投保加成率）×保险费率-预期利润率] 【例 8-4-4】进口货物以 CFR 价成交，发票金额 12 000 美元，国外出口商电告货已发运，应即向我保险公司按 CIF 价加一成投保，保险费率为 0.6%。假设预期利润率为 5%，预期利润以报价为基数计算，则 CIF 的报价应为多少? 解：CFR 报价=CFR 总成本+CFR 报价×预期利润率 所以，CFR 总成本=CFR 报价×（1-预期利润率）=USD12 000×（1-5%）=USD11 400 CIF 报价=CFR 总成本+CIF 报价×（1+投保加成率）保险加成×保险费率+CIF 报价×预期利润率，所以，CIF 报价=CFR 总成本÷[1-（1+投保加成率）×保险费率-预期利润率]=USD11 400÷（1-1.1×0.6%-5%）=USD12 083.95
CIF（CIP）→ CFR（CPT）	CFR 报价= CFR 成本价÷（1-预期利润率）=CIF 报价×[1-（1+投保加成率）×保险费率-预期利润率]÷（1-预期利润率） CPT= CIP 报价×[1-（1+投保加成率）×保险费率-预期利润率]÷（1-预期利润率） 【例 8-4-5】出口成交 CIF 价为 12 083.95 美元，现客户要求自行办理保险，价格相应变更为 CFR，以实例 8-4-4 费率计算如下： CFR 成本价=CIF 报价×[1-（1+投保加成率）×保险费率-预期利润率）=USD12 083.95×（1-1.1×0.6%-5%）=USD11 400 CFR 报价=CFR 成本价÷（1-预期利润率）=USD11 400÷（1-5%）=USD12 000

任务五　外币的兑换

一、汇率的表示方法

汇率是一种货币兑换成另一种货币的比率，也就是一种货币交换另一种货币的比价，因此，汇率也称汇价。（见表 8-5-1）

表 8-5-1　外汇的表示方法

表示方法	举例
直接标价法	以 1 个或 100 个外国货币作为标准，折合成一定数额本币，称为直接标价法。我国及大多数国家采用直接标价法。比如 100 美元=人民币 667.61/670.35 元
间接标价法	以 1 个本币作为标准，折合成一定数额的外币，称为间接标价法。英国、美国对其他国家货币采用间接标价法。美元兑英镑采用直接标价法

二、外汇汇率的种类及运用

（一）外汇汇率的种类——买入价和卖出价

银行经营外汇买卖业务分买入价和卖出价，买入价又分为现汇买入价和现钞买入价。银行的标价顺序一般为现汇买入价/现钞买入价/卖出价。需要注意的是“买入”“卖出”都是站在银行的角度而言的，当出口商以外汇换取人民币，银行“买入”外汇，汇率为现汇或现钞买入价；当进口商以人民币换取外汇，银行“卖出”外汇，汇率为卖出价。银行买卖外汇遵循的是“贱买贵卖”原则，所以买入价要低于卖出价，这以点可以作为判断买入价或卖出价的依据。比如，某银行规定美元对人民币的比价是：100 美元=827.27/827.57 人民币，可知 827.27 为买入价，827.57 为卖出价。

表 8-5-2　外汇汇率的种类

种类		应用
买入价	现汇买入价	出口 外汇金额×银行现汇买入价=本币金额
	现钞买入价	出口 外汇金额×银行现钞买入价=本币金额
卖出价	现汇卖出价	进口 外汇金额×银行现汇卖出价=本币金额

（二）外币兑换举例

【例 8-5-1】 出口收汇 80 000 美元，按结汇当日银行买入牌价每百美元=人民币 750 元计算，可向银行兑换人民币：80 000×750÷100=600 000 元人民币。

【例 8-5-2】 进口用汇 80 000 美元，设购汇当日银行卖出牌价每百美元=人民币 752 元计算，需支付人民币：80 000×752÷100=601 600 元人民币。

进出口业务一般都以外币现汇结算，但有时也会发生外币现钞收支。例如，客户来访洽谈业务时购买少量样品，当场以外币现钞支付。

（三）外币互换的计算

把一种外币折算成另一种外币有两种方法：一种是直接折算，即按两种不同外币的直接兑换率折算。另一种是间接折算法，通过两种外币各自与本币的比价套算出两种外币的比价，我国目前尚无外币互换的直接兑换率牌价，只能采用间接折算法，利用人民币牌价把一种外币折算成另一种外币。

【例 8-5-3】 某外贸公司代美商垫付运费 20 万日元，该商要求以美元偿付，我方收入美元售给银行，按银行美元买入价结算；购入日元按银行日元卖出价结算，其公式为：

应付日元×单位日元卖出价÷单位美元买入价=应付美元

设银行每 10 万日元外汇卖出价为人民币 8 588 元，银行每百美元外汇买入价为人民币 867 元，计算如下：

200 000×（8 588÷100 000）÷（867÷100）=1 981.08 美元

按间接折算法计算，从理论上来说是合理的，但折算出来的数字往往大于国际市场两种外币的直接比价，如数额较大，不易被对方接受。

任务六　银行的费用

一、银行利息与贴现费用

（一）利率

利息与本金的比率称为利率（Interest Rate），根据计算时期不同，有年利率、月利率和日利率。利率表示方法有两种：一种是百分率；另一种是“分”“厘”“毫”，后者是我国的传统表示法。如年息一分三厘，即为年利率 13%；月息四厘五毫，即为月利率 0.45%；日息八厘四毫，即为日利率 0.084%。

年利率、月利率和日利率之间的换算如图 8-6-1 所示。

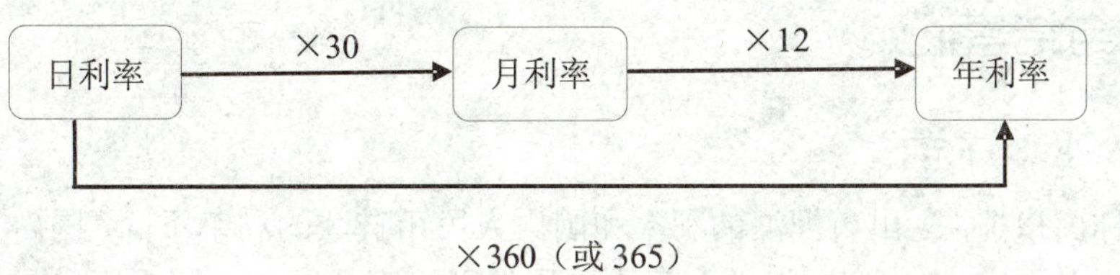

图 8-6-1　日利率、月利率和年利率的换算

年利率与日利率的换算，我国和欧洲地区惯例都按 365 天计算；美国则按 360 天计算。

（二）单利和复利（见表 8-6-1）

表 8-6-1　利息的计算

利率	特征	利息的计算
单利（Simple Interest）	利不生利	利息=本金×利率×时期 本利和=本金×（1+利率×时期）
复利（Compound Interest）	利生利	利息=本金×[（1+利率）^{期数}-1] 本利和=本金×（1+利率）^{期数}

【例 8-6-1】 某公司出运一批货物，计人民币 100 000 元，月利率 0.8%，见票 90 天后付款，到期应收月利息为：

100 000×0.008×90÷30=2 400 元

到期应收货款的本利和为：

100 000×（1+0.008×90÷30）=102 400 元

【例 8-6-2】 某公司出口轻工商品一批计 100 000 美元，见票后 2 年到期付款，年利率为 5.5%，每年复利计算，2 年复利利息计算如下：

100 000×[（1+5.5%）^{2}-1]=100 000×0.113 025=11 302.5 美元

（三）贴现

远期票据的持有人把未到期的票据提早向银行兑现，这是贴现（Discount）。贴现时银行扣除贴现息（Discount Interest）后，把票款净值付给票据持有人。计算公式为：

贴现利息=票据到期金额×贴现率×贴现期

票据到期金额=票据面额+远期利息=票据面额×（1+银行利率×远期天数）

票据净值=票据到期金额-贴现利息

【例 8-6-3】 某出口商持有远期汇票 150 000 美元，将于 48 天后到期，如果报价中已包含远期利息，现出口商向银行要求提前兑现，假设银行按贴现率年 8.5%扣除贴息，则出口商可获得多少资金？相关计算如下：

贴现利息=150 000×8.5%×（48÷365）=1 676.71 美元

汇票净值=150 000-1 676.71=148 323.29 美元

二、议付与结售汇

（一）议付

议付也称出口押汇。出口押汇的利率和国内人民币贷款的利率不同，国内人民币贷款采用固定利率（相对而言），出口押汇的利率则采用浮动汇率，即由中国银行参照伦敦银行间拆借利率再加适当幅度而制定的汇率。伦敦银行间拆借利率 LIBOR（London interbank offered rate）是国际金融业的权威利率，分 1 个月、3 个月、6 个月、1 年等不同期利率。中国银行以 LIBOR1 个月利率按 0.5%～1%的幅度调整，作为我国出口押汇的利率。

出口押汇的扣息天数根据索汇邮程决定，以天津的中国银行的规定为例，中国港、澳地区的港币信用证项下的汇票按 7 天扣息，日本的日元信用证下的汇票按 10 天扣息，美国的美元信用证项下的汇票按 15 天扣息，其他货币的信用证，则根据信用证条款一证一议，最长的为 16 天。

（二）结售汇

结汇是指出口单位将出口货物销售获得的某种币制的外汇按售汇之日中国银行外汇牌价的银行买入价卖给银行，售汇是进口单位按购汇之日中国银行外汇牌价的银行卖出价购进某种币制的外汇。现以出口结汇举例说明如下：

【例 8-6-4】 某出口公司售给美国纽约某公司一批货物，价值 50 000 美元。货物装船后，出口公司凭即期信用证和全套货运单据向中国银行办理议付结汇。当日美元对人民币的比价是：100 美元=827.27/827.57 人民币，银行手续费为 0.15%，年利率为 8%，来回邮程按 15 天扣息，该出口公司实结人民币 411 635.73 元。具体计算如下：

（1）银行手续费为：50 000×0.15%=75 美元

（2）银行扣 15 天利息为：50 000×8%÷360×15=166.67 美元

（3）出口公司实得美元为：50 000−75−166.67=49 758.33 美元

（4）出口公司按当日美元牌价的买入价将 49 758.33 美元售给中国银行后实得人民币为：49 758.33×8.272 7=411 635.74 元人民币。

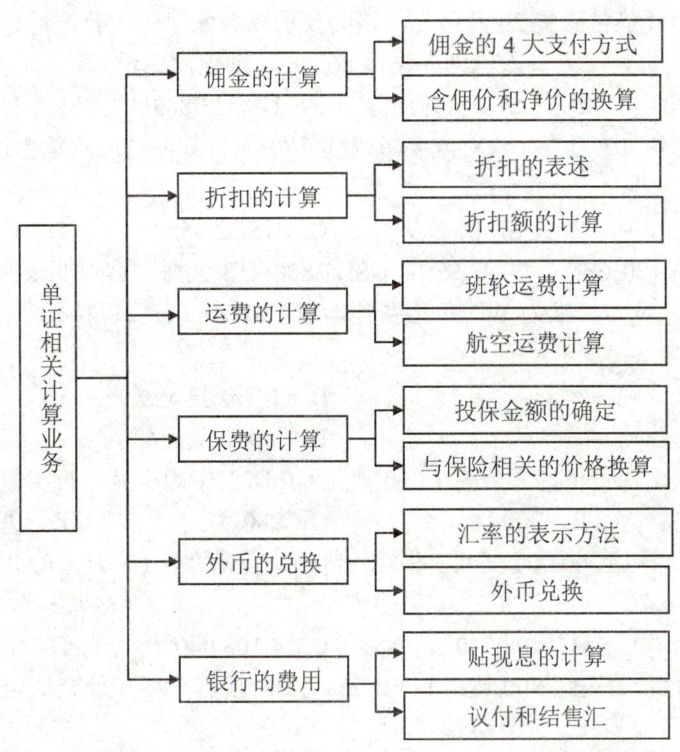

项目测试题

一、单选题

1．我方报价 CIF 纽约 USD2 500/MT，对方要求 5%佣金，改报后的含佣价为（　　）。

A．USD2 361.58　　B．USD2 631.58　　C．USD2 613.85　　D．USD2 658.13

2．我方报价 CIF 安特卫普 USD2 000/MT 对方要求 2%折扣，则折实售价为（　　）。

A．USD1 960　　B．USD1 690　　C．USD1 069　　D．USD40

3．海运出口货物 1 500 包，每包净重 78 千克，毛重 80 千克，体积 40×50×60 厘米，计费标准为 W/M，每运费吨基本运费 USD150，燃油附加费率 35%，则该批货物总运费为（　　）。

A．USD36 450　　B．USD34 560　　C．USD35 460　　D．USD30 546

4．出口货物 225 箱，每箱毛重 12 千克，纸箱尺码 48×30×25cm，由上海空运至中国香港，运价每千克 11.20 元（100 千克起），则空运运费为（　　）。

A．30 420 元　　B．32 040 元　　C．30 240 元　　D．34 020 元

5．某公司代美商垫付运费 20 万日元，该商要求以美元偿付，若银行每 10 万日元卖出价为人民币 8 588 元，每百美元买入价为人民币 867 元，则该商应付（　　）美元。

A．USD1 918.08　　B．USD1 980.18　　C．USD1 988.08　　D．USD1 981.08

6．出口货物总值 10 万美元，对方要求远期 180 天付款，并愿意承担远期利息，若年息 6%，则利息为（　　）。

A．USD2 859.8　　B．USD2 589.9　　C．USD2 958.9　　D．USD2 985.8

7．出口某商品 100 公吨，报价每公吨 USD1 850FOB 上海，客户要求改报 CFR 伦敦价，已知该货为 6 级货，计费标准为 W，每运费吨运费 USD70。若要保持外汇净收入不变，应对外报（　　）。

A．1 920 美元/公吨　　B．1 900 美元/公吨

C．1 850 美元/公吨　　D．1 930 美元/公吨

8．如果某商品出口价格为每公吨 1 000 美元 CIFD2%中国香港，折实售价为（　　）。

A．20 美元　　B．200 美元　　C．980 美元　　D．98 美元

9．进口某商品需用汇 60 000 美元，设购汇当日外汇牌价为 USD1＝RMB￥6.8125/6.8399，需用人民币（　　）。

A．410 394 元　　B．408 750 元　　C．4 103 940 元　　D．4 087 500 元

10．某商品原报价每公吨 800 英镑 FOBC2%上海，现客户要求佣金增至 5%，若不减少外汇收入，应改报为每公吨（　　）英镑。

A．784　　B．825　　C．785　　D．824

二、多选题

1．班轮运费的计算标准可采用（　　）。

A．按重量　　B．按件数　　C．按体积　　D．按价值

E．临时议定

2．班轮运费包括基本运费和附加运费两个部分。基本运费的计算标准包括（　　）。

A．重量法　　B．体积法　　C．选择法　　D．从价法

E．按件法

3．由于构成班轮运费的各种因素经常发生变化，船公司采取征收各种附加费的办法以维持其营运成本，下列属于班轮附加运费的有（　　）。

A．燃油附加费　　B．货币附加费　　C．港口拥挤费　　D．转船附加费

E．直航附加费

4．关于佣金的计算方法，下列说法正确的有（　　）。

A．按成交价的百分率计算　　B．按成交数量支付一定金额

C．按发票金额的百分率计算　　D．按 FOB/FCA 货值为基数计算

E．按交货时国际市场价格计算

三、判断题

1．活牲畜、汽车等商品出口按重量法计算运费。（　　）

2．根据国际航协规定，体积重量是以 0.006 立方米作为 1 千克来计算的。（　　）

3．某出口商品 100 箱，每箱尺寸 10×20×30 厘米，每箱毛重 30 千克。如果海运费计收标准按 W/M 计，则承运人按重量吨计收运费。（　　）

4．由于构成运费的各种因素经常发生变化，船公司采取征收各种附加费的办法以维持其营运成本。（　　）

5．班轮运费计收标准中的“W/M Plus Ad Val”表示按货物体积、重量或价值三者中选择较高者计收运费。（　　）

6．某商品 100 箱，每箱尺寸 10×20×30 厘米，每箱毛重 30 千克，如果海运费计收标准按 M/W 计算，则承运人按重量吨计收运费。（　　）

7．根据国际航协规定，体积重量是以 0.008 立方米作为 1 千克来计算的。（　　）

8．出口商出口一批布匹，信用证规定数量 10 000 码，金额 USD50 000，现出运了 9 800 码，发票金额 USD49 000，收汇将有一定的风险。（　　）

9．在国际贸易中，佣金有明佣、暗佣。（　　）

10．某商品每箱体积为 30×40×50 厘米，毛重为 62 千克，如果班轮运费计收标准为 W/M，则船公司应按尺码吨计收运费。（　　）

项目八测试题答案

一、单选题 1～5 B A A C D　6～10 C A C A B

二、多选题 1．ABCDE　2．ABCDE　3．ABCDE　4．ABCD

三、判断题 1～5 F T T T F　6～10 T F F T F

项目九　国际商务单证审核工作

知识目标	能力目标
◎熟悉开证申请书缮制流程	◎掌握开证申请书审核要点
◎熟悉信用证缮制流程	◎掌握信用证审核要点
◎熟悉商业发票缮制流程	◎掌握商业发票审核要点
◎熟悉保险单缮制流程	◎掌握保险单审核要点
◎熟悉海运提单缮制流程	◎掌握海运提单要点
◎熟悉原产地证明书缮制流程	◎掌握原产地证明书要点
◎熟悉托运单缮制流程	◎掌握托运单审核要点

任务一　审核开证申请书

根据下述给出的资料审核开证申请书：

（一）合同条款

2020 年 6 月 20 日，上海××皮革制品有限公司（SHANGHAI ×× LEATHER GOODS CO.，LTD. 156 CHANGXING ROAD，SHANGHAI，CHINA）向 SVS DESIGN PLUS CO.，LTD. 1-509 HANNAMDONG YOUNGSAN-KU，SEOUL，KOREA 出口 DOUBLE FACE SHEEPSKIN 一批，达成以下主要合同条款：

（1）Commodity：DOUBLE FACE SHEEPSKIN COLOUR CHESTNUT

（2）Quantity：3 175.25SQFT（平方英尺）

（3）PACKING：IN CARTONS

（4）Unit Price：USD7.40/SQFT CIF SEOUL

（5）Amount：USD23 496.85

（6）Time of shipment：During NOV.2020

Port of Loading：SHANGHAI，CHINA

Port of Destination：SEOUL，KOREA

Partial shipment：ALLOWED

Transshipment：PROHIBITED

（7）Insurance：TO BE COVERED BY THE SELLER FOR 110%INVOICE VALUE COVERING ALL RISK AND WAR RISK AS PER CIC OF THE PICC DATED 01/01/1981.

Payment：BY IRREVOCABLE LETTER OF CREDIT AT 45 DAYS SIGHT TO REACH THE SELLER NOT LATER THAN JUNE 24，2020，VALID FOR NEGOTIATION IN CHINA UNTIL THE 15TH DAY AFTER TIME OF SHIPMENT

Document:（1）SIGNED COMMERCIAL INVOICE IN 3 FOLD.

（2）SIGNED PACKING LIST IN 3 FOLD.

（3）FULL SET OF CLEAN ON BOARD OCEAN B/L IN 3/3ORIGINALS ISSUED TO ORDER AND BLANK ENDORSED MARKED “FREIGHT PREPAID” AND NOTIFY THE APPLICANYT.

（4）CERTIFICATE OF ORIGIN IN 1 ORIGINAL AND 1 COPY ISSUED BY THE CHAMBER OF COMMERCE IN CHINA.

（5）INSURANCE POLICY/CERTIFICATE IN DUPLICATE ENDORSED IN BLANK FOR 110%INVOICE VALUE COVERING ALL RISK S AND WAR RISKS OF CIC OF PICC（1/1/1981）.SHOWING THE CLAIMING CURRENCY IS THE SAME AS THE CURRENCY OF CREDIT.

（二）相关资料

（1）信用证号码：MO722111×××

（2）合同号码：HL20200×××

SVS DESIGN PLUS CO.LTD 国际商务单证员金浩于 2020 年 6 月 23 日向 KOOKMIN BANK，SEOUL，KOREA 办理申请电开信用证手续，通知行是 BANK OF CHINA，SHANGHAI BEANCH。表 9-1-1 中标注蓝色加粗的字就是错误部分。

表 9-1-1　开证申请书错误样例

IRREVOCABLE DOCUMENTARY CREDIT APPLICATION

TO：**BANK OF CHINA**　　　　Date：**JUNE 25，2020**

<table>
<tr><td colspan="2">Beneficiary（full name and address）
SVS DESIGN PLUS CO.，LTD.
1-509 HANNAMDONG YOUNGSAN-KU，
SEOUL，KOREA</td><td>L/C No. MO722111×××
Contract No. HL20200×××<hr>Date and place of expiry of the credit
NOV. 15，2020 in CHINA</td></tr>
<tr><td>Partial shipment
not allowed</td><td>Transshipment
allowed</td><td>Issued by teletransmission （which shall be the operative instrument）</td></tr>
<tr><td colspan="2">Loading on board/dispatch/taking in charge at/from
SEOUL，KOREA
Not late than **OCT. 31，2020**
For transportation to **SHANGHAI，CHINA**</td><td>Amount （both in figures and words）
EUR23496.85
SAY EURO TWENTY THREE THOUSAND FOUR HUNDRED NINETY SIX POINT EIGHTY FIVE ONLY</td></tr>
</table>

续表

<table>
<tr><td>Description of goods:
DOUBLE FACE SHEEPSKIN
COLOUR CHESTNUT
3175.25PCS
Packing: IN GUNNY BAGS</td><td>Credit available with ANY BANK IN CHINA
by negotiation against the documents detailed herein
and beneficiary's draft for 100% of the invoice value
AT SIGHT
drawn on US.</td></tr>
<tr><td></td><td>CFR</td></tr>
<tr><td colspan="2">Documents required:（marked with ×）
1. （×）Signed Commercial invoice in 5 copies indicating invoice No., contract No.
2. （×）Full set of clean on board ocean Bill of Lading made out to order of issuing bank and blank endorsed, marked "freight" （×）to collect / （ ）prepaid showing freight amount notify the applicant.
3.（×）Insurance Policy / Certificate in 2 copies for 120% of the invoice value showing claims payable in China in currency of the draft, blank endorsed, covering （×）Ocean Marine Transportation / （ ）Air Transportation / （ ）Over Land transportation All risks.
4. （×）Packing List / Weight Memo in 5 copies indication quantity /gross and net weights for each package and packing conditions as called for by the L/C.
5. （ ）Certificate of Quantity / Weight in____ copies issued by an independent surveyor at the loading port, indicating the actual surveyed quantity / weight of shipped goods as well as the packing condition.
6. （ ）Certificate of Quality in____ copies issued by （ ）manufacturer / （ ）public recognized surveyor / （ ）.
7. （ ）Beneficiary's Certified copy of FAX dispatched to the accountee within____ after shipment advising （ ） name of vessel / （ ）date, quantity, weight and value of shipment.
8.（ ）Beneficiary's Certificate certifying that extra copies of the documents have been dispatched according to the contract terms.
9.（ ）Shipping Company's Certificate attesting that the carrying vessel is chartered or booked by accountee or their shipping agents.
10. （×）Other documents, if any:
a）Certificate of Origin in 3 copies issued by authorized institution.
Additional Instructions:
....
Advising bank:
KOOKMIN BANK, SEOUL, KOREA</td></tr>
</table>

任务二　审核信用证

根据下述给出的资料审核信用证：

（一）合同（见表 9-2-1）

表 9-2-1　合同

SALES CONFIMATION

Contract No. YM0806009

Date：June 05，2020

The Seller：Tianjin Yimei International Corp.

Address：58 Dongli Road Tianjin，China

The Buyer：VALUE TRADING ENTERPRISE，LLC

Address：Rm1008 Green Building Kuwait

This Sales Contract is made by and between Seller and Buyer，whereby the Seller agree to sell and the Buyer agree to buy the under-mentioned goods according to the terms and conditions stipulated below：

Specification of Goods	Quantity	Unit price	Amount
Man's Wind Breaker Style No. YM082 Colour：Black Khaki	2 500PCS 2 500PCS	CIFC5 KUWAIT USD15.10/PC USD15.10/PC	USD37 750.00 USD37 750.00
TOTAL	5 000PCS		USD75 500.00
TOTAL AMOUNT： Say U. S. Dollars Seventy Five Thousand Five Hundred Only.			

Packing： 20pcs are packed in one export standard carton.

Shipping Marks： VALUE
ORDER NO. A01
KUWAIT
C/No. 1-UP

Time of Shipment： Before AUGG. 10，2020

Loading Port and Destination： From Tianjin，China to Kuwait 个人收集整理 勿做商

Partial shipment： Not allowed

Transshipment： Allowed

Insurance： To be effected by the seller for 110% invoice value covering All Risks and War Risk as per CIC of PICC dated 01/01/1981

Terms of Payment: By L/C at 60 days after sight, reaching the seller before June 15, 2020, and remaining valid for negotiation in China for further 15 days after the effected shipment. L/C must mention this contract number. L/C advised by BANK OF CHINA. All banking charges outside China （the mainland of China）are for account of the DraweE.

Documents:

+ Signed commercial invoice in triplicatE.

+ Full set （3/3）of clean on board ocean Bill of Lading marked Freight Prepaid made out to order blank endorsed notifying the applicant.

+ Insurance Policy in duplicate endorsed in blank.

+ Packing List in triplicatE.

+ Certificate of Origin issued by China Chamber of CommercE.

Signed by:

THE SELLER:	THE BUYER:
Tianjin Yimei International Corp.	VALUE TRADING ENTERPRISE, LLC
Jack	**Julia**

（二）信用证

27: SEQUENCE OF TOTAL: 1/1

40A: FORM OF DOC. CREDIT: IRREVOCABLE

20: DOC. CREDIT NUMBER: KR369/03

31C: DATE OF ISSUE: 110619

40E: APPLICABLE RULES: UCP LATEST VERSION

31D: DATE AND PLCA OF EXPIRY: 110825 KUWAIT

51D: APPLICANT BANK: VALUE TRADING ENTERPRISE CORP.
RM1008 GREEN BUILDING KUWAIT

50: APPLICANT: AORE SPECIALTIES MATERIAL CORP.
YARIMCA, KOCAELI 41740, IZMIT, TURKEY

59: BENEFICIARY: TIANJIN YMEI INTERNATIONAL CORP.
58 DONGLI ROAD TIANJIN, CHINA

32B: CURRENCY CODE, AMOUNT: USD71500.00

41A: AVAILABLE WITH … BY: BANK OF CHINA
BY NEGOTIATION

42C: DRAFTS AT …: 90 DAYS AFTER SIGHT

42A: DRAWEE: VALUE TRADING ENTERPRISE, LLC

43P: PARTIAL SHIPMENTS: NOT ALLOWED

43T: TRANSSHIPMENT: NOT ALLOWED

44E: PORT OF LOADING/AIRPORT OF DEPARTURE: ANY CHINESE PORT

44F: PORT OF DISCHARGE/ AIRPORT OF DESTINATION: KUWAIT BY SEA FREIGHT

44C：LATEST DATE OF SHIPMENT：110710

45A：DESCRIPTION OF GOODS AND / OR SERVICES：5000PCS WIND BREAKER STYLE NO. YM085 AS PER ORDER NO. A01 AND S/C NO. YM009 AT USD15.10/PC CIF KUWAIT PACKED IN CARTON OF 20PCS EACH

46A：DOCUMENTS REQUIRED

+ SIGNED COMMERCIAL INVOICE IN TRIPLICATE INDICATING LC NO. AND CONTRACT NO.

+ FULL SET （3/3）OF CLEAN ON BOARD OCEAN BILL OF LADING MADE OUT TO APPLICANT AND BLANK ENDOSED MARKED "FREIGHT TO COLLECT　NOTIFY THE APPLICANT

+ SIGNED PACKING LIST IN TRIPLICATE SHOWING THE FOLLOWING DETAILS：TOTAL NUMBER OF PACKAGES SHIPPED。CONTENT（S）OF PACKAGE（S），GROSS WEIGHT，NET WEIGHT AND MEASUREMENT.

+ CERTIFICATE OF ORIGIN ISSUED AND SIGNED OR AUTHENTICATED BY A LOCAL CHAMBER OF COMMERCE LOCATED IN THE EXPORTING COUNTRY.

+ INSURANCE POLICY/CERTIFICATE IN DUPLICATE ENDORSED IN BLANK FOR 120% INVOICE VALUE，COVERING ALL RISKS AND WAR RISK OF CIC OF PICC（1/1/1981）

71B：CHARGES：ALL CHARGES AND COMMISSIONS ARE FOR ACCOUNT OF BENEFICIARY INCLUDING REIMBURSING CHARGES

经审核，信用证存在的问题见表 9-2-1。

表 9-2-1　信用证存在的问题

1. 31D 信用证到期时间错，应该是 110815；
2. 31D 信用证到期地点错，应该是 CHINA；
3. 50 申请人名称错，应该是 VALUE TRADING ENTERPRISE，LLC.；
4. 59 受益人名称错，应该是 TIANJIN YIMEI INTERNATIONAL CORP.；
5. 32B 金额错，应该是 USD75 500.00；
6. 42C 汇票期限错，应该是 60 DAYS AFTER SIGHT；
7. 42A 汇票付款人错，应该是开证银行；
8. 43T 转运要求错，应该是 ALLOWED；
9. 44E 装运港错，应该是 TIANJIN，CHINA；
10. 44F 卸货港错，应该是 KUWAIT；
11. 44C 最晚装运日错，应该是 110731；
12. 45A 货物名称错，应该是 MEN'S WIND BREAKER；
13. 45A 合同号码错，应该是 YM0806009；
14. 45A 贸易术语错，应该是 CIFC5KUWAIT；
15. 46A 第 2 条提单抬头错，应该是 MADE OUT TO ORDER；
16. 46A 第 2 条提单运费显示错，应该是 FREIGHT PREPAID；
17. 46A 第 5 条保单加成错，应该是 FOR 110% INVOICE VALUE；
18. 71B 银行费用错，应该是 FOR ACCOUNT OF THE DRAWEE

任务三　审核商业汇票

根据下述给出的资料审核商业汇票：

BENEFICIARY：ABC LEATHER GOODS CO.，LTD.

123 HUANGHE ROAD，TIANJIN CHINA

APPLICANT：XYZ TRADING COMPANY

456 SPAGNOLI ROAD，NEW YORK 11747 USA

……

DRAFTS TO BE DRAWN AT 30 DAYS AFTER SIGHT ON ISSUING BANK FOR 90% OF INVOICE VALUE.

……

YOU ARE AUTHORIZED TO DRAWN ON ROYAL BANK OF NEW YORK FOR DOCUMENTARY IRREVOCABLE CREDIT NO. 98765 DATED APR.15，2019. EXPRITY DATE MAY31，2019 FOR NEGOTIATION BENEFICIARY.

AVAILABLE WITH ANY BANK IN CHINA BY NEGOTIATION

……

FULL SET OF CLEAN ON BOARD OCEAN BILLS OF LADING，MADE OUT TO ORDER，BLANK ENDORSED AND MARKED FREIGHT PREPAID NOTIFY APPLICANT.

……

INSURANCE POLICY/CERTIFICATE IN DUPLICATE FOR 110 PCT OF INVOICE VALUE COVERING ALL RISKS AND WAR RISK OF THE PICC DATED01/01/1981

……

GOODS：5 000 PCS OF LEATHER BAGS PACKED IN 10 PCS/CARTON

合同号：ABC234

信用证号：DT905012

发票号：1234567

发票日期：2019 年 5 月 5 日

发票金额：USD108000 CIF NEW YORK

装运港：TIANJIN CHINA

目的港：NEW YORK USA

装船日期：2019 年 5 月 15 日

开船日期：2019 年 5 月 15 日

发票签发人：ABC LEATHER GOODS CO.LTD．ALICE

G.W：2 408KGS
N.W：2 326KGS
MEASUREMENT：21.70CBM
NO OF PACKAGES：500 CARTONS
船名、航次号：SUN V.126
提单号码：CNS010108895
集装箱号/封号：YMU259654/56789
运输标记：
XYZ
1234567
NEW YORK
NOS.1-500
保险单号码：HMOP19319089
所开具商业汇票见表 9-3-1。

表 9-3-1　商业汇票

BILL OF EXCHANGE

Drawn under	XYZ TRADING COMPANY			L/C NO.	89765
Dated	May 15，2019				
NO.	123456	Exchange for	USD108 000.00	SHANGHAICHINA June 1，2019	（Date）
At	******		Of this FIRST of Exchange （Second of Exchange being		
Unpaid）Pay to the order of	BANK OF CHINA TIANJIN BRANCH				THE SUM OF
US DOLLARS ONE HUNDRED AND EIGHT THOUSAND ONLY					
To：	XYZ TRADING COMPANY				
					ABC LEATHER GOODS CO.， ALICE

经审核，商业汇票存在问题见表 9-3-2。

表 9-3-2　商业汇票存在问题

1. DRAWN UNDER 后应为“ROYAL BANK OF NEW YORK”;
2. 信用证编号应为“DT905012 或 98765”;
3. 开证日期应为“APR.15，2019”;
4. 汇票编号应为“1234567”;
5. 金额小写应为“USD97 200.00”;
6. 出票日期：不早于“2019 年 5 月 15 日”不晚于“2019 年 5 月 31 日”;
7. 汇票期限应为“AT 30 DAYS AFTER SIGHT”;
8. 金额大写应为“US DOLLARS NINETY SEVEN THOUSAND TWO HUNDRED ONLY ”;
9. 受票人应为“ROYAL BANK OF NEW YORK”;
10. 出票人应为“ABC LEATHER GOODS CO.，LTD. ”;
11. 出票地点应为“TIANJIN”

任务四　审核保险单

根据给出的表 9-4-1 的保险单，发现其中的问题。

表 9-4-1　保险单的审核

××保险公司

××保险
××Insurance

发票号码 保险单号次

（Invoice No.）NT01FF004　（Policy No.）DMB2865

海洋货物运输保险单

MARINE CARGO TRANSPORTATION INSURANCE POLICY

被保险人:

（Insured）TIANJIN FUTAI INTERNATIONAL IMP. & EXP.CO

保险货物项目 Descriptions of Goods	包装 Packing	单位 Unit	数量 Quantity	保险金额 Amount Insured
GREIGE PRINT SHIRT	IN BALE	BALE	200 000	USD 84 000.00

续表

承保险别
（Conditions）
ICC（C）AND WAR RISK AS PER ICC （1983）

货物标记
（Marks of Goods）
TJFT
JQ515
NAGOYA
NO. 1-200

总保险金额：
（Total Amount Insured）SAY U.S.DOLLARS EIGHTY FOUR THOUSAND ONLY
保费 载运输工具 开航日期
Premium AS ARRANGED Per conveyance S.S SASA，V 6A Slg. on or abt AS PER B/L DATE
起运港 目的港
Form NAGOYA To TIANJIN
赔款偿付地点
（Claim payable at）NAGOYA
日期 在
Date ________ at NAGOYA
地址：
Address：______________________

经审核，保险单存在的问题如下。

（1）被保险人名称不对，应为：NICHIMEN CORPORATION

（2）保险货物项目不对，应为：100PCT COTTON GREIGE PRINT CLOTH

（3）单位（Unit）不对，应为：YD 保单上的包装及数量信息应该填最大包装件数，和提单一致，因此单位为 BALE 没错。

（4）数量（Quantity）错，应为 1 000

（5）保险金额不对，应为：USD 92 400.00

（6）承保险别不应是 ICC（C），应为：ICC（A）

（7）货物标记中的目的港不是 NAGOYA，应为：TIANJIN

（8）货物标记中的包装件数也错了，应为 NO. 1-1 000

（9）总保险金额不对，应为：SAY U.S. DOLLARS NINTY TWO THOUSAND FOUR HUNDRED ONLY

（10）载运工具船名不对，应为：SARA

（11）赔款偿付地点不对，应为：TIANJIN

任务五　审核海运提单

根据下述给出的资料审核海运提单：

卖方：NICHIMEN CORPORATION

2-2 NAKANOSHIMA 3-CHOME，

KITA-KU OSAKA，JAPAN

买方：TIANJIN FUTAI INTERNATIONAL IMP. & EXP.CO

8TH FLOOR FOREIGN TRADE BUILDING

200 NANJING ROAD，TIANJIN，CHINA

买方名称缩写：TJFT

货物描述：100 PCT COTTON GREIGE PRINT CLOTH

数量：ABOUT 200 000 YDS

包装：IN SEAWORTHY BALES，200 YDS /BALE

G.W：140KGS/BALE

N.W：138KGS/BALE

MEAS.：30×40×50CM/BALE

汇票金额：USD84 000.00

合同号：JQ515

发票号：NT01FF004

贸易术语：CIF TIANJIN

装运港：NAGOYA

保险单及提单日期：APR. 30，2019

船名和航次：SARA，V.6A

提单号：DMDF2390 船长：DAVID

合同规定投保险别为 ICC（A）和 WAR RISK

信用证要求提交两份正本清洁已装船海运提单，做成凭指示，并通知信用证申请人。

根据以上的资料所制作的海运提单见表 9-5-1，请检查内容，审核海运提单存在的问题并列出。

表 9-5-1　海运提单

<table>
<tr><td colspan="2">SHIPPER
NICHIMEN CORPORATION
2-2 NAKANOSHIMA 3-CHOME，KITA-KU OSAKA，
JAPAN</td><td colspan="2" rowspan="6">BILL OF LADING B/L NO.：DMDF3290

COSCO

中国远洋运输公司
CHINA OCEAN SHIPPING COMPANY

ORIGINAL</td></tr>
<tr><td colspan="2">CONSIGNEE
TIANJIN　FUTAI　INTERNATIONAL　IMP. & EXP.CO</td></tr>
<tr><td colspan="2">NOTIFY PARTY
TIANJIN FUTAI INTERNATIONAL IMP. & EXP.CO
8TH FLOOR FOREIGN TRADE BUILDING
200 NANJING ROAD，TIANJIN，CHINA</td></tr>
<tr><td>Pre-carriage by</td><td>Place of receipt</td></tr>
<tr><td>Ocean Vessel Voy. No.
SARA，V.6A</td><td>Port of Loading
NAGOYA</td></tr>
<tr></tr>
<tr><td>Port of Discharge
TIANJIN</td><td>Final Destination</td><td>Freight payable at
TIANJIN</td><td>Number original
TWO</td></tr>
<tr><td>Marks & Nos.
Container Seal No.</td><td>Number and kind of packages
Description of goods</td><td>Gross Weight
（KGS）</td><td>Measurement
（M^3）</td></tr>
<tr><td>TJFT JQ515 TIANJIN
BALE NO. 1-UP</td><td>20 BALES

GREIGE PRINT SHIRT</td><td>140</td><td>120</td></tr>
<tr><td colspan="4">TOTAL NUMBER OF CONTAINERS OR PACKAGES （IN WORDS）
TWO HUNDRED</td></tr>
<tr><td colspan="2" rowspan="2">FREIGHT & CHARGES
FREIGHT COLLECTED</td><td colspan="2">Date and Place of issue
MAY. 1，2019，NAGOYA</td></tr>
<tr><td colspan="2">Signed for the Carrier DAVID</td></tr>
</table>

经审核，海运提单存在的问题见表 9-5-2。

表 9-5-2　海运提单存在的问题

1. 提单号不对，应为：DMDF2390
2. 收货人不对，应为：TO ORDER
3. Freight payable at 不对，应为：NAGOYA
4. Marks　中的关于件号的描述不对，应为：BALE NO. 1-200
5. Number and kind of packages　不对，应为：BALES 1 000
6. 货描不对，应为：100 PCT COTTON GREIGE PRINT CLOTH
7. 毛重总重量不对，应为：140 000
8. 总体积不是 120，应为：60
9. 运费支付不应为 FREIGHT COLLECTED，应为：FREIGHT PREPAID
10. 提单日期不对，应为：APR. 30，2019
11. 提单上数量大写错误，应为 SAY ONE THOUSAND BALES ONLY

任务六　审核原产地证明书

根据下述给出的资料审核原产地证明书：

（一）合同（见表 9-6-1）

表 9-6-1　合同

SALES CONTRACT

The Seller: NANJING ×× TEXTILE CO.，LTD.　　Contract No.: NJT190218

Adress: UNIT A 18/F，JINLING TOWER，　　Date: FEB. 18，2019

NO. 118 JINLING ROAD，NANJING，CHINA　　Signed at: Nanjing，China

The Buyer: DEXICA SUPERMART S.A

Adress: BOULEVARD PACHECO 44，B-1000 BRUSSELS，BELGIUM

This Sales Contract is made By and Between the Sellers and the Buyers，whereby the sellers agree to sell and Buyers agree to Buy the undermentioned goods according to the terms and conditions stipulated Below:

Commodity and specification	Quantity	Unit　Price	Amount
		CIF BRUSSELS	
GIRLS GARMENTS	10 800PCS	EUR 5.00/PC	EUR 54 000.00

续表

10% more or less in quantity and amount are acceptablE.

Packing: IN CARTON

Shipping Mark: N/M

Time of Shipment: Within 30 days after receipt of L/C

From NINGBO PORT CHINA to BRUSSELS，BELGIUM

Transshipment and Partial Shipment: Allowed.

Insurance: to Be effected By the Seller for 110% of full invoice value covering all risks up to port of Destination and war risks included with claim payable at Destination.

Terms of Payment: By 100% Irrevocable Letter of Credit in favor of the Sellers to Be available by sight draft to Be opened and to reach China Before APRIL 1，2019 and to remain valid for negotiation in China until the 21 days after the foresaid Time of Shipment. L/C must mention this contract number L/C advised By BANK OF CHINA JIANGSU BRANCH. ALL Banking Charges outside China are for account of the Buyer.

The Seller　　　　　　　　The Buyer

NANJING ×× TEXTILE CO.，LTD.　　　　DEXICA SUPERMART S.A

王小山　　　　　　　　ALICE

（二）相关资料

1．装运信息：指定 APL 承运，装期 2019.04.19；船名 PRINCESS；航次 V.018

2．装箱资料：合计 108 箱，装入 1×20 集装箱。

3．商业发票号：NJT190218-09，签发日期 2019 年 4 月 10 日。

4．信用证号：CMKK9180205

制作原产地证明书见表 9-6-2。

表 9-6-2　原产地证明书

ORIGINAL

1.Exporter	Certificate No.
NANJING JINLING TEXTILE CO.，LTD. UNIT A 18/F，JINLING TOWER，NO. 118 JINLING ROAD，NANJING，CHINA	CERTIFICATE OF ORIGIN OF THE PEOPLE'S REPUBLIC OF CHINA
2.Consignee	
DEXICA SUPERMART S.A BOULEVARD PACHECO 44，B-1000 BRUSSELS，BELGIUM	
3.Means of transport and route	5.For certifying authority use only
From NINGBO PORT CHINA to BRUSSELS BY AIR	
4.Country / region of destination	
CHINA	

续表

6.Marks and numbers	7.Number and kind of packages; description of goods	8.H.S.Code	9.Quantity	10.Number and date of invoices
DEXICA S/C NJT190218	LADIES GARMENTS PACKED IN（208） TWO HUNDRED AND EIGHT CARTONS ONLY	6204430090	10080 DOZEN	INVOICE NO NJT090218 DATE： APR，9 2019

11.Declaration by the exporter	12.Certification
The undersigned hereby declares that the above details and statements are correct, that all the goods were produced in China and that they comply with the Rules of Origin of the People's Republic of ChinA.	It is hereby certified that the declaration by the exporter is correct.
NANJING JINLING TEXTILE CO.，LTD. ZHONGSHAN NANJING APR 15，2019 ------------------------------ Place and date，signature and stamp of authorized signatory	CHINA COUNCIL FOR THE PROMOTION OF INTERNATIONAL TRADE JIN LIAN CHENG NANJING APR 16，2019 ------------------------------ Place and date，signature and stamp of certifying authority

经审核，原产地证明书存在的问题见表 9-6-3。

表 9-6-3　原产地证明书存在的问题

1.Exporter 栏应填写“NANJING JINLING TEXTILE CO.，LTD.
UNIT A 18/F，JINLING TOWER，
NO. 118 JINLING ROAD，NANJING，CHINA”

2. Consignee 栏应填写“DEXICA SUPERMART S.A.
BOULEVARD PACHECO 44，B-1000，BRUSSELS，BELGIUM”

3. Means of transport and route 栏应填写“FROM NINGBO PORT，CHINA TO BRUSSELS，BELGIUM BY SEA”

4. Country/region of Destination 栏应填写“BELGIUM”

5. Marks and Numbers 栏应填写“N/M”

6. Number and kind of packages 应填写“PACKED IN（108）ONE HUNDRED AND EIGHT CARTONS ONLY.”;
Description of goods 应填写“GIRLS GARMENTS”

7. Quantity 栏应填写“10 800 PCS”

8. Number and Date of invoices 栏应填写“NJT090218-09（1 分）APR.10，2019”

任务七　审核托运单

根据下述给出的资料审核托运单：

卖方：La GUYENNOISE GROUP

3 RUE DES ANCIENS COMBATTANTS 33460 SOUSSANS FRANCE

授权签字人：MAITY

买方：TIANJIN LINBEICHEN COMMERCE AND TRADE CO.，LTD.

NO. 81 JINGSAN ROAD，TIANJIN，CHINA

授权签字人：×××

货物描述：12 000PCS OF BOTTLED WINE

包装：2000WOODEN CASES

W.G：21 000KGS

N.W：15 000KGS MEAS.：31 CBM

开证行：BANK OF CHINA，TIANJIN BRANCH

信用证号：LC20231679

开证日期：May. 15，2020

汇票金额：EUR83 340.00

付款期限：即期

出票日期：MAY 1，2020

议付行：BANQUE NATIONALE PARIS

合同号：LBC20005

发票号：LBC2020015

贸易术语：FOB

装运港：FOS

目的港：TIANJIN

制作托运单见表 9-7-1。

表 9-7-1　托运单

××物流公司		海运进口货物订舱委托书		
装运港： TIANJIN	目的港 FOS	合同号： LBC13005	出口国： FRANCE	委托单位编号： LBC2014016

续表

<table>
<tr><td>唛头标记及号码</td><td>包装件数</td><td>货物描述</td><td>重量（公斤）</td><td>尺码（立方米）</td></tr>
<tr><td rowspan="2">N/M</td><td rowspan="2">2000WOODEN CASES</td><td rowspan="2">BOTTLED RED WINE</td><td rowspan="2">W.G：20 000KGS
N.W：16 000KGS</td><td>30 CBM</td></tr>
<tr><td>价格条件：
CFR</td></tr>
<tr><td colspan="4">托运人（Shipper）：
TIANJIN LINBEICHEN COMMERCE AND TRADE CO.，LTD.
NO. 81 JINGSAN ROAD，TIANJIN CHINA</td><td>需要提单正本 3 份
副本 3 份</td></tr>
<tr><td colspan="4" rowspan="2">收货人（Consignee）：
TO ORDER</td><td>信用证号：
LC20231679</td></tr>
<tr><td>装期：200430
效期：200515</td></tr>
<tr><td colspan="4" rowspan="2">被通知人（Notify Party）：
LA GUYENNOISE GROUP 3 RUE DES ANCIENS COMBATTANTS 33460 SOUSSANS FRANCE</td><td>可否分批：NO 可否转运：NO</td></tr>
<tr><td>运费支付：
FREIGHT COLLECT</td></tr>
<tr><td colspan="4">特约事项：</td><td></td></tr>
<tr><td colspan="5">委托单位名称：TIANJIN LINBEICHEN COMMERCE AND TRADE CO.，LTD.
联系人：×××　　电话：0086-022-××××××××　　传真：0086-022-××××××××</td></tr>
</table>

经审核，托运单存在的问题见表 9-7-2。

表 9-7-2　托运单存在的问题

1．装运港 TIANJIN 不对，应为：FOS
2．目的港 FOS 不对，应为：TIANJIN
3．合同号 LBC13005 不对，应为：LBC20005
4．委托单位编 LBC2014016 号不对，应为：LBC2020015
5．包装件数 12 000 不对，应为：2 000
6．品名 BOTTLED RED WINE 不对，应为：BOTTLED WINE
7．毛重 20 000KGS 不对，应为：21 000KGS
8．净重 16 000KGS 不对，应为：15 000KGS
9．尺码 30 CBM 不对，应为：31CBM
10．价格条件 CFR 不对，应为：FOB
11．托运人 TIANJIN LINBEICHEN COMMERCE AND TRADE CO.，LTD．NO. 81 JINGSAN ROAD，TIANJIN，CHINA 不对，应为：LA GUYENNOISE GROUP 3 RUE DES ANCIENS COMBATTANTS 33460 SOUSSANS FRANCE
12．被通知人 LA GUYENNOISE GROUP 3 RUE DES ANCIENS COMBATTANTS 33460 SOUSSANS FRANCE 不对，应为：TIANJIN LINBEICHEN COMMERCE AND TRADE CO.，LTD．NO. 81 JINGSAN ROAD，TIANJIN，CHINA

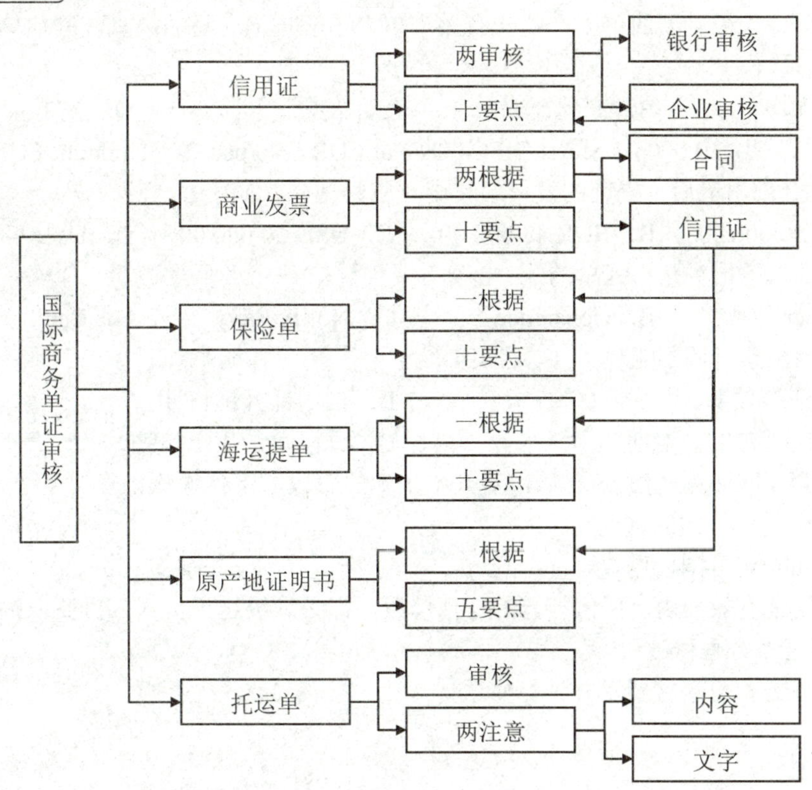

项目测试题

一、单选题

1．一张商业汇票见票日为1月31日，见票后1个月付款，则到期日为（　　）。

A．2月28日　　B．3月1日　　C．3月2日　　D．3月3日

2．提单日期为7月15日，信用证有效期为8月15日，按《UCP 600》规定，受益人向银行交单的最迟日期为（　　）。

A．7月15日　　B．8月5日　　C．8月15日　　D．8月6日

3．信用证上如未明确付款人，则制作汇票时，付款人应为（　　）。

A．开证申请人　　B．开证银行　　C．议付银行　　D．保兑银行

4．汇票的抬头是指汇票的（　　）。

A．出票人　　B．受票人　　C．受款人　　D．汇票的期限

5．根据《UCP600》，所谓信用证项下“相符交单”，是指受益人必须做到（　　）。

A．单据与合同严格符合　　B．单据与信用证严格符合

C．信用证与合同严格符合　　D．单据与货物严格符合

6．出口单证中最重要的单据，能让有关当事人了解一笔交易的全貌，其他单据都是以其为依据的单据是（　　）。

A．装箱单　　B．产地证书　　C．发票　　D．提单

7．信用证注明：10 000pcs Shirts CIFC4 Oslo at EUR 5.00/pce. Total amount EUR 48 000.00，出口商在一次全部出运后，提交的发票最终金额应写（　　）。

A．EUR 50 000.00　　B．EUR 48 000.00　　C．USD 50 000.00　　D．USD 48 000.00

8．海运提单的抬头是指提单的（　　）。

A．Shipper　　B．Consignee　　C．Notify Party　　D．Bank

9．汇票的出票日期不能晚于（　　）。

A．信用证有效期　　B．信用证开证日期

C．信用证规定的装运期　　D．保险单的出单日期

10．对于不可撤销信用证开出后，对其中条款的修改，下列说法正确的是（　　）。

A．不容许任何形式的修改

B．只能在一定范围内修改

C．在信用证有效期内，任何一方的任何修改，都必须经过买卖双方协商一致同意后，由申请人通过开证行办理修改

D．买卖双方都可直接要求开证行修改

二、多选题

1．信用证支付方式的特点（　　）。

A．信用证是一种银行信用　　B．信用证是一种商业信用

C．信用证是一种自足文件　　D．信用证是一种单据的买卖

E．信用证不是一种自足文件

2．对于信用证与合同关系，下列表述正确的有（　　）。

A．信用证的开立以买卖合同为依据

B．信用证业务不受买卖合同的约束

C．银行只根据信用证规定办理信用证业务

D．合同是审核信用证的依据

E．信用证是审核合同的依据

3．以下可转让信用证表述正确的是（　　）。

A．可转让信用证只能转让一次

B．可转让信用证可转让无数次

C．第二受益人可将信用证转回给第一受益人

D．信用证上必须有“Transferable”

E．第二受益人可将信用证转让给第三受益人

4．申请开立信用证的程序有（　　）。

A．递交有关合同的副本及附件　　B．填写开证申请书

C．缴付保证金　　D．支付议付费

E．支付开证手续费

5．中国保险条款中属于一般附加险别的有（　　）。

A．淡水、雨淋险　　B．短量险

C．钩损险　　D．黄曲霉素险

E．拒收险

三、判断题

1．不记名提单无须背书即可转让，在实际业务中因其方便而广泛使用。（　　）

2．托运出口玻璃制品时，被保险人投保一切险后，还应加保破碎险。（　　）

3．提单向指定银行提交的日期原则上不得迟于提单签发日后 21 天，信用证另有规定的从信用证规定，但无论如何不得晚于信用证的有效期。（　　）

4．填写开证申请书，必须按照合同条款的具体规定，写明对信用证的各项要求，内容要明确、完整，无词意不清的记载。（　　）

5．一般原产地证书就是 GSP 证书。（　　）

6．保险凭证是一种简化的保险单，其背面是空白的，没有保险条款，所以保险凭证与保险单不具有同等的法律效力。（　　）

7．修改信用证时，可不必经开证行而直接由申请人修改后交受益人。（　　）

8．在票汇情况下，买方购买银行汇票寄交卖方，因采用的是银行汇票，故这种付款方式属于银行信用。（　　）

项目九参考答案：

一、单选题

1～5 A B B C B　　6～10 C A B A C

二、多选题

1．ACD　　2．ABD　　3．ACD　　4．ABCE　　5．ABC

三、判断题

1～5 F F T T F　　6～8 F F F

项目十　国际商务单证缮制工作

学习目标

知识目标	能力目标
◎熟悉商业发票缮制流程及要点	◎能够根据给出的资料缮制商业发票
◎熟悉装箱单缮制流程及要点	◎学会缮制装箱单
◎熟悉普惠制产地证缮制流程及要点	◎学会缮制普惠制产地证
◎熟悉随附单证缮制流程及要点	◎掌握随附单证的内容

任务一　缮制商业发票

根据下述给出的资料缮制商业发票：

出口商（托运人）：×× CUTTING TOOLS I/E CORP

7×× DONG FENG EAST ROAD，TIANJIN，CHINA

进口商（收货人）：×× EASTERN TRADING COMPANY LIMITED

3×× LONG STREET NEW YORK

发票日期：2020 年 5 月 15 日

发票号：X118

合同号：MK007

信用证号；4I-19-03

装运港：TIANJIN

中转港：HONGKONG

目的港：NEWYORK

运输标志：FETC

MK007

NEW YORK

C/No.1-UP

货名：CUTTING TOOLS

数量：1 500 SETS

包装：纸箱装，每箱 3 SETS

单价：CIF NEW YORK USD 128/SET

原产地证书号：IBO12345678

商品编码：1297 0400

保险单号：ABX999

保险单日期：2020 年 5 月 18 日保险加成率：10%

提单日期：2020 年 5 月 20 日

船名航次：HONGXING V.777

险别：COVERING ICC （A）AS PER INSTITUTE CARGO CLAUSE OF 1982

赔付地点：NEW YORK IN USD

缮制商业发票见表 10-1-1。

表 10-1-1　缮制商业发票

COMMERCIAL INVOICE

TO:（1）
FAR EASTERN TRADING COMPANY LIMITED
336 LONG STREET
NEW YORK

INV. NO.　（2）X118
DATE:　（3）15 MAY 2020
S/C NO.　（4）MK007
L/C NO.　（5）41-19-03

FROM （6）TIANJIN　VIA （7）HONG KONG　TO （8）NEW YORK　BY （9）SEA

MARKS & NUMBERS	DESCRIPTION OF GOODS	QUANTITY	UNIT PRICE	AMOUNT
（10） FETC MK007 NEW YORK C/NO.1-500	（11） CUTTING TOOLS	（12） 1500SETS	（13） CIF NEW YORK USD128.00/SET	（14） USD192000.00
TOTAL AMOUNT	（15）SAY U. S. DOLLARS ONE HUNDRED AND NINETY TWO THOUSAND ONLY.			

DAYU CUTTING TOOLS I/E CORP.

王××

任务二 缮制装箱单

根据下述给出的资料缮制装箱单：

卖　　方：SUZHOU IMPORT AND EXPORT TRADE CORPORATION
321 FENGXIAN ROAD，SUZHOU，CHINA

买　　方：TANJIN-DAIEI CO.，LTD．SHIBADAIMON
MF BLDG.，2-1-16，SHIBDAIMON MINATO-KU，OSAKA，JAPAN

货　　名：红茶（BLACK TEA）

原 产 国：中国

单　　价：ART NO. 555 USD110.00/KG、ART NO. 666 USD100.00/KG、
ART NO. 777 USD90.00/KG、 CIF OSAKA

数　　量：ART NO. 555 100KG、ART NO. 666 110.00KG、ART NO. 777 120.00KG

包　　装：每 5 公斤装 1 箱（PACKED IN ONE CARTON OF 5 KGS EACH）
装一个 20 英尺的集装箱整箱，箱号：GATU0506118

毛　　重：ART NO. 555 5.5KGS/CTN、ART NO. 666 5.5KGS/CTN、ART NO. 777 6KG/CTN

体　　积：每箱 0.3CBM

唛　　头：自编一个标准化唛头

开 证 行：FUJUBANK 1013 SAKULA OTOLIKINGZA MACHI OSAKA JAPAN

议 付 行：BANK OF CHINA SUZHOU BRANCH

支付条件：L/C AT SIGHT

信用证号：XT173

开证日期：MAY 10，2020

发票编号：TX0522

发票日期：2020 年 6 月 1 日

合同号码：TXT264

装 运 港：苏州港（SUZHOU PORT）

目 的 港：大阪港（OSAKA PORT）

装 运 日：2020 年 6 月 20 日

出票人姓名：黄××

缮制的装箱单见表 10-2-1。

表 10-2-1　缮制的装箱单

PACKING LIST

<table>
<tr><td colspan="2">1.出口商 Exporter
SUZHOU IMPORT AND EXPORT TRADE CORPORATION
321 FENGXIAN ROAD
SUZHOU，CHINA</td><td colspan="2">3. 装箱单日期 Packing list date
01 JUN.，2020</td></tr>
<tr><td colspan="2" rowspan="2">2.进口商 Importer
TANJIN-DAIEI CO.，LTD.
SHIBADAIMON
MF BLDG，2-1-16，SHIBADAIMON
MINATO-KU
OSAKA，JAPAN</td><td colspan="2">4.合同号 Contract No.
TXT264</td></tr>
<tr><td colspan="2">5.发票号码和发票日期 Invoice No. and Date
DATE：01 JUN.，2020
NO. TX0522</td></tr>
<tr><td>6.运输标志和集装箱号码
Shipping marks；Container No.</td><td>7.包装类型及件数；商品名称
Number and kind of packages；Commodity name</td><td>8.毛重 kg
Gross weight</td><td>9.体积 m3
Cube</td></tr>
<tr><td>T. D. C. L.
TXT264
OSAKA
NO. 1-66

CONTAINER NO. GATU0506118</td><td>BLACK TEA
ART.NO. 555，
@5.00/100.00KGS，20CTNS
ART.NO. 666
@5.00/110.00KGS，22CTNS
ART.NO. 777
@5.00/120.00KGS，24CTNS</td><td>@5.50/110.00KGS

@5.50/121.00KGS

@6.00/144.00KGS</td><td>@0.3/6.000CBM

@0.3/6.600CBM

@0.3/7.200CBM</td></tr>
<tr><td>TOTAL:</td><td>330.00KGS，66CTNS</td><td>375.00KGS</td><td>19.800CBM</td></tr>
<tr><td colspan="4">SAY SIXTY SIX CARTONS ONLY
PACKED IN ONE CARTON OF 5 KGS EACH. TOTAL IN 1*20' FCL.</td></tr>
<tr><td colspan="2"></td><td colspan="2">16.出口商签章 Exporter stamp and signature
苏州进出口贸易公司 SUZHOU IMPORT AND EXPORT TRADE CORPORATION
黄××（签署）</td></tr>
</table>

任务三　缮制普惠制产地证

根据下述给出的资料缮制普惠制产地证：

ISSUING BANK：DONTUSU COMMERCIAL BANK TOKYO，JAPAN
L/C NO.　　　KKT5846172
ISSUING DATE：OCT. 15，2020
BENEFICIARY：SHANGHAI MACHINERY IMP. AND EXP. CORP. （GROUP）
726 CHUNGSHAN ROAD E 1.，SHANGHAI，CHINA
APPLICANT：SHITAYA KINZOKU CO.，LTD.
6-11 7-CHOME UENO TAITO-KU TOKYO，JAPAN
AMOUNT：USD15880.00
TRADE TERM：CIF YOKOHAMA
SHIPMENT FROM SHANGHAI FOR TRANSPORTATION TO YOKOHAMA
COVERING SHIPMENT OF RABBIT BRAND SHOVEL WITH METAL HANDLE，
S501MH 210DOZ AND S503MH 200DOZ
IN A 20FT CONTAINER
AS PER S/C NO. A9700247
SHIPPING MARKSS：A9700247 / YOKOHAMA / NO. 1-410
发票号码：GD920059
发票日期：NOV. 02，2020
生产厂家：SHANGHAI CHONGMING FARMING TOOL FACTORY
包装：1 DOZ / CTN
船名：HANGTU V.0134
集装箱号码：1×20FCL SCZU7854343
商品编码：7216.6100
普惠制产地证号码：SH07/2345/12345
总毛重：10 000 千克
货物信息见表 10-3-1。

表 10-3-1　货物信息

商品型号	单价	净重	毛重	尺码
S501MH	USD40.00/DOZ	@24.00kgs/CTN	@25.00kgs/CTN	@（97×36×20）cms/CTN
S503MH	USD37.40/DOZ	@22.00kgs/CTN	@23.75kgs/CTN	@（97×36×20）cms/CTN

该批货物存于外高桥码头仓库，拟于 2020 年 11 月 21 日装运，2020 年 11 月 15 日由报检员陈浩向出入境检验检疫局报检。出口公司的报检单位登记号为 4401AA490。

缮制的普惠制产地证见表 10-3-2。

表 10-3-2　缮制的普惠制产地证

FORM A

1. Goods consigned from （Exporter's business nar address country） SHANGHAI MACHINERY IMP AND EXP CORP. （GROUP） 726 CHUNGSHAN ROAD，E. 1. SHANGHAI，CHINA	Reference No. SH07/2345/12345 **GENERALIZED SYSTEM OF PREFERENCES** **CERTIFICATE OF ORIGIN** （Combined declaration and certificate） **FORM A** issued in **THE PEOPLE'S REPUBLIC OF CHINA** （country）
2. Goods consigned to （Consignee's name，address，country） SHITAYA KINZOKU CO.，LTD. 6-11 7-CHOME UENO TAITO-KU TOKYO，JAPAN	
3. Means of transport and route FROM SHANGHAI TO YOKOHAMA BY SEA	4. For official use

5. item number	6. Marks & Nos of packages	7. Number of kind of package Description of goods	8. Origin criterion	9. Gro weight & other Quantity	10. Number and date of Invoice
1	A9700247 YOKOHAMA NO. 1-410	FOUR HUNDRED AND TEN（41 CARTONS OF RABBIT BRAND SHOVEL WITH METAL HANDLE ******************************	P	10000KGS 410DOZ	GD920059 NOV. 02，2020

11. Certification	12. Declaration by the exporter
It is hereby certified，on the basis of control carr out，that the 上海市出入境检验检疫局（章） declaration by the exporter is correct. ××× SHANGHAI　NOV. 02，2020 Place and date，signature and stamp of certifying authority	The undersigned hereby declares that the above details ar statements are correct；that all goods were produced in CHINA （Country） and that they comply with the origin requirements specified f those goods in the **Generalized System of Preferences** for goods exported to JAPAN （importing country） 上海××进出口（集团）公司 SHANGHAI ×× IMP. AND EXP. CORP（GROUP）　陈×× SHANGHAI　NOV. 02，2020 Place and date，signature of authorized signatory

任务四　随附单证

根据表 10-4-1 给出的资料缮制受益人证明。

表 10-4-1　缮制受益人证明的资料

SHANGHAI YILONG CO.，LTD

NO. 91 NANING ROAD SHANGHAI，CHINA

Tel：0086-021-6361050　　fax：0086-021-63561051

To：ABC COMPANY　　S/C NO.：YL07101

1-3 MACHI KU STREET　　DATE：Oct.01，2017

OSAKA，JAPAN　　SIGNED AT：Shanghai，China

Dear Sirs，

We hereby confirm having sold to you the following goods on terms and conditions as specified below：

MARKS&NO	DESCRIPTION OF GOODS	QUANTITY	U/PRICE	AMOUNT
ABC OSAKA NOS.1-60	CARDBOARD BOX YL-256 YL-286	1 550PCS 1 450PCS 3 000PCS	CIF OSAKA USD4.50/PC USD3.90/PC	USD6 975.00 USD5 655.00 USD12 630.00

Packing：In cartons of 50 pcs each

Port of loading：Shanghai

Port of destination：Osaka

Partial shipment：Prohibited

Transhipment：Prohibited

Insurance：Is to be covered by the sellers for 110 percent of the invoice value covering All risks and War risk as per CIC

Payment：By L/C at sight

The buyer　　The seller

ABC COMPANY　　SHANGHAI YILONG CO.，LTD

Shuk　　Beta

补充资料：

1. INVOICE NO.：YL71001
2. INVOICE DATE：NOV.10，2017
3. G.W：36KGS/CTN　N.W：35KGS/CTN　MEAS.：0.55CBM/CTN
4. H.S.CODE：4819.1000
5. VESSEL：KAOHSIUNG V.0707S
6. B/L NO.：TH14HK07596
7. B/L DATE：NOV.29，2017
8. C/N：SNBU7121820
9. REFERENCE NO.：20170819
10. ORIGINAL CRITERION："P"

SHANGHAI YILONG CO.，LTD.

NO.91 NANING ROAD SHANGHAI，CHINA

BENEFICIARY'S CERTIFICATE

TO：ABC COMPANY

L/C NO.：LC196107800

CONTRACT NO. ：YL07101

WE HEREBY TO CERTIFY THAT ONE COPY OF EACH DOCUMENT HAS BEEN SENT TO YOU BY EMAIL ON NOV. 10，2017.

SHANGHAI YILONG CO.，LTD.

Shuk

复习导图

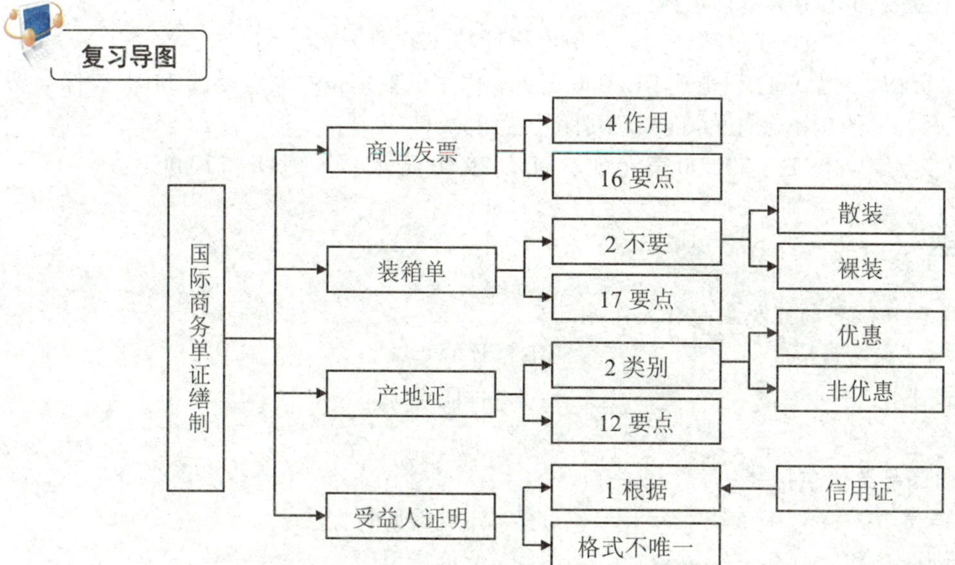

项目测试题

一、单选题

1. 在商业单据中处于中心地位的单据是（　　）。

A．商业发票　　B．海关发票　　C．海运提单　　D．保险单

2. 由出口商签发的、作为结算货款和报关纳税依据的核心单据是（　　）。

A．海运提单　　B．海关发票　　C．商业汇票　　D．商业发票

3. 为了供进口国海关检查并确定是否应征收“反倾销税”，信用证要求提供（　　）。

A．海运提单　　B．商业发票　　C．厂商发票　　D．领事发票

4. 按照有关规定，对不同包装种类的货物混装在一个集装箱内，这时货物的总件数显示数字之和，包装种类用（　　）来表示。

A．CARTONS　　B．PIECES　　C．PACKAGES　　D．PALLETS

5. 在商业单据中处于中心地位的单据是（　　）。

A．商业发票　　B．海关发票　　C．海运提单　　D．保险单

6. 某公司按 CIF LONDON USD120.00 PER M/T 向英国出口数量为 10 000 M/T 的散装货，国外开立信用证金额为 120 万美元且不能增减，则卖方发货（　　）。

A．数量和金额不能增减

B．数量和金额可在 5%以内增减

C．数量和金额可在 10%以内增减

D．数量在 9 500～10 000 公吨之间，金额不得超过 120 万美元

7. 某出口货物，发票总金额是 CIF12 000 美元，信用证规定按发票金额的 110%投保一切险和战争险，两种险的费率合计为 0.6%，其保险费应为（　　）。

A．72.00 美元　　B．792.00 美元　　C．79.20 美元　　D．720.00 美元

二、多选题

1. 以下单据中，对商业发票起补充作用的是（　　）。

A．装箱单　　B．尺码单

C．品质证书　　D．保险单

E．重量单

2. 进出口商品单价包括（　　）。

A．计量单位　　B．计算重量的方法

C．单位价格金额　　D．计价货币

E．贸易术语

3．下列信用证条款中属于软条款性质的是（　　）。

A．商业发票需开证申请人签署

B．货物样品寄交开证申请人认可并作为议付条件之一

C．商检证书由开证申请人签发，并作为议付单据之一

D．承运人由买方指定

E．货物必须由双方认可的检验机构检验

4．在出口货物装运前的（　　）环节中，要使用商业发票。

A．托运订舱　　B．商品报检

C．出口报关　　D．海关查验

E．办理投保

5．出口商证明主要包括（　　）。

A．寄单证明　　B．装运通知

C．借记通知　　D．贷记通知

E．海关发票

6．常用的船公司证明包括（　　）。

A．船龄证明　　B．厂商发票

C．保费证明　　D．船籍证明

E．航程证明

三、判断题

1．包装单据通常不需要签署。（　　）

2．货物外包装上的运输标志须在有关托运单、商业发票、装箱单、提单上显示，但指示性、警告性和危险性标志无须在上述文件上显示。（　　）

3．由生产制造厂商提供的货物出厂装箱单中显示的货物具体规格、型号、数量、毛重、净重、尺码等，是缮制装箱单的基本依据。（　　）

4．在商业发票上必须明确显示数量、单价、总值和贸易术语等主要内容。（　　）

5．发票中的数量、单价和金额可以冠以“大约”（About）或类似的文字。（　　）

6．装货单又可以称为“关单”。（　　）

项目十参考答案：

一、单选题

1～5 A D C C A　　6～7 D C

二、多选题

1．ABE　　2．ACDE　　3．ABCD　　4．ABCD　　5．ACD　　6．ADE

三、判断题

1～5 T T T T F　　6 T

参考文献

[1] 圣才学习网．国际商务单证缮制与操作过关必做习题集[M]．北京：中国石化出版社，2013．
[2] 徐菊红，章忻雯．常用国际商务单证制作[M]．上海：立信会计出版社，2015．
[3] 人民教育出版社课程教材研究所职业教育课程教材研究开发中心．报关实务[M]．北京：人民教育出版社，2018．
[4] 孙继红．国际贸易单证实务[M]．3 版．北京：清华大学出版社，2018．
[5] 姚大伟．国际商务单证理论与实务[M]．5 版．上海：上海交通大学出版社，2018．
[6] 姚大伟．外经贸单证培训考试大纲及复习指南[M]．上海：上海交通大学出版社，2019．
[7] 陈康．国际商务单证综合实训[M]．广州：广东高等教育出版社，2017．
[8] 袁嫣，徐一楠，余娟．国际商务单证实务[M]．济南：山东大学出版社，2019．
[9] 全国外经贸单证专业培训考试办公室．国际商务单证理论与实务[M]．2 版．北京：中国商务出版社，2016．